HAPPY HEALTHY FOOD

NATHALIE GLEITMAN

2014 wurde bei der damals 21-Jährigen nach längeren gesundheitlichen Beschwerden eine Histaminintoleranz diagnostiziert. Ihrer Kämpfernatur treu bleibend, motivierte sie diese Erkenntnis, sich dem Thema anzunehmen. Statt sich nun komplett einschränken zu lassen, entwickelte sie auf Basis ihres neuen Wissens nach und nach leckere frische Rezepte, die wirklich jedem das Wasser im Mund zusammenlaufen lassen – und die gleichzeitig histamin- und laktosefrei sind. Gepaart mit nützlichen Alltagstipps und ansprechenden Bildern sind diese Rezepte auf ihrem deutsch- und englischsprachigen Blog zu finden, der stetig wächst und zu neuem Küchenzauber inspiriert.

Aufgewachsen in München, Tel Aviv und London ist es diese internationale Ausrichtung, die ihren kreativen Horizont von den üblichen Rezepten abhebt.

SPANNENDER MEHRWERT: UNSER NEUER MENGENRECHNER

Alle Einkaufslisten in diesem Buch kannst du, wenn du dich auf der Seite **www.mengenrechner.de** anmeldest (kostenlos!), an die Personenzahl anpassen und für den Einkauf ausdrucken, als E-Mail auf dein Smartphone schicken oder einfach während des Einkaufs aufrufen. Zutaten lassen sich auch mühelos streichen oder ergänzen. Du brauchst also keine Zutatenlisten mehr abzuschreiben oder zu fotografieren.

Aber damit nicht genug: Du kannst die einzelnen Nährwerte (zum Beispiel Kohlenhydrate, Fette, Eiweißgehalt, Kalorien) einsehen, deinen tatsächlichen Energieverbrauch wissenschaftlich präzise berechnen und die Einkaufslisten vor deinem Einkauf daran anpassen, sogar für mehrere Personen. Auch bei der Suche nach passenden Rezepten ist der Mengenrechner eine große Hilfe. Du kannst zum Beispiel gezielt Reste verwerten, indem du nach Rezepten mit bestimmten Zutaten suchst. Dabei kannst du auch Zutaten ausschließen, nach gluten- oder laktosefreien Rezepten suchen oder nach solchen mit möglichst wenig Kohlenhydraten. Vieles ist möglich!
In absehbarer Zeit werden diese Funktionen für alle Kochbücher des Becker Joest Volk Verlags verfügbar sein, sodass du bald gleichzeitig in allen Büchern unseres Hauses suchen kannst. Anschauen und anmelden lohnt sich!

Nathalie Gleitman

HAPPY HEALTHY FOOD

Food-Fotos Klaus Arras   Porträts Liya Geldman

VORWORT   SEITE 6

UND PLÖTZLICH BIST DU KRANK
Eine Odyssee mit Happy End   SEITE 8

MILLIONENFACH VERBREITET
Warum so viele Intoleranzen unerkannt bleiben   SEITE 13

NUR 7 TAGE UND DU WEISST BESCHEID
Ein Weg aus der Unverträglichkeit   SEITE 15

LIFESTYLE STATT LEIDEN
Warum Einschränkungen eine echte Bereicherung sein können   SEITE 16

VORZÜGE FÜR ALLE   SEITE 19

SCREEN YOURSELF!
Histaminintoleranz, Gluten- und Laktoseunverträglichkeit   SEITE 20

DOS UND DON'TS   SEITE 29

EINKAUFEN MIT PFIFF
Meine Heroes für jeden Tag   SEITE 30

REZEPTTEIL

INFOS ZU MEINEN REZEPTEN   SEITE 36

BREAKFAST
to start the day right   SEITE 40

SNACKS
on the go   SEITE 70

FRESH SALADS
that never get boring   SEITE 104

HEALTHY SWEETS
to satisfy your sweet tooth   SEITE 132

QUICK AND EASY MAINS
for busy days   SEITE 158

COOKING FOR FRIENDS AND FAMILY
because sharing is caring   SEITE 202

LEBENSMITTELREGISTER   SEITE 248

REZEPTREGISTER   SEITE 251

DANKE!   SEITE 254

Dieses Buch soll und kann Arztbesuche nicht ersetzen. Alle Angaben wurden mit größtmöglicher Sorgfalt zusammengestellt und geprüft. Sie basieren auf persönlichen Erfahrungen, die ich über Jahre im Austausch über soziale Medien und in persönlichen Gesprächen mit anderen Betroffenen gesammelt habe. Für Zöliakie*-Betroffene gelten die üblichen Vorsichtsregeln im Umgang mit Lebensmitteln und Rezepten. Bitte beachte, dass einige wenige Rezepte Gluten enthalten. Hier sind jeweils Alternativen zu den glutenhaltigen Bestandteilen angegeben. Wenn du zusätzliche Allergien oder Unverträglichkeiten hast, schließe die Lebensmittel aus, bei denen du betroffen bist.

* Chronische Erkrankung des Dünndarms, die auf einer lebenslangen Unverträglichkeit gegenüber Gluten beruht.

VORWORT

SCHICKSALHAFTE FÜGUNG

Eigentlich lief mein Leben genau nach Plan: Ich ging damals, nachdem ich 16 Jahre in München aufgewachsen bin, nach London auf die Schule und wechselte zum Studium nach Israel, um dort Business mit Schwerpunkt Marketing zu studieren. Ich genoss mein Leben als Studentin. Kurz nach dem Bachelor-Abschluss ging es mir plötzlich immer schlechter. Nach diversen Untersuchungen wurden dann ärztlicherseits Intoleranzen diagnostiziert. Ab sofort war Essen für mich nichts Selbstverständliches mehr, sondern eine komplexe Herausforderung mit vielen Fragezeichen, oft gefolgt von heftigen Beschwerden.

Das Leben geht in solchen Momenten weiter. Ich begann mein Berufsleben in Tel Aviv in einer internationalen PR-Agentur und merkte schnell, dass ich mich völlig neu organisieren muss, da ich den ganzen Tag unterwegs war und nicht wie in der Uni einen flexiblen Zeitplan hatte. Ich fing an, für mich zu kochen, und war überrascht, wie viel Spaß das machen kann. Die endlosen Verbotslisten unverträglicher Lebensmittel verbannte ich fortan aus meinem Kopf und stürzte mich mit Freude auf die vielen Lebensmittel, die gut für mich waren. Bereits nach kurzer Zeit fiel mir auf, dass ich mich im Vergleich zu vorher spürbar abwechslungsreicher und viel gesünder ernährte, trotz vermeintlicher Einschränkungen.

Schnell wurde mein Hobby zur Passion. Ich sagte sogar meinen Studienplatz für einen Master in London ab, um anderen mit meiner Geschichte und meinen Erfahrungen zu helfen. Mir war es immer wichtig, meine Zeit auf Erden dafür zu nutzen, etwas zu bewegen und etwas Bedeutungsvolles zu machen.

Heute glaube ich, dass ich die Intoleranzen aus einem bestimmten Grund bekommen habe, um zu erkennen, dass ich für alles, was ich habe, dankbar bin, und es für mich Zeit ist, etwas zurückzugeben und anderen Menschen zu helfen. Schicksalhafte Fügung nennt man das wohl.

Ich hoffe, dass dieses Buch viele Menschen erreicht und inspiriert, Neues zu probieren – und zu verstehen, dass Intoleranzen keine Einschränkung sind, sondern die Chance, die Welt aus einem neuen Blickwinkel zu betrachten.

UND PLÖTZLICH BIST DU KRANK

Eine Odyssee mit Happy End

Gesunde Ernährung wurde für mich ein Thema, als ich etwa zehn Jahre alt war und meine Mutter anfing, unsere Kochgewohnheiten zu Hause komplett umzukrempeln. Sie strich Fertigsaucen und -gerichte vom Speiseplan und fing an, gesund und frisch zu kochen. Ich hatte damals noch keine Ahnung von Intoleranzen, aber schon als Teenager quälten mich immer mal wieder Bauchkrämpfe. Phasenweise habe ich sogar auf Milch verzichtet, da ich gemerkt hatte, dass es mir nach dem Müsli am Morgen nicht so gut ging. Damals habe ich aber keinen Test gemacht, weil mein Leidensdruck nicht so groß war. Ansonsten war ich eine unkomplizierte Esserin und konnte alles problemlos vertragen. Auch Allergien waren mir fremd.

Nach meinem Bachelor-Abschluss an der Universität in Israel bin ich für einige Zeit zurück nach München zu meinen Eltern gezogen, um zu entscheiden, was ich machen möchte und wo ich erst mal leben will. Die aufgekommene Unsicherheit über meine Zukunft und der Entscheidungsdruck haben mich innerlich sehr belastet. In dieser Lebensphase habe ich mich sehr einseitig ernährt und unregelmäßig gegessen – tagsüber meist sehr wenig, abends aber besonders viel. Ich litt bald an Müdigkeit, Unwohlsein und Bauchschmerzen. Meine Beschwerden wurden von Tag zu Tag schlimmer und endlich ging ich zum Arzt, der einen Magen-Darm-Virus diagnostizierte. Ich sollte Schonkost essen, also Zwieback und gekochtes Gemüse. Von dieser Schonkost ging es mir allerdings schnell noch schlechter, da ich sehr histaminhaltiges Gemüse wie Spinat und Tomaten gegessen habe, kombiniert mit Zwieback, der ja viel Weizen enthält.

Ich litt zunehmend unter Migräne, war aufgedunsen, hatte Magenkrämpfe, Schlafstörungen, Müdigkeit, dazu noch Schwindelgefühle. Es wurde so unangenehm, dass ich nicht mal mehr das Haus verlassen konnte. Bei einem Versuch, wenigstens mal ins Kino zu gehen, musste ich den Film frühzeitig verlassen, um die restliche Zeit auf der Toilette zu verbringen, weil ich mich ständig

AUS ENTTÄUSCHUNG WURDE HOFFNUNG

übergeben musste. Ein anderes Mal bin ich in der Umkleide beim Einkaufen einfach umgekippt.

Danach war ich zunehmend verunsichert und habe mich kaum noch draußen aufgehalten. Die Reaktionen meines Körpers waren für mich nicht mehr kalkulierbar. Ich war in einen Teufelskreis geraten, aus dem ich einfach nicht mehr rauskam. Einige Wochen später bin ich ganz verzweifelt wieder zum Arzt gegangen. Nach Stuhlprobe, Bluttest und langen Gesprächen kam er zu der Einschätzung, dass es sich um eine Histaminintoleranz handelt. Mit wenig ermutigenden Worten und einem Infoblatt bin ich total unzufrieden nach Hause gegangen. Ich habe dann alles meiner Mama erzählt, die wie ich nie zuvor etwas von einer Histaminunverträglichkeit gehört hatte. Das Infoblatt war zudem eher beunruhigend: Es standen sehr viele Lebensmittel darauf, die man nicht mehr essen sollte. Als Erstes haben wir uns an den Computer gesetzt und drauflosrecherchiert. Es war sehr schwer, eindeutig herauszufinden, was ich essen konnte beziehungsweise was nicht. Später habe über die Seite der Schweizerischen Interessengemeinschaft Histaminintoleranz viele nützliche Informationen gefunden. Ich war zwar froh, eine mögliche Antwort auf die Frage zu haben, warum es mir so schlecht ging, aber ich hatte ständig im Kopf, was ich alles nicht essen darf. Die Liste schien mir endlos.

DAZU GEHÖREN UNTER ANDEREM

- Avocado
- Tomate
- Aubergine
- Essig
- Alkohol
- Schokolade
- Soja
- Zitrusfrüchte
- Kaffee (alle koffeinhaltigen Getränke)
- Alles Eingelegte und Geräucherte
- Lange gereifte Käsesorten (zum Beispiel Parmesan)
- Eiweiß
- Meeresfrüchte
- Weizen
- Nüsse (außer Macadamianüsse)
- Spinat
- Linsen
- Erdbeeren
- Himbeeren
- Banane
- Ananas
- Hefe
- Senf
- Wurstwaren
- Kakao
- Softdrinks
- Viele Zusatzstoffe (Johannisbrotkernmehl, Schwefeldioxide, Guarkernmehl)

Irgendwann wandelte sich diese Enttäuschung aber in die Hoffnung, dass es mir bald besser gehen könnte. Geholfen hat mir der Gedanke, dass es schlimmer nicht werden kann. Also beschloss ich, nicht mehr frustriert zu sein, weil ich vieles nicht essen kann, sondern mich fortan auf das zu konzentrieren, was ich essen kann. Schnell wurde mir dabei klar, dass immer noch unzählige Lebensmittel zur Auswahl standen, davon sehr viele, die ich bisher links liegen gelassen hatte.

Es war gut, dass ich zu dieser Zeit zu Hause in München war. Mithilfe meiner Eltern habe ich meine Ernährung von heute auf morgen auf histaminfrei umgestellt. Bereits nach 24 Stunden ging es mir schon spürbar besser.

Nach drei Tagen war ich nicht mehr aufgedunsen, hatte keine Migräne und keine Bauchschmerzen mehr. Trotzdem ging es mir noch nicht 100-prozentig gut. Deswegen suchte ich einen weiteren Arzt auf, der zusätzlich einen Atemtest für Laktoseintoleranz mit mir gemacht hat. Das Ergebnis war eindeutig. Nachdem ich auch noch die Laktose wegließ, war ich wieder richtig fit. Ich entschied, zurück nach Israel zu gehen, und fing an, in einer internationalen PR-Agentur zu arbeiten. In den ersten Monaten gab es noch viele Rückschläge, da es in Israel plötzlich wieder ganz andere Produkte gab und ich mich erst mal neu zurechtfinden musste. Ich habe immer wieder Produkte mit unverträglichen Zusatzstoffen gekauft, weil ich erst verstehen musste, dass Käse eben nicht gleich Käse ist. Mir war vorher nie aufgefallen, wie viele verschiedene Zutaten in einem eigentlich einfachen Produkt stecken und dass es eine richtige Herausforderung ist, einfache, naturbelassene Produkte zu finden. Mir wurde klar, dass ich mein Essverhalten am besten grundlegend ändern muss. Ich packte die Chance, die sich aus meinen Unverträglichkeiten ergab, beim Schopf und begann, möglichst komplett auf natürliche, frische und unverarbeitete Nahrungsmittel umzustellen. Das hieß: selbst kochen. Also habe ich mein Mittagessen mit zur Arbeit genommen, was einiges an zusätzlichem Organisationsaufwand für mich bedeutete. Den

INSPIRATION
FÜR ANDERE

Kollegen gefiel das, weil ich immer wieder mal für die anderen selbst gebackene Kekse mitbrachte, die mir regelrecht aus der Hand gerissen wurden. Somit hatte ich nicht nur ein gesundes Mittagessen für mich dabei, sondern habe gleichzeitig andere dazu inspiriert, einen gesunden Snack statt Zuckerhaltiges und Fettiges zu essen. Histaminhaltige Lebensmittel habe ich dabei überhaupt nicht vermisst, weil ich gemerkt habe, wie gut es mir auf diese Weise ging. Für kein Lebensmittel wollte ich meine zurückgewonnene Gesundheit erneut riskieren.

Irgendwann stellte ich fest, dass ich Gluten auch nicht in beliebigen Mengen vertrage. Also habe ich angefangen, glutenfrei zu backen und zu kochen, weil es mir damit einfach noch besser ging. Nachdem ich so viel weggelassen und die Gesamtmenge der kritischen Stoffe Richtung null reduziert hatte, fing ich langsam an, gezielt einzelne Produkte auszuprobieren, ob ich sie vielleicht doch vertrage. So habe ich relativ schnell angefangen, ein bisschen Zitrone im Salat zu verwenden – was ich gut vertragen habe.

Mittlerweile esse ich auch mal eine vegane weiße Schokolade, aber ohne Soja und ohne unverträgliche Zusatzstoffe. Ich bin immer noch sehr vorsichtig, jedoch merke ich, dass mein Immunsystem und meine Darmflora allgemein wieder viel stärker sind und ich Ausrutscher viel besser vertrage. Doch natürlich gelingt so eine Erholung nicht über Nacht.

Heute bin ich sogar fast dankbar dafür, dass es diese Leidensphase gab, weil ich mich besser fühle als jemals zuvor. Und ich kann anderen helfen, ihre Lebensqualität zu verbessern, oder vielleicht dazu beitragen, dass sie gar nicht erst krankhafte Intoleranzen entwickeln.

MILLIONENFACH VERBREITET

Warum so viele Intoleranzen unerkannt bleiben

Etwa 2 Prozent der deutschen Bevölkerung haben eine diagnostizierte Histaminintoleranz, 15 Prozent eine Laktoseintoleranz und 7 Prozent eine Glutenintoleranz. Die Dunkelziffer mit ungeklärten Beschwerdebildern ist vermutlich viel größer. Intoleranzen gehören eben in der klassischen Medizin noch nicht so lange zum Diagnosespektrum. Zudem werden diese Erkrankungen leider oft als Modeerscheinung abgetan. Es ist deshalb ein Glück, an den richtigen Arzt zu geraten, der auch diese Erkrankungsformen in Betracht zieht. Das Ganze ist umso trauriger, wenn man weiß, dass sich viele Beschwerden deutlich verschlechtern und chronisch werden können, wenn sie unerkannt bleiben. Wer dagegen frühzeitig reagiert, hat gute Chancen, wieder gesund zu werden oder die Toleranz gegenüber vorher unverträglichen Reizen zu verbessern.

Ich hoffe, dass mein Buch Menschen auf die Ursachen von Unverträglichkeiten aufmerksam macht und dabei hilft, die Beschwerden zu lindern, unabhängig davon, ob sie vom Arzt diagnostiziert wurden oder nicht. Letzten Endes kann kein anderer Mensch und keine Diagnose klären, wie man sich wirklich fühlt.

Es ist ganz leicht, selbst herauszufinden, ob man von Unverträglichkeiten betroffen ist. Du kannst es mit diesem Buch einfach ausprobieren – innerhalb weniger Tage spürst du, ob es dir besser geht. Bei mir wurden die Intoleranzen nach quälend langer Zeit von einem Internisten und Allergologen diagnostiziert. Weitere Ärzte bestätigten die Diagnose später. Nach Stuhluntersuchungen, Blut- und Atemtests für die Laktoseunverträglichkeit waren die Resultate leider eindeutig. Zu diesem Zeitpunkt wusste ich übrigens nur, was Gluten- und Laktoseintoleranz bedeutet, hatte aber noch nie im Leben von einer Histaminintoleranz gehört.

Bis zu 20 Prozent der Bevölkerung würde es entscheidend besser gehen, so schätzen Ernährungsmediziner, wenn sie sich bei Beschwerden histamin- und glutenarm ernähren würden. Jeder zehnte Betroffene erkrankt irgendwann in einer Weise, dass er seine Ernährung konsequent umstellen muss.

NUR 7 TAGE UND DU WEISST BESCHEID

Ein Weg aus der Unverträglichkeit

Kopfschmerzen, Hitzewallungen, Rötungen, Blähungen, Durchfall, Bauchschmerzen, Übelkeit, Herzrasen, Nasenrinnen, Nasenschleimhautschwellung, Ausschlag, juckende Haut, Müdigkeit, Schwindel und Kreislaufprobleme: Das sind die häufigsten Beschwerden bei Histaminunverträglichkeit. Die Beschwerdebilder bei Gluten- und Laktoseunverträglichkeit sind oft sehr ähnlich. Aber auch andere Beschwerden sind möglich. Wahrscheinlich gibt es nicht viele Menschen, die nicht wenigstens eines der oben aufgeführten Symptome unerklärt über längere Zeit hatten. Kein Grund zur Panik, aber auch Grund genug herauszufinden, ob du eventuell bereits Überempfindlichkeiten entwickelt hast, die sich gegebenenfalls verschlimmern könnten, wenn du sie fortlaufend ignorierst.

Ein Selbsttest ist relativ einfach gemacht und absolut sinnvoll, weil sich viele Unverträglichkeiten gar nicht anders abklären lassen. Dazu ernährst du dich am besten eine Woche ohne Wenn und Aber mit den Gerichten aus meinem Buch. Wichtig ist, dass du keine einzige Ausnahme zulässt. Geht es dir dann deutlich besser und sind deine Beschwerden so gut wie verschwunden, empfehle ich dir, das Ganze zwei oder drei Wochen später zu wiederholen. Wenn es dir danach zum zweiten Mal deutlich besser geht, ist das ein deutlicher Hinweis, dass die Ursachen in einer Unverträglichkeit liegen. Eine endgültige Abklärung mit deinem Hausarzt ist dann unbedingt angeraten.

In der Folge kannst du versuchen, deine Unverträglichkeit einzugrenzen, indem du gezielt laktosehaltige Produkte ergänzt, dann Gluten zuführst und schließlich eine Woche Histaminquellen hinzufügst.

Danach solltest du klarer sehen. Das klingt vielleicht nach viel Aufwand, ist es aber eigentlich nicht, wenn du bereit bist, selbst zu kochen. Im Ergebnis wird es dir hoffentlich zeigen, wie du endlich beschwerdefrei leben kannst.

SELBSTTEST KLÄRT DICH AUF

LIFESTYLE STATT LEIDEN

Warum Einschränkungen eine echte Bereicherung sein können

Es klingt paradox, aber ich habe diese Einschränkungen durch die Unverträglichkeiten gebraucht, um eine grandiose neue Vielfalt zu entdecken. Letzten Endes erliegt ja fast jeder beim Essen gewissen Beschränkungen – meist sind sie selbst auferlegt. Entweder gibt es mal keine Kohlenhydrate, keinen Zucker oder kein Junkfood – einfach damit man das Gefühl hat, noch die Kontrolle zu haben. Ich kenne fast niemanden, der sich keinen selbst gewählten Restriktionen unterwirft. Bei mir hat das leider nur dazu geführt, dass ich mich auf ein paar sehr wenige Gerichte fokussiert habe, die genau in mein Ernährungsraster gepasst haben.

Obwohl meine Lebensmittelliste heute objektiv zwar kürzer ist, ist sie für mich im Alltag so viel länger geworden: Ich habe angefangen, Lebensmittel zu probieren und zu verwenden, die ich davor nie beachtet habe. Mit den neuen Geschmackserlebnissen kam auch ein neues, großartiges Körpergefühl. Heute esse und genieße ich sehr bewusst. Statt auf Kalorien zu achten, lenke ich meine Aufmerksamkeit bewusst auf das, was mir guttut. Meine Zutatenliste ist eine aufregende Variation aus vielen Lebensmitteln, mit denen ich mich in der Küche austoben kann, ohne dass es mir jemals langweilig werden könnte. Eine Intoleranz kann also auch eine Bereicherung für dich und die Menschen um dich herum sein. Niemandem wird auffallen, dass bestimmte Lebensmittel in deinem Speiseplan nicht mehr vorkommen. Auf deine Gesundheit zu achten und deinen Körper nicht mehr mit Unverträglichem zu belasten, sollte für dich keine Phase oder Diät sein, sondern ein Lifestyle, der dir in Fleisch und Blut übergeht.

Auch wenn die Zubereitung anders als gewohnt ist, wirst du dich schnell gut fühlen, wenn du diesen neuen Geschmackserlebnissen und Ernährungsweisen eine Chance gibst. Du wirst merken, dass es sich lohnt, damit herumzuexperimentieren, um herauszufinden, was dir schmeckt und guttut. Eine gesunde Lebensweise ist eine Entwicklung und muss nicht sofort in vollen Zügen ausgeführt werden. Stelle dir das wie ein Training für deinen ersten Marathonlauf vor. Du fängst langsam an

NEUE GESCHMACKS-ERLEBNISSE

Step
BY STEP

und steigerst dich. Am wichtigsten ist, das Ziel nicht aus den Augen zu verlieren und auch Phasen der Schwäche zu überstehen, um dann wieder gestärkt seine Ziele zu verfolgen.

Wenn du eher ein Mensch bist, der am liebsten gleich alles auf einmal umsetzt, mache genau das! Wenn nicht, fange einfach an, Rezepte auszuprobieren und Mahlzeiten reizarm zu ersetzen. Es ist vielleicht nicht immer leicht, seine Ernährung umzustellen – aber keine Sorge, ich werde dir dabei helfen!

Auch mir fiel es anfangs nicht leicht, auf Brot, Tomate, Schokolade, Soja und Avocado zu verzichten. Alte Gewohnheiten über Bord zu werfen ist immer eine Herausforderung. Aber ich verspreche dir, dass es sich wirklich lohnt, diesen Weg zu gehen. Er führt in eine neue Welt köstlicher Zutaten und lange vermisster Leichtigkeit und Beschwerdefreiheit.

VORZÜGE FÜR ALLE

Auf dem Titel steht zwar „histaminfrei, laktosefrei und glutenfrei", jedoch bedeutet das keineswegs, dass mein Buch nur für Allergiker geeignet ist, denn schließlich steht „Happy Healthy Food" im Vordergrund. Auch für Normalesser bietet es eine ausgezeichnete Grundlage für eine gesunde und ausgewogene Ernährung.

DIE VORZÜGE LIEGEN AUF DER HAND

- Viele frische Zutaten
- Abwechslungsreich
- Keine Chemie/keine Zusatzstoffe
- Hochwertige Fette
- Kein gehärtetes Fett
- Gesundes naschen
- Kein blähendes Gemüse
- Kein rotes Fleisch
- Kein Industriezucker
- Gemüsereiche Nahrung
- Unverarbeitete Zutaten
- Keine Fertigprodukte
- Kein Weizen

Alle diese Punkte, die eine gesunde Ernährung ausmachen, sind eben nicht nur vorteilhaft für Menschen mit Intoleranzen, sondern für alle, die einen gesunden Lifestyle leben wollen. Hier ist zuerst die abwechslungsreiche Ernährung ein wichtiger Punkt, da einseitiges Essen durchaus zu Intoleranzen führen kann. Eine gesunde Ernährung hilft dagegen in vielen Bereichen im Leben, zum Beispiel dabei, besser zu schlafen, energiegeladener und ausgeglichener zu sein oder sich besser konzentrieren zu können. Aber auch die ständige Entgiftung und der Abbau von Übergewicht werden dadurch dauerhaft gefördert.

Das Wichtigste ist, dass du für dich die Balance findest, in der du dich am wohlsten fühlst. Keiner erwartet von dir, von einem Tag auf den anderen dein ganzes Leben umzustellen. Ein gesundes Leben zu führen ist keine strenge Diät. Es spricht deswegen nichts dagegen, das langsam in deine Routinen zu integrieren, ganz ohne übertriebene Hast. Vielleicht probierst du erst mal ein paar schnelle Hauptspeisen aus und ersetzt ein paar Snacks. Du wirst merken, dass es dir damit schon besser gehen wird und wie lecker alles ist.

SCREEN YOURSELF!

FAQs, die mich immer wieder über Blog, Facebook und Website zu Histaminintoleranz, Gluten- und Laktoseunverträglichkeit erreichen

Was ist eine Gluten-, Laktose- und Histaminintoleranz?

Nathalie **Histamin** wird zu den Gewebshormonen gerechnet und kommt fast überall im Körper vor. Es ist wesentlich an der Abwehr von Entzündungsprozessen beteiligt. Eine Histaminintoleranz entsteht, wenn der Histaminwert im Körper über den üblichen Wert steigt. In der Folge kommt es zur Fehlregulation zahlreicher Körperfunktionen.

Histamin wird sowohl vom eigenen Körper freigesetzt als auch über bestimmte Nahrungsmittel zugeführt. Ein funktionierender Organismus ist in der Lage, ein Zuviel an Histamin über Enzyme ausreichend schnell abzubauen. Ist dieses Wechselspiel gestört, geht der Histaminwert hoch und irgendwann wird die individuelle Toleranzgrenze überschritten. Es entsteht eine Histaminintoleranz. Sie führt zu Symptomen, die einer Allergie, einer Lebensmittelvergiftung oder einer Erkältung ähnlich sind.

Laktose ist ein natürlicher Milchzucker in Milchprodukten. Laktoseintoleranz bedeutet, dass der Dünndarm keine ausreichende Menge an Lactase, dem Enzym, das die Laktose abbaut, produziert. Betroffene können dennoch oft kleine Mengen Laktose vertragen. Es ist wichtig zu wissen, dass Laktose nicht nur in Milchprodukten vorkommt, sondern sehr häufig in Fertigprodukten. Achte deshalb stets auf die Inhaltsstoffe!

Gluten ist ein Klebereiweiß aus dem Korn diverser Getreidearten. Es ist beim Backen dafür verantwortlich, dass der Teig zusammenhält und das Brot aufgeht, und wird deswegen auch Klebereiweiß genannt. Wenn eine Glutenintoleranz vorliegt, hat man eine Überempfindlichkeit gegen Bestandteile von Gluten, die zu einer chronischen Entzündung der Dünndarmschleimhaut führen können. Diese Entzündung führt im Laufe der Zeit zu Schädigungen der Darmzotten, die für die Aufnahme wichtiger Nährstoffe verantwortlich sind. Die Aufnahme wichtiger Nährstoffe ins Blut wird so gestört und das führt zu starken Beschwerden. Es gibt aber auch glutenfreie Mehle, mit denen man mit einigen Tricks trotzdem leckere Brote backen kann.

Sind Intoleranzen genetisch bedingt?
Nathalie Ein kleiner Teil der Erkrankten ist genetisch von Intoleranzen betroffen. Die meisten Menschen bekommen Intoleranzen aber im Laufe des Lebens durch äußerliche Faktoren, zum Beispiel einseitiges Essen, zu viel Stress, zu wenig Schlaf – und das meist über eine lange Zeit. Im Verdacht steht alles, was den Körper dauerhaft überfordert und dazu führt, Stoffe nicht mehr abbauen zu können. Unter anderem deshalb ist es wichtig, auf einen ausgeglichenen Alltag und sich selbst zu achten.

Wie ist es bei dir dazu gekommen?
Nathalie Ich hatte vorher nie Allergien oder Ähnliches und habe sozusagen über Nacht meine Intoleranzen bekommen. Keiner weiß genau, warum das passiert. Ich vermute, dass meine Essgewohnheiten und eine sehr stressige Phase Hauptauslöser waren. Eine Freundin von mir, die nie eine Intoleranz hatte, erkrankte auch sozusagen über Nacht: Nach einem ausgiebigen Abend voller Meeresfrüchte und Rotwein ging es ihr plötzlich schlecht. Die Diagnose war am Ende auch Histaminintoleranz. Dieses eine Abendessen hat ihr „Histaminfass" wohl einfach zum Überlaufen gebracht.

Welche Symptome sind typisch?
Nathalie Die Symptome variieren stark und fallen bei jedem anders aus. Symptome können einzeln oder als Kombination auftreten. Manche davon treten direkt nach Verzehr auf, andere bis zu 72 Stunden später.

Typische Symptome sind:
- Schwellungen der Nasennebenhöhlen, laufende Nase, Niesen, Atembeschwerden, Husten
- Verdauungsprobleme: Durchfall, Bauchschmerzen, Blähungen, Sodbrennen, Völlegefühl
- Juckreiz, Hautausschlag, Hautrötung, Hitzewallungen (Gesichtsrötung)
- Schweißausbrüche, eingeschränktes Temperaturempfinden
- Herzklopfen, Herzrasen, Hypotonie
- Kopfschmerzen, Migräne, Schwindel
- Schlaflosigkeit, Müdigkeit
- Übelkeit, Erbrechen

- Menstruationsbeschwerden
- Ödeme (Wasseransammlungen einschließlich geschwollener Augenlider)

Wie hast du Sicherheit erlangt?
Nathalie Ich war beim Internisten und Allergologen. Durch eine Stuhlprobe wurde meine Histaminintoleranz bestätigt, mit einem Atemtest wurde ich auf Laktoseintoleranz getestet. Zusätzlich wurde eine Glutensensitivität festgestellt. Mein Favorit ist ein Selbsttest: Ernähre dich sieben Tage streng histamin-, laktose- und glutenfrei und gucke, ob es dir besser geht. Wenn ja, kannst du versuchen, die drei Verdächtigen einzeln zu testen. Irgendwann wirst du merken, dass du den Täter ermittelt hast, oder sagen, das war es nicht. Allerdings verlangt das eiserne Disziplin. Ein Fehler – und dein Selbsttest war für die Katz.

Was empfiehlst du Betroffenen?
Nathalie Ich empfehle Menschen, die gerade ihre Diagnose erhalten haben, den Kopf nicht hängen zu lassen und zu versuchen, sich nur auf das zu konzentrieren, was sie essen können – und nicht auf das, was nicht geht. Es gibt garantiert Hunderte von Lebensmitteln, die sie noch nie gegessen haben. Haben sie sie vermisst? Ich hoffe, dass ich diesen Menschen mit meiner Website und diesem Buch zeigen kann, dass Intoleranzen einen von nichts abhalten und keine Lebensqualität nehmen müssen.

Wie gehe ich damit um?
Nathalie Wenn du deine Ernährung direkt umstellst, sollte es dir innerhalb weniger Tage deutlich besser gehen. Wichtig ist ab diesem Moment, genug zu schlafen und viel stilles Wasser zu trinken. Wenn du nicht dauernd Wasser trinken magst, kannst du sehr gut Fencheltee trinken, der gleichzeitig den Magen beruhigt. Sport ist hilfreich – aber Vorsicht, zu viel davon oder Überanstrengungen führen auch zur Histaminausschüttung im Körper. Achte bitte auch darauf, dich insgesamt etwas zu entlasten, wenn du gerade eine besonders stressige Zeit hast. Hole dir – wenn möglich – Hilfe! Am besten kochst du dein Essen zunächst selbst, damit du sicher weißt, was drin ist. Verlasse dich dabei erst mal nicht auf andere. Familie und Freunde werden dich sicher dabei unterstützen, wenn du sie daran teilhaben lässt, ohne den sterbenden Schwan zu mimen. Viele Menschen haben noch nie von Intoleranzen und schon gar nicht von Histaminintoleranz gehört. Vergiss bitte nicht: Du bist nicht krank, du musst nur bestimmte Nahrungsmittel weglassen!

Darf man sich Ausnahmen gönnen?
Nathalie Wie streng du dich ernähren solltest, kommt darauf an, wie stark deine

BE YOU

Reaktionen sind. Ich empfehle aus der Erfahrung mit unzähligen Betroffenen, mit denen ich mich über die Website austausche, mindestens sechs Monate streng histamin-, laktose- und glutenfrei (oder der Kombination von Intoleranzen, von denen du betroffen bist) zu leben. Anschließend würde ich nicht direkt wieder einen Karton Milch, ein ganzes Brot oder einen Sack Tomaten essen, aber du kannst anfangen, wieder ein paar Produkte zu probieren. Einige Menschen vertragen sie dann wieder gut – trotz Intoleranzen. Dazu gehört zum Beispiel auch mal ein Stück weiße Schokolade, aber bitte ohne Soja oder Mandelcreme. Es ist wichtig, dem Körper die Möglichkeit zu geben, das „Histaminfass" im Körper zu leeren, damit wieder Platz ist, Histamin aufzunehmen, ohne dass das Fass überläuft. Wie groß dieser Puffer ist und wann er aufgebraucht ist: Das ist sehr individuell. Ich esse nach fast drei Jahren immer noch histaminfrei, weil mir einfach nichts abgeht und ich diesen Zustand liebe, seit ich mich so ernähre.

Wie verhältst du dich als Gast?
Nathalie Am Anfang waren Restaurantbesuche ein kleiner Horror und bei Einladungen habe ich mich etwas geschämt, dem Gastgeber sagen zu müssen, dass ich nicht alles essen kann. Ich habe viel lieber für alle gekocht. Heute esse ich wieder gern im Restaurant, wann immer ich möchte. Vorher sehe ich mir die Karte an, um herauszufinden, ob das Restaurant für mich geeignet ist. Im Restaurant verzichte ich auf Milchprodukte, Weizen und Histaminhaltiges. Wenn ich im Restaurant nicht sicher bin, was in einem Gericht enthalten ist, frage ich einfach nach und bitte auch um Änderungen, zum Beispiel die Sauce an der Seite des Tellers zu servieren oder Tomaten wegzulassen. Aus Sicherheitsgründen nehme ich auch Enzyme mit, die helfen, Laktose und Histamin abzubauen, und Antihistaminika. Aber das musst du unbedingt mit deinem Arzt absprechen, bevor du etwas einnimmst! Wichtig ist, eine Balance zu finden: nicht zu Hause einschließen, aber auch nicht jeden Tag essen gehen.

Bei Einladungen rufe ich den Gastgeber rechtzeitig vorher an und erkläre kurz meine Situation. Um den Gastgeber nicht zu überfordern, sage ich nur, dass ich keine Tomaten und kein Soja essen kann. Das sind Zutaten, die heute einfach gern verwendet werden. Wenn es als Beilage Nudeln oder Spinat gibt, muss ich das ja nicht essen – und auf das Dessert kann ich auch mal verzichten. Deswegen ist es immer besser, nur zwei oder drei schlecht verträgliche Zutaten zu erwähnen, die sehr geläufig sind und den Gastgeber nicht gleich überfordern. Meistens bringe ich eine Beilage, Vorspeise oder Nachspeise mit, natürlich mit dem Gastgeber abgesprochen. Wie du siehst, geht es darum zu kommunizieren! Wenn ich für

Gäste koche, frage ich vorher, wer Intoleranzen hat, und jeder hat etwas anderes, was er nicht verträgt oder nicht mag.

Wie managst du längere Reisen?
Nathalie Ich war noch nie ein großer Fan von Essen im Flugzeug. Ich habe deswegen immer einen Snack dabei, was bei kurzen Flügen ausreichend ist. Das können für den Notfall Äpfel oder ein paar Reiswaffeln sein. Wann immer es möglich ist, versuche ich am Abend vorher, einen meiner leckeren Snacks zu backen oder vorzubereiten. Das sind die Sachen, die ich am liebsten zwischendurch esse.

Bei langen Flügen bereite ich mich etwas mehr vor. Da backe ich vorher auch mal ein körniges Brot und mache mir damit ein leckeres Sandwich oder packe mir einen Salat in eine luftdichte Box. Auch in diesen Situationen ernähre ich mich dank meiner Intoleranzen viel gesünder als früher.

Und in stressigen Phasen?
Nathalie Ganz wichtig ist, auch an stressigen Tagen Balance und Zeit für sich zu finden. Das fängt damit an, genug Wasser zu trinken – mindestens zwei Liter täglich – und ausreichend Schlaf zu bekommen. Auch wenn ich in stressigen Wochen etwas weniger Zeit für Sport habe, versuche ich, wenigstens etwas Yoga zu machen, tief durchzuatmen und mich so wieder zu erden.

Wenn ich weiß, dass eine stressige Woche bevorsteht, organisiere ich mich schon am Wochenende davor. Ich bereite mir ein Müsli oder Granola vor, einen Snack und am besten noch ein Brot oder die Paprikasauce, die ich portioniert einfriere. Damit bin ich nur 2 Stunden beschäftigt und habe mein Essen für die ganze Woche vorbereitet.

Können die Intoleranzen irgendwann wieder weggehen?
Nathalie Ob Intoleranzen weggehen können, ist umstritten. Da die meisten Menschen keine genetisch bedingten Intoleranzen haben, besteht durchaus die Möglichkeit, dass mit einer strengen Ernährung Intoleranzen weggehen. Ich habe schon viele Menschen getroffen, bei denen das nach ein paar Jahren durchaus der Fall war, aber das weiß man nie. Meine Intoleranzen sind zwar noch nicht weg, aber ich habe ein viel besseres Körpergefühl bekommen und merke, dass es mir heute weitaus besser geht als früher.

Trotzdem ernähre ich mich noch streng, da ich mich einfach besser fühle und ich ungern das Risiko eingehe, dass es mir ein paar Tage schlecht geht, da ich viel unterwegs bin und eine starke Reaktion mich sehr beeinträchtigt. Außerdem habe ich einfach gar nicht mehr das Gefühl, auf etwas verzichten zu müssen, da meine Rezepte einfach und lecker sind und ich heute vielseitiger esse als früher.

Wie war der Anfang für dich?
Nathalie Ich habe mich zwar schon immer weitgehend gesund ernährt, aber trotzdem war der Anfang meiner Ernährungsumstellung nicht leicht. Am schwersten war für mich, meine Intoleranzen zu akzeptieren und zu erkennen, dass ich immer noch viele tolle Nahrungsmittel essen kann, und mich nicht darauf zu konzentrieren, was nicht geht. Es hat auch etwas gedauert, mir anzugewöhnen, das Kleingedruckte auf Etiketten zu lesen und vor allem auch zu verstehen. Dann war ich erst mal geschockt zu sehen, wie viele Zusatzstoffe selbst in einfachen Produkten stecken. Unfassbar, was man da alles in sich reinfuttert! Die gesamte Umstellung braucht also etwas Zeit. Keiner ist perfekt und keiner erwartet von dir, das von heute auf morgen hinzubekommen.

Die gute Nachricht soll nicht fehlen: Auf dich wartet eine ganz neue Geschmackswelt! Meine Rezepte werden anders schmecken, als du es vielleicht gewöhnt bist – Vorlieben sind eben immer auch individuell. Aber sie sind zu einem sehr großen Teil nur Gewöhnung oder Sozialisation. In Nathalie's Cuisine arbeite ich nur mit natürlichen Zutaten und auch weniger Salz und Zucker. Zusatzstoffe, Zucker und Salz blockieren nämlich die Geschmacksnerven. Am Ende führen sie dazu, dass du nicht mehr schmeckst, was dir guttut. Du begibst dich in eine Spirale aus immer schlechterem Essen. Gibt man Menschen, die sich einen Monat konsequent clean ernährt haben, Junkfood, sind sie nach anfänglicher Vorfreude erst mal entsetzt, was sie früher begehrenswert fanden. Es lohnt sich also, bei den schlechten Gewohnheiten einen Break zu machen. Gib einer neuen Lebensweise für ein gesundes Leben eine Chance und versuche, sie in dein Leben einzubauen! Es kann eine der besten Entscheidungen deines Lebens sein.

DOS AND DON'TS

Intoleranzen können ein ganz schön komplexes Thema sein. Über die Jahre habe ich viele Tipps und Tricks für mich herausgefunden, die superhilfreich sind und den Alltag erleichtern.

👍	👎
Getreide vorkochen	Getreide länger als 24 Stunden aufheben
Essen im Kühlschrank aufbewahren	Essen auf der Küchenzeile stehen lassen
Frischen Fisch kaufen und in einer Kühltasche transportieren	Frischen Fisch im Auto liegen lassen
Regelmäßig ausgeglichenen Sport treiben	Immer denselben Sport exzessiv machen
8 Stunden schlafen	Nächtelang durchfeiern
Täglich 2 Liter stilles Wasser trinken	Softdrinks trinken
Getrocknetes Obst ohne Schwefel und Zusatzstoffe in Maßen verzehren	Zuckerhaltige Trockenfrüchte mit Zusatzstoffen kaufen
Hochwertiges Olivenöl kaufen	Mit Olivenöl braten
Ins Restaurant gehen und davor die Speisekarte im Internet ansehen	Schüchtern sein und nicht nach Abänderungen fragen
1 TL Leinöl in den Joghurt oder Smoothie rühren	Leinöl nicht im Kühlschrank aufbewahren
Snacks am Wochenende vorbereiten	Ungesunde Snacks fertig kaufen
Regelmäßig essen	Hungern und Mahlzeiten überspringen
Im Supermarkt einkaufen	Nicht die Inhaltsstoffe lesen
Mit hefefreier Gemüsebrühe kochen	Hefehaltige Gemüsebrühe verwenden

EINKAUFEN MIT PFIFF

Meine Heroes für jeden Tag

GUTE ORGANISATION
IST DIE HALBE MIETE

Ich werde ganz oft gefragt, welche Grundnahrungsmittel ich in meiner Küche habe. Die richtigen und gesunden Lebensmittel zu Hause zu haben, ist schon mal der halbe Weg zu einem gesunden Lifestyle. Die andere Hälfte ist, gut organisiert zu sein. Dazu gehört eine grobe Idee, was du in der nächsten Woche kochen möchtest, damit du nicht vor dem Kühlschrank stehst und nicht weißt, was du machen sollst. Wenn ich in dieser Situation bin, ende ich damit, ein paar Cracker, aber nichts Richtiges zu essen, weil ich dann überfordert bin und mir einfach nichts mehr einfällt. Natürlich musst du nicht immer alle Lebensmittel zu Hause haben, da jeder andere Vorlieben und Kochpläne für die Woche hat. Zusätzlich zu den richtigen Lebensmitteln sind gute Behälter superwichtig. Von ihnen hängt es ab, wie lange du dein Essen aufbewahren kannst und ob es dann auch noch schmeckt. Sie sind auch für To-go-Mahlzeiten wichtig. Für unterwegs sind luftdichte Plastikbehälter ein Muss. Darin hält sich dein Essen frisch und verliert den Geschmack nicht. Zwar sehen sie vielleicht nicht ganz so schön aus, sie sind aber praktisch – ich habe eine ganze Kollektion in verschiedenen Größen zu Hause. Ich verwende sie auch, um Saucen und Suppen portioniert einzufrieren.

DAS SIND MEINE ABSOLUTEN LEBENSMITTELFAVORITEN

GEMÜSE

- Artischocke
- Blattsalate
- Blumenkohl
- Brokkoli
- Chicorée
- Fenchel
- Grüne Bohnen
- Grünkohl
- Gurke
- Karotte
- Knollensellerie
- Kürbis
- Mais
- Paprika
- Radieschen
- Rosenkohl
- Rote Bete
- Sellerie
- Spargel
- Zucchini

Gemüse ist die Basis einer gesunden, ausgewogenen Ernährung und sollte den Großteil deines Einkaufswagens füllen.

NÜSSE UND SAMEN

- Chiasamen
- Erdmandeln
- Kürbiskerne
- Leinsamen, geschrotet
- Macadamianuss
- Tahini (Sesammus; in kleinen Mengen)

Ich bin ganz verrückt nach Erdmandelcreme!

GETRÄNKE

- Apfeltee
- Fencheltee
- Mineralwasser
- Saft von histaminarmen Früchten (Karotte, Apfel, Mango)
- Salbeitee

Viel trinken ist superwichtig! Wenn ich einen Saft trinke, dann am besten Gemüsesaft, da Fruchtsäfte sehr viel Zucker enthalten.

OBST

- Apfel
- Aprikose
- Blaubeere
- Brombeere
- Datteln
- Granatapfel
- Kaki (Sharonfrucht, Persimone)
- Kirsche
- Kokosnuss
- Litschi
- Mango (nicht zu reif)
- Maulbeere
- Melone
- Nashi
- Nektarine
- Pfirsich
- Rosinen (Sultaninen)
- Wassermelone
- Weintrauben

Versuche, saisonales Obst zu kaufen, und genieße getrocknetes Obst nur in Maßen.

WEITER AUF SEITE 32 »»

KRÄUTER UND GEWÜRZE

- Apfelessig
- Basilikum (frisch)
- Histaminfreier Essig
- Ingwer
- Koriander (frisch)
- Kresse
- Kümmel
- Kurkuma
- Muskatnuss
- Oregano
- Paprikapulver (mild)
- Petersilie (frisch)
- Pfefferminze (frisch)
- Rosmarin
- Safran
- Salbei
- Salz
- Schwarzkümmel
- Thymian
- Vanille
- Zimt

Kräuter und Gewürze sind ideal, um jedem Gericht ein spezielles Aroma zu verleihen.

ÖLE

- Bratöl
- Ghee
- Kokosöl
- Leinöl
- Olivenöl

LAKTOSEFREIE MILCHPRODUKTE

- Feta (Hirtenkäse)
- Frischkäse
- Gouda (jung)
- Kokosjoghurt
- Kokosmilch
- Milch
- Mozzarella
- Quark

PROTEINE

- Eigelb
- Fisch, fangfrisch, tiefgefroren (außer Thunfisch)
- Hanfproteinpulver
- Huhn
- Kalbfleisch
- Wachteleier

SÜSSUNGSMITTEL

- Agavendicksaft
- Ahornsirup
- Dattelsirup
- Kokosblütenzucker
- Honig
- Reissirup
- Vanillepulver (in kleinen Mengen)

Ich habe immer einen großen Topf Honig, Kokosblütenzucker und Ahornsirup im Schrank.

STÄRKE-LIEFERANTEN

- Amaranth (ganzes Korn, gepufft)
- Cornflakes
- Dinkel (ganzes Korn, -mehl, -nudeln; glutenhaltig)
- Flohsamenschalen
- Hafer, -flocken, -kleie (glutenfrei)
- Hanfsamen (geschält)
- Hirse
- Kartoffeln
- Kokosnussmehl
- Macadamianussmehl
- Mais (ganzes Korn, -nudeln, -waffeln, -stärke)
- Maisgrieß (Polenta)
- Maronen
- Quinoa (ganzes Korn, gepufft)
- Reis (ganzes Korn, -nudeln, -waffeln, -mehl; braun)
- Süßkartoffel
- Teffmehl

Getreide hält sich lange frisch, deswegen habe immer genug in Reserve, da es essenziell für eine gesunde Ernährung ist.

Rezepte

THE SECRET INGREDIENT
IS ALWAYS LOVE

INFOS/LEGENDE

VEGAN

Vegan
Viele Rezepte in diesem Buch sind vegan. Sie sind mit dem links gezeigten Icon ausgezeichnet.

Glutenfrei
Obwohl ich eine Glutenunverträglichkeit habe, muss ich nicht komplett auf glutenhaltiges Essen verzichten. Im Gegensatz zu meiner streng histamin- und laktosefreien Ernährung kann ich hin und wieder etwas Gluten zu mir nehmen, ohne dass es mir schlechter geht. Das gilt natürlich nicht für Menschen, bei denen eine Zöliakie festgestellt wurde. Hier gilt null Gluten! Die schwächer ausgeprägte Form, also eine Intoleranz, kann auch wieder verschwinden oder es kann eine individuelle Balance hergestellt werden, die Ausnahmen duldet. Für diese Phase gibt es im Buch einige meiner Lieblingsrezepte mit Gluten, denen aber eine glutenfreie Variante hinzugefügt wurde.

INFOS ZU MEINEN REZEPTEN

GUT ZU WISSEN

Knoblauch und Zwiebeln

Einige werden sich vielleicht wundern, warum es kein einziges Rezept mit Zwiebeln oder Knoblauch gibt. An sich lässt sich die weiße Zwiebel (innen und außen weiß) auch bei Histaminintoleranz gut vertragen. Viele Menschen, und ich gehöre dazu, vertragen größere Mengen Zwiebeln jedoch nicht und bekommen dann Blähungen. Knoblauch vertrage ich ebenfalls nur in ganz kleinen Mengen und reagiere auch mit starker Übelkeit darauf, wenn zu viel verwendet wird. Langer Rede kurzer Sinn: Ich verzichte lieber ganz darauf.

Kokosmilch

Kokosmilch ist ein wichtiger Bestandteil meiner Rezepte. Das Wichtigste bei der Verwendung von Kokosmilch ist, darauf zu achten, dass keine unverträglichen Inhalts- oder Zusatzstoffe enthalten sind. Ich verwende in meinen Rezepten sowohl Kokosmilch als auch cremige Kokosmilch. Der Unterschied zwischen den beiden ist, dass die normale Kokosmilch, die ich besonders oft zum Backen und beim Frühstück verwende, eine eher dünnflüssige Konsistenz hat und meist im Tetrapack verkauft wird. Die cremige Kokosmilch wird meistens in der Dose verkauft. Ich verwende sie wegen der Konsistenz für Hauptspeisen. Normalerweise macht es keinen Unterschied, ob die cremige Kokosmilch aus der Dose oder aus dem Karton kommt, außer bei dem Rezept für Kokossahne (siehe Seite 138). Hier ist es wichtig, Dosenware zu kaufen, weil sich nach einigen Stunden im Kühlschrank an der Oberfläche eine cremige Schicht absetzt, die für das Rezept gebraucht wird.

Zitrone

Zitrusfrüchte sind Liberatoren und setzen Histamin im Körper frei. Viele Menschen vertragen sie jedoch in kleinen Mengen. Ich verwende für einige Saucen Zitrone, aber das ist immer nach Belieben und nicht ausschlaggebend für irgendein Rezept. Ich habe gemerkt, dass sich Zitrone in kleinen Mengen auch bei Histaminintoleranz sehr gut vertragen lässt. Wenn du weißt, dass du keine Probleme mit Zitronensaft hast, verwende ihn so wie angegeben. In einer Testphase lass Zitrone bitte weg, wenn du sichergehen willst.

Eier und Wachteleier

Eigelb ist histaminfrei, Eiweiß jedoch nicht. Wachteleier dagegen sind komplett histaminfrei und werden super vertragen. Die einzigen Probleme sind, dass Wachteleier nicht immer im Supermarkt zu finden sind und dass wegen der kleinen Größe doppelt so viele (im Vergleich zu normalen Eiern in Größe M) verwendet werden müssen. Viele Menschen scheinen Eier in Gebäck gut zu vertragen, aber nicht als Omelett. Mir geht es da ähnlich. Ich versuche trotzdem, immer Wachteleier zu verwenden. Aber wenn es keine gibt, sind ein paar Hühnereier in einem großen Kuchen oder Brot verbacken gut für mich verträglich. Das sollte jeder für sich entscheiden – ich gebe jedenfalls im Rezept immer beides als Tipp an.

Milchprodukte

Ich esse so gern Milchprodukte, aber sie müssen für mich vollständig laktosefrei und frei von Zusatzstoffen sein. Falls du keine Laktoseintoleranz hast, kannst du natürlich auch gern normale Milchprodukte verwenden.

Haferflocken

Hafer ist nicht nur eine der gesündesten Getreidesorten, sondern auch vielfältig einsetzbar und sehr, sehr lecker. Deshalb verwende ich ganz häufig Haferflocken für Frühstücksrezepte, Snacks oder Hauptspeisen. Haferflocken enthalten Kohlenhydrate, wichtige Ballaststoffe und Vitamine. Außerdem halten sie dich lange satt und vermeiden Heißhungerattacken. Gerade für Menschen mit Intoleranzen sind Haferflocken ein wichtiger Bestandteil der Ernährung, da sie den Stoffwechsel regulieren, der durch Intoleranzen stark beeinflusst wird.

Zwar sind Haferflocken an sich glutenfrei, sie werden aber meist beim Anbau durch Weizen und andere glutenhaltige Getreidesorten verunreinigt. Deshalb sollten alle, die vor allem von Zöliakie betroffen sind, ausschließlich Haferflocken verwenden, die mit dem Zusatz „glutenfrei" gekennzeichnet sind.

Gemüsebrühe

Gemüsebrühe ist ein guter Weg, viele Gerichte toll zu würzen. Ich verwende für die meisten Hauptgerichte sowie einige Salatsaucen Gemüsebrühepulver, da ich nur mit wenig Salz arbeite und die Gemüsebrühe Salz und viele andere geschmackvolle Zutaten enthält. Ganz wichtig ist, ein Gemüsebrühepulver ohne Hefe zu kaufen und auch genau auf das Etikett zu achten, damit nichts enthalten ist, was schlecht verträglich ist. Viele Gemüsebrühepulver enthalten zum Beispiel auch Gluten, Laktose oder Gemüse, das bei Histaminintoleranz unverträglich ist. Die dann bitte nicht verwenden! Am liebsten nehme ich zum Beispiel die Gemüsebrühepulver von „Erntesegen" oder „Pfiffikus".

Trockenfrüchte

Seit ich in Israel lebe, esse ich gern Trockenobst. Erstens gibt es hier eine riesige Auswahl davon und zweitens sorgt es an anstrengenden und besonders heißen Tagen für einen schnellen Energieschub. In großen Mengen können Trockenfrüchte aber schlecht verdaulich sein, deswegen ist es wichtig, ein paar Dinge zu beachten. Trockenobst sollte nur von verträglichen Früchten sein und in kleinen Mengen verzehrt werden. Außerdem achte unbedingt darauf, dass du welche ohne Zusatzstoffe (wie zum Beispiel Zucker oder E-Nummern) und ungeschwefelte kaufst, weil diese Substanzen starke Beschwerden auslösen können.

Histaminfreier Essig

Viele Menschen mit Histaminintoleranz vermissen Essig, da ihnen die Ideen fehlen, wie sie ein Salatdressing zubereiten können. Allerdings ist Apfelessig gut verträglich. Online gibt es außerdem histaminfreien Essig zu kaufen. Dieser Essig mag vielleicht etwas teurer als der normale sein, aber ich verwende ihn trotzdem sehr gern, zum Beispiel für mein leckeres nussiges Essig-Dressing (siehe Seite 131).

Salz und Gewürze

Viele wundern sich vielleicht, dass ich nur mit wenig Salz und Gewürzen koche und fragen sich, ob das überhaupt schmecken kann. Salz, Zucker und chemische Geschmacksverstärker machen die Geschmacksknospen total taub und viele können den Eigengeschmack von Obst und Gemüse gar nicht mehr richtig schmecken und schätzen. Nach meiner

Ernährungsumstellung war es mir sehr wichtig, viel Wasser zu trinken und meinen Körper natürlich zu entschlacken. Salz bindet jedoch Wasser, das der Körper dann ablagert und somit schlechter entgiften kann. Deswegen habe ich angefangen, weniger Salz zu verwenden, und würze stattdessen mit frischen Kräutern und hefefreier Gemüsebrühe. Ich gebe zu, die erste Woche war eine echte Umstellung und das Essen hat erst nicht so aufregend geschmeckt, aber nachdem ich den Entzug überstanden hatte, konnte ich nun das wahre Geschmackserlebnis genießen. Meine Geschmacksknospen sind sozusagen aus dem Winterschlaf erwacht und heute schmeckt mir mein gesundes Essen besser denn je, da ich es endlich wirklich wahrnehmen und mein Körper sich ohne Probleme entgiften kann.

Datteln

In meinen Rezepten verwende ich gern Datteln. Besonders zum Backen sind sie perfekt, weil sie mit ihrer klebrigen Konsistenz gut binden und eine natürliche Süße haben. Auch hier ist es wichtig, dass ungeschwefelte Datteln ohne Zusatzstoffe gekauft werden. Am liebsten mag ich Medjool-Datteln, sie sind besonders weich, saftig und schön groß. In Israel sind Medjool-Datteln überall und recht günstig zu bekommen. In Deutschland sind Deglet-Nour-Datteln eher verbreitet. Auch sie funktionieren gut mit meinen Rezepten. Wenn du Deglet-Nour-Datteln verwendest, solltest du dich an die Gramm- und nicht an die Stückangaben in meinen Rezepten halten, da sie kleiner sind. Sie lassen sich übrigens etwas schwerer mit einer Gabel zerdrücken und sollten deswegen lieber in einem Blender püriert werden.

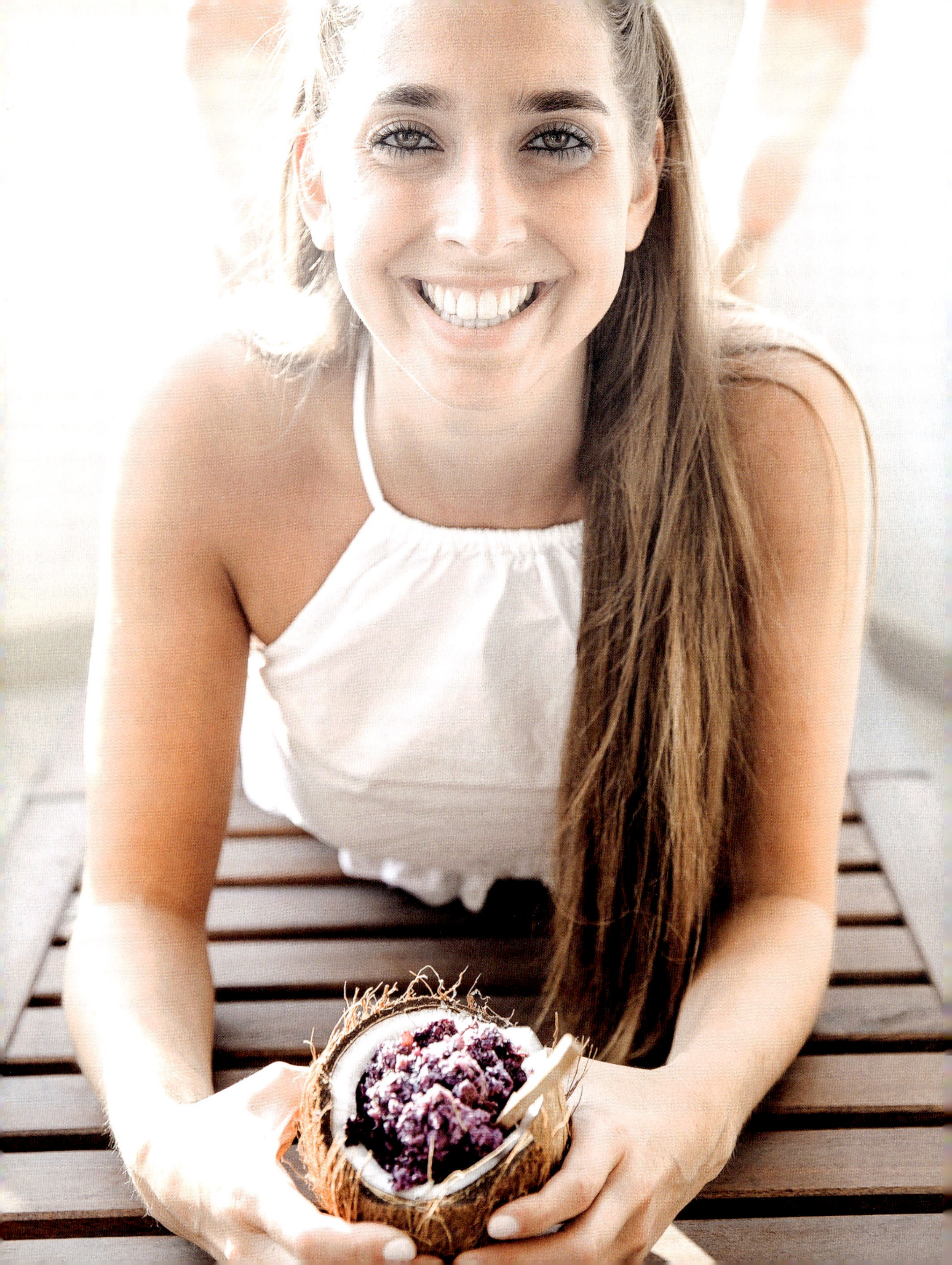

Breakfast

TO START THE DAY RIGHT

„Das Frühstück ist die wichtigste Mahlzeit des Tages." So lautet ein typisches Sprichwort. Ob es stimmt oder nicht, ist sehr umstritten. Klar ist jedoch, dass die Laune leidet, wenn dein Tag schlecht startet. Um das zu verhindern, ist es wichtig, positiv und fit in den Tag zu gehen. Da hilft ein leckeres und gesundes Frühstück allemal. Hier ist für jeden etwas dabei: süß, salzig, leicht und nahrhaft.

ZUBEREITUNGSZEIT JE 5 MINUTEN
FÜR JE 1 PERSON

BLAUBEERE HANF

PERSIMONE

MANGO KIRSCHE

WASSERMELONE BEERE/INGWER

BLAUBEER-GRÜNKOHL-SMOOTHIE MIT HANFSAMEN*

VEGAN

2 Handvoll Grünkohlblätter, in Stücke geschnitten
55 g gefrorene Blaubeeren
1 EL geschälte Hanfsamen
150 ml Kokosmilch
2 Medjool-Datteln (ungeschwefelt, ohne Zusatzstoffe; etwa 40 g), entsteint

Grünkohlblätter, Blaubeeren und **Hanfsamen** mit **Kokosmilch** und **Datteln** im Personal Blender glatt mixen. Den Smoothie in ein großes Glas füllen und frisch genießen.

Tipp: Dieser Smoothie ist auch perfekt vor dem Sport, wenn du Extraenergie brauchst.

PERSIMONE-GURKE-SMOOTHIE**

VEGAN

2 reife Persimonen, geschält und in Stücke geschnitten
70 g Salatgurke, in Stücke geschnitten
1 EL geschälte Hanfsamen
4 Macadamianüsse
100 ml Kokoswasser

Persimonen- und **Gurkenstücke** mit **Hanfsamen, Macadamianüssen** und **Kokoswasser** im Personal Blender glatt mixen. Den Smoothie in ein großes Glas füllen und frisch genießen.

Tipp: Wichtig an diesem Smoothie ist, dass du Früchte, Gurke und Kokoswasser eine Nacht vorher im Kühlschrank kalt stellst, damit der Smoothie richtig schön erfrischend wird.

MANGO-KIRSCH-SMOOTHIE***

VEGAN

1 Mango, geschält, entsteint und in Stücke geschnitten
150 ml Kokoswasser
10 entsteinte gefrorene Sauerkirschen

Die **Mangostücke** mit **Kokoswasser** und **Kirschen** im Personal Blender glatt mixen. Den Smoothie in ein großes Glas füllen und frisch genießen.

Tipp: Du kannst 1 EL Lein- oder Hanfsamen hinzufügen und mitmixen. Oder 1 EL Chiasamen nach dem Mixen einrühren und den Smoothie 10 Minuten quellen lassen.

BEEREN-WASSERMELONE-SMOOTHIE MIT INGWER****

VEGAN

5 g frischer Ingwer (etwa 3-cm-Stück)
200 g Wassermelonefruchtfleisch, in Stücke geschnitten
120 g gefrorene Blau- und Brombeeren
100 ml Kokoswasser
2 TL Chiasamen (nach Belieben)

Den **Ingwer** schälen, fein reiben und mit **Wassermelone** und **Beeren** in den Personal Blender geben. Das **Kokoswasser** zugießen und glatt mixen. Den Smoothie in ein großes Glas füllen, dann, falls verwendet, die **Chiasamen** einrühren und 10 Minuten quellen lassen. Frisch genießen.

*Pro Portion: 222 kcal (5 g EW • 5 g F • 34 g KH) **Pro Portion: 361 kcal (5 g EW • 11 g F • 54 g KH)
***Pro Portion: 221 kcal (3 g EW • 0 g F • 45 g KH) ****Pro Portion: 182 kcal (5 g EW • 3 g F • 28 g KH)

KNUSPRIGES MÜSLI

VEGAN

Für etwa 500 g Müsli*

100 g glutenfreie Kleinblatt-Haferflocken
60 g geschälte Hanfsamen
75 g Macadamianüsse, fein gehackt
60 g Kürbiskerne
25 g Kokoschips
2 EL Ahornsirup
1 TL gemahlener Zimt
50 g getrocknete Maulbeeren (ungeschwefelt, ohne Zusatzstoffe), fein gehackt
50 g getrocknete Aprikosen (ungeschwefelt, ohne Zusatzstoffe), fein gehackt
40 g Rosinen (ungeschwefelt, ohne Zusatzstoffe)
20 g gepuffter Reis
20 g gepuffter Amaranth

Zubereitungszeit 20 Minuten

Den Backofen auf 170 °C Umluft vorheizen und ein Backblech mit Backpapier auslegen. • **Haferflocken, Hanfsamen, Macadamianüsse, Kürbiskerne, Kokoschips, Ahornsirup** und **Zimt** in einer Schüssel vermengen. Die Haferflockenmischung gleichmäßig auf dem vorbereiteten Backblech verteilen und im vorgeheizten Ofen 10 Minuten backen, dabei zwischendurch wenden und rühren, damit alles gleichmäßig bräunt. Herausnehmen und auskühlen lassen. • Die ausgekühlte Haferflockenmischung in eine große Schüssel geben. **Maulbeeren, Aprikosen, Rosinen, Puffreis** und **Amaranth** zufügen und gut vermengen. Die Müslimischung in ein Aufbewahrungsglas füllen und zum Verzehren jeweils die gewünschte Menge entnehmen.

Tipp: Das Müsli schmeckt toll mit laktosefreier Milch oder Kokosmilch und reicht für eine Person etwa 1 Woche.

KOKOS-GRANOLA

Für etwa 500 g Granola**

400 g glutenfreie Großblatt-Haferflocken
1 EL Kokosöl, geschmolzen
150 ml Kokosmilch
2–3 EL Honig
30 g Macadamianüsse, halbiert
1 Prise gemahlener Zimt
40 g Kokosraspel
20 g Kokoschips

Zubereitungszeit 25 Minuten

Den Backofen auf 180 °C Umluft vorheizen und zwei Backbleche mit Backpapier auslegen. • **Haferflocken, Kokosöl, Kokosmilch** und **Honig** in eine Schüssel geben und mit den Händen gut vermengen, bis sich Klumpen bilden. Die Mischung gleichmäßig auf eines der vorbereiteten Backbleche verteilen und im vorgeheizten Ofen 15 Minuten backen. • Die halbierten **Macadamianüsse** auf dem zweiten Backblech verteilen und 5–7 Minuten vor Ende der Backzeit mit in den Ofen schieben. Beide Backbleche aus dem Ofen nehmen und auskühlen lassen. • Haferflockenmischung und Nüsse in eine große Schüssel geben. **Zimt, Kokosraspel** und **-chips** darüberstreuen und alles gut vermengen. In einer luftdicht verschließbaren Box aufbewahrt hält sich das Kokos-Granola bis zu 2 Wochen.

* Pro Portion (50 g): 193 kcal (5 g EW • 10 g F • 19 g KH)   ** Pro Portion (50 g): 228 kcal (6 g EW • 10 g F • 26 g KH)

KOKOS-GRANOLA

KNUSPRIGES MÜSLI

ZUBEREITUNGSZEIT JE 35 MINUTEN
PLUS 15 MINUTEN QUELLZEIT

CHIA-PFIRSICH-MUFFINS

Das Rezept ist NICHT glutenfrei! Weiter unten findest du die glutenfreie Variante.

VEGAN

Für 8 Muffins*

- 1 ½ EL Chiasamen
- 180 g Dinkelvollkornmehl
- 60 g glutenfreie Großblatt-Haferflocken
- 1 TL Backpulver
- ¼ TL Natron
- 1 Prise Salz
- 40 ml Ahornsirup
- 1 EL Kokosöl, geschmolzen
- ½ TL gemahlene Vanille
- 60 ml Apfelsaft plus etwas mehr bei Bedarf
- 150 g frisches Pfirsichfruchtfleisch, klein gewürfelt
- 35 g getrocknete Aprikosen (ungeschwefelt, ohne Zusatzstoffe), fein gehackt

Die **Chiasamen** in eine Schüssel geben, 30 ml Wasser zugießen, gut verrühren und 15 Minuten quellen lassen. • Inzwischen den Backofen auf 180 °C Umluft vorheizen und ein 12er-Muffinblech mit acht Papierbackförmchen auslegen. • **Dinkelmehl, Haferflocken, Backpulver, Natron** und **Salz** in eine große Schüssel geben und vermischen. **Ahornsirup, Kokosöl, Vanille** und **Apfelsaft** in die Schüssel mit den Chiasamen geben und alles mit dem Handrührgerät verquirlen. Die flüssige Chiamischung zur Mehlmischung geben und die Zutaten nur kurz vermengen, bis der Teig feucht und klumpig ist. Dann **Pfirsichwürfel** und gehackte **Aprikosen** unterheben. • Bei Bedarf noch etwas **Apfelsaft** dazugeben. Die Teigmischung in die vorbereitete Muffinform füllen und im vorgeheizten Ofen 25 Minuten backen. • Aus dem Ofen nehmen, die Chia-Pfirsich-Muffins aus der Form heben, auf ein Kuchengitter setzen und auskühlen lassen.
Tipp: Ich liebe besonders die Kombination mit getrockneten Aprikosen, aber du kannst auch gern Cranberrys oder gehackte Datteln verwenden.

SAFTIGE KAROTTEN-MUFFINS

Glutenfreie Variante

VEGAN

Für 10 Muffins**

- 2 EL geschrotete Leinsamen
- 230 g Karotten, geraspelt
- 200 g glutenfreie Großblatt-Haferflocken
- 80 g Rosinen (ungeschwefelt, ohne Zusatzstoffe)
- 60 g Macadamianüsse, gehackt
- 165 g Dattelsirup
- 300 ml Kokosmilch
- 2 TL gemahlener Zimt
- 1 TL gemahlene Vanille

Die **Leinsamen** in eine Schale geben, mit 6 EL Wasser beträufeln und 15 Minuten quellen lassen. • Inzwischen den Backofen auf 180 °C Umluft vorheizen und ein 12er-Muffinblech mit zehn Papierbackförmchen auslegen. • **Karottenraspel, Haferflocken, Rosinen, Macadamianüsse, Dattelsirup, Kokosmilch, Zimt** und **Vanille** in eine große Schüssel geben. Eingeweichte Leinsamen zufügen und alles vermischen. Teig gleichmäßig in die vorbereitete Muffinform füllen und im vorgeheizten Ofen 27–30 Minuten backen. • Aus dem Ofen nehmen, die Karotten-Muffins aus der Form heben, auf ein Kuchengitter setzen und vollständig auskühlen lassen.
Tipp: Am besten schmecken diese Muffins, wenn du sie noch eine Nacht im Kühlschrank ziehen lässt. Sie schmecken sogar nach 3 Tagen im Kühlschrank total lecker.

*Pro Stück: 144 kcal (4 g EW • 3 g F • 24 g KH)   **Pro Stück: 188 kcal (4 g EW • 7 g F • 25 g KH)

SAFTIGES SÜSSKARTOFFEL-KOKOS-BROT

Dieses Brot ist so schön saftig, es könnte fast als Kuchen durchgehen. Ich würde sagen, es ist ein Zwischending aus Brot und Kuchen und somit das perfekte Gebäck für ein leckeres Frühstück.

ZUBEREITUNGSZEIT 80–90 MINUTEN
FÜR 1 BROT

470 g Süßkartoffeln
110 g Macadamianüsse
190 g Reismehl
65 g Speisestärke
20 g Kokosmehl
2 TL gemahlener Zimt
1 TL Natron
½ TL Backpulver
1 Prise Salz
2 ½ EL Kokosraspel
140 g Kokosblütenzucker
10 ml Kokosöl, geschmolzen
6 Wachteleier oder 3 Hühnereier

Den Backofen auf 180 °C Umluft vorheizen und eine Kastenbackform aus Silikon (30 cm Länge) bereithalten. • Die **Süßkartoffeln** schälen und in Stücke schneiden. Die Kartoffelstücke in einen Topf geben, knapp mit Wasser bedecken und aufkochen. Bei mittlerer Hitze 20–25 Minuten garen, bis die Kartoffelstücke sehr weich sind. Dann abgießen und etwas abkühlen lassen. • Inzwischen die **Macadamianüsse** in den Personal Blender geben und fein hacken, aber nicht zu lange mixen, sonst entsteht Nussbutter. • **Reismehl, Speisestärke, Kokosmehl, Zimt, Natron, Backpulver, Salz, Kokosraspel** und **Kokosblütenzucker** mit den fein gehackten Nüssen in eine Schüssel geben und vermischen. **Kokosöl** und **Eier** gut einrühren. Dann die Süßkartoffelstücke auf die Mischung geben, mit einer Gabel zerdrücken und mit den Zutaten darunter vermengen. • Den Teig in die Backform füllen und im vorgeheizten Ofen 50–60 Minuten backen. Nach 50 Minuten Backzeit zur Garprobe einen Holzspieß in das Brot stechen. Wenn kein Teig daran haften bleibt, ist das Brot fertig gebacken. • Aus dem Ofen nehmen und in der Backform etwas abkühlen lassen. Dann das Süßkartoffel-Kokos-Brot aus der Form lösen und auf einem Kuchengitter auskühlen lassen. In einem Brotkasten oder in Alufolie gewickelt ist es bis zu 1 Woche haltbar. Du kannst das Brot auch aufschneiden, scheibenweise einfrieren und bei Bedarf einfach auftoasten.

Tipp: Ich finde, eine Scheibe Süßkartoffel-Kokos-Brot schmeckt mit etwas frischem Obst traumhaft. Wer Lust hat, kann das Brot auch mit einem meiner leckeren süßen Aufstriche genießen, wie zum Beispiel Macadamia-Dattel-Creme oder Blaubeer-Jam mit Chiasamen (siehe beides Seite 59).

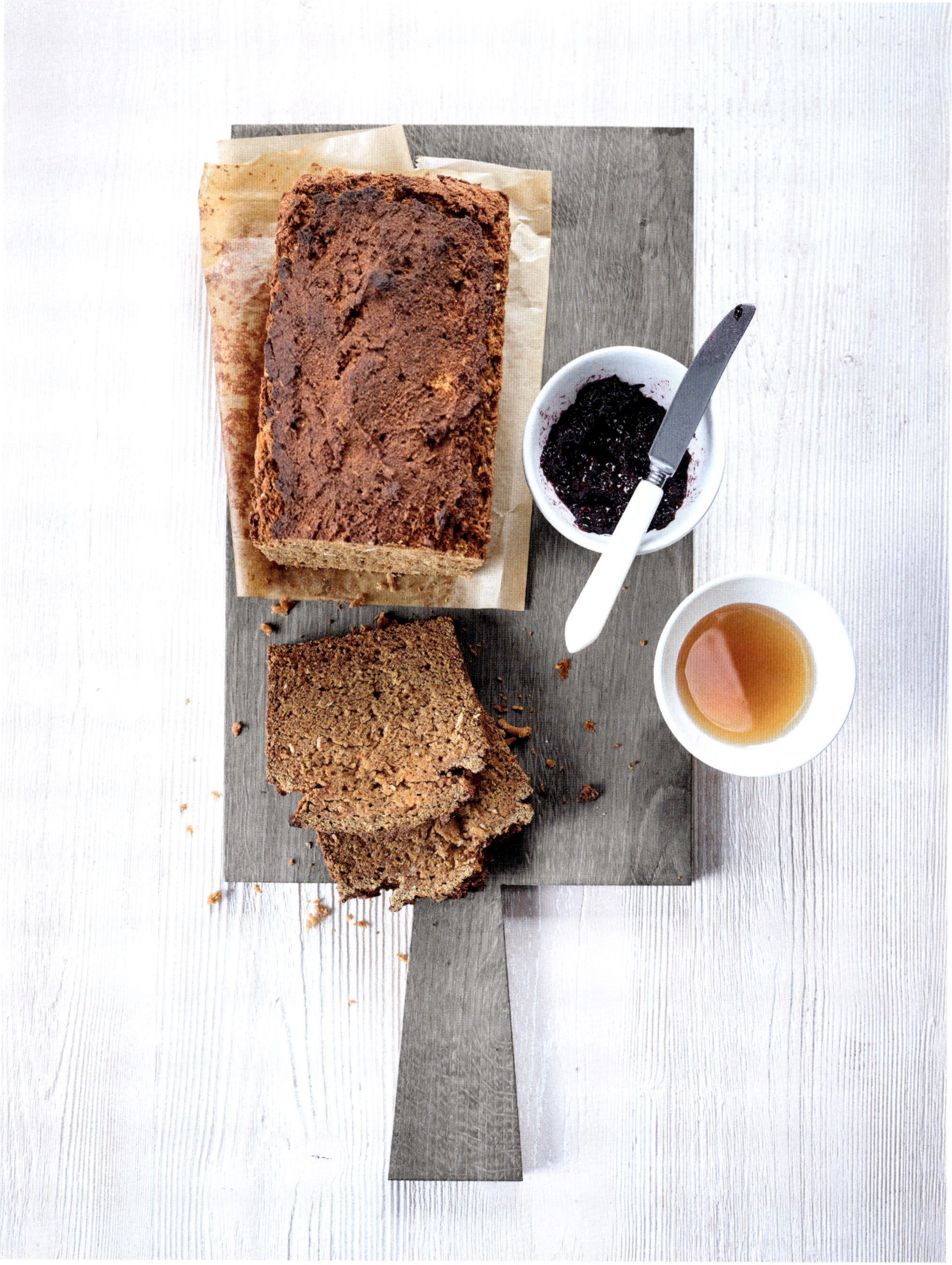

POLENTA-PORRIDGE
MIT BROMBEERKOMPOTT

CREMIGES KURKUMA-
OATMEAL

POLENTA-PORRIDGE MIT BROMBEERKOMPOTT

VEGAN

Für 1 Person*

160 ml Kokosmilch
1 Prise Salz
1 EL Ahornsirup
½ TL gemahlener Zimt (nach Belieben)
½ TL gemahlene Vanille
80 g Polenta (Maisgrieß)

Für das Kompott
300 g Brombeeren
2 TL Chiasamen
2–3 TL Ahornsirup
1 Prise gemahlene Vanille

Zubereitungszeit 12–15 Minuten

Für das Kompott **Brombeeren, Chiasamen, Ahornsirup** und **Vanille** mit 2 EL Wasser in einen Topf geben und bei mittlerer Hitze aufkochen. Unter Rühren köcheln lassen, bis die Beeren zerfallen. Das Kompott vom Herd nehmen und beiseitestellen. • **Kokosmilch, Salz, Ahornsirup, Zimt** und **Vanille** in einem Topf zum Kochen bringen. Die Temperatur auf niedrige Stufe regeln und die **Polenta** mit einem Schneebesen unter ständigem Rühren langsam einrieseln lassen. Die Mischung 5 Minuten köcheln lassen, dabei ständig rühren, damit keine Klumpen entstehen. • Vom Herd nehmen, den Polenta-Porridge in eine Servierschale geben und mit dem Brombeerkompott warm servieren.

CREMIGES KURKUMA-OATMEAL

VEGAN

Für 1 Person**

60 g glutenfreie Großblatt-Haferflocken
110 ml Kokosmilch
½ TL gemahlene Kurkuma
1 kleine Handvoll Rosinen (ungeschwefelt, ohne Zusatzstoffe)
½ TL geschälte Hanfsamen
1 TL Dattelsirup

Zubereitungszeit 10 Minuten

Haferflocken, Kokosmilch, Kurkuma und **Rosinen** mit 100 ml Wasser in einen kleinen Topf geben und bei mittlerer Hitze aufkochen. Sobald die Mischung anfängt zu kochen, gut umrühren, damit nichts anbrennt. Die Hitze reduzieren und unter ständigem Rühren etwa 5 Minuten köcheln lassen, bis die Haferflocken die Flüssigkeit aufgenommen haben und cremig sind. • Das Kurkuma-Oatmeal in eine Servierschale füllen, mit den **Hanfsamen** bestreuen, mit dem **Dattelsirup** beträufeln und servieren.

*Pro Portion: 418 kcal (6 g EW • 17 g F • 48 g KH)   **Pro Portion: 301 kcal (9 g EW • 6 g F • 48 g KH)

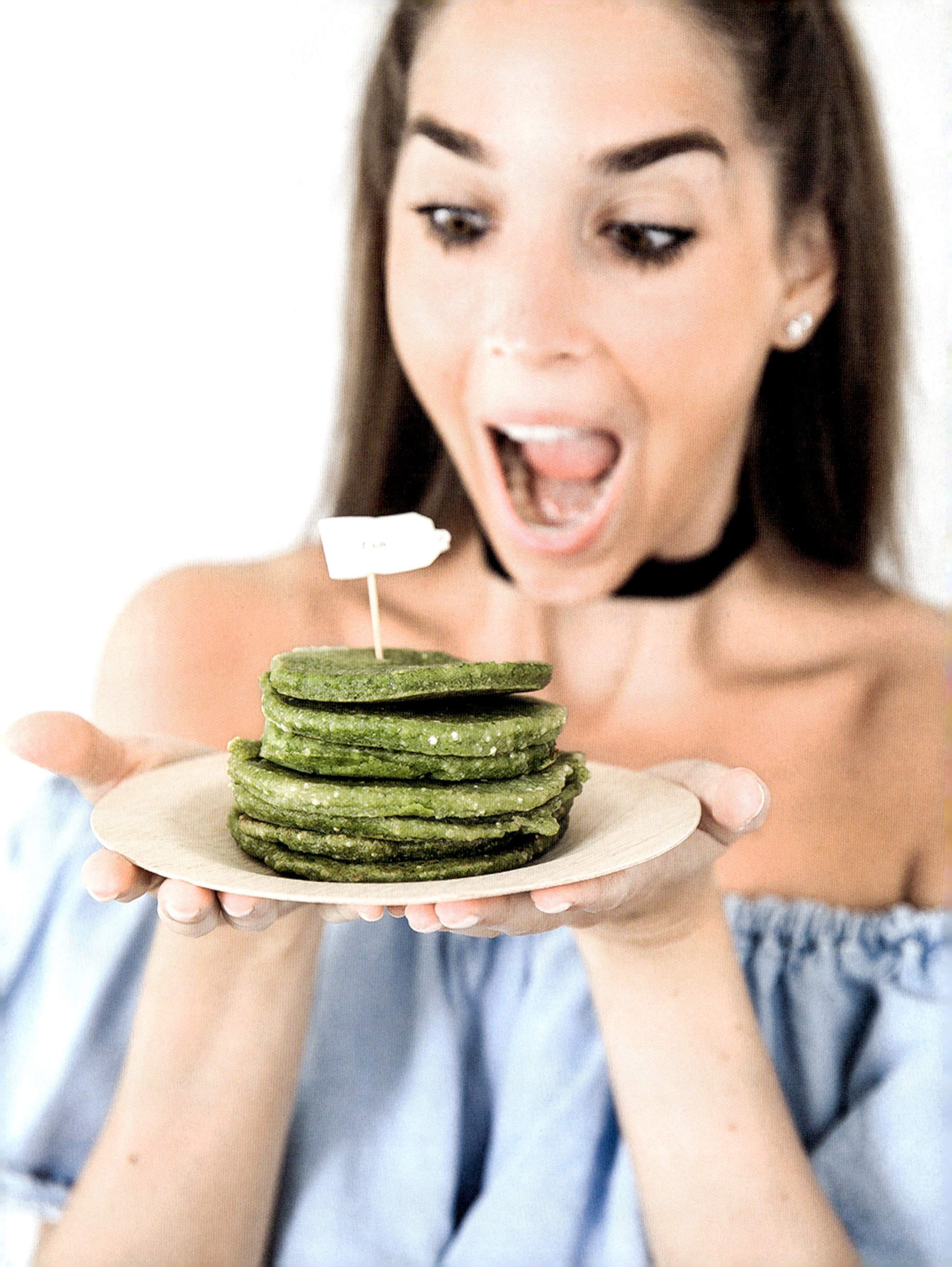

NOTHING is UNFIXABLE

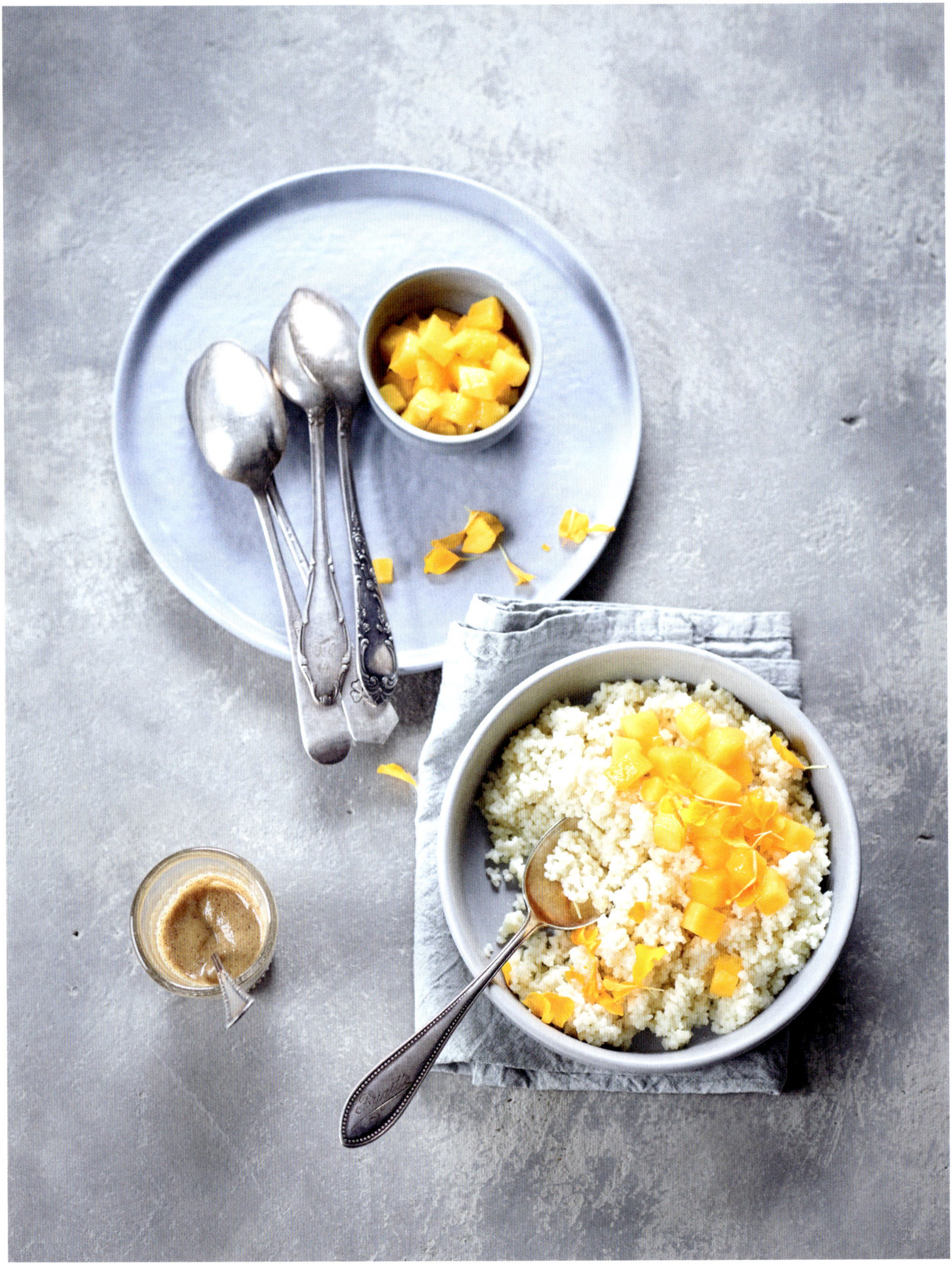

MANGO-COUSCOUS

Ich habe mich total in dieses Frühstück verliebt! Wie man vielleicht anhand meiner Frühstücksrezepte merkt, starte ich meinen Tag am liebsten mit einer süßen Speise. Deswegen versuche ich, mir immer wieder etwas Neues einfallen zu lassen und unterschiedlichste Zutaten zu verwenden. Dieser Mango-Couscous ist ein wundervolles und unglaublich leckeres Frühstück. Couscous beziehungsweise Quinoa saugt die Kokosmilch auf und wird dadurch außergewöhnlich cremig, was dieses Gericht besonders schmackhaft macht.

ZUBEREITUNGSZEIT 15 MINUTEN
FÜR 1 PERSON

VEGAN

- 1 Prise Salz
- 3 EL Couscous oder 50 g Quinoa (siehe unten glutenfreie Variante)
- 1 TL Kokosöl
- 50 ml Kokosmilch
- 1 TL Ahornsirup
- 1 Mango, geschält, entsteint und gewürfelt
- 1 TL Erdmandelcreme

Das Rezept ist NICHT glutenfrei! Weiter unten findest du die glutenfreie Variante.

In einem kleinen Topf 100 ml Wasser aufkochen und das **Salz** zufügen. **Couscous** und **Kokosöl** in das kochende Wasser geben und bei mittlerer Hitze 4–5 Minuten unter Rühren garen. • Vom Herd nehmen, den Deckel aufsetzen und den Couscous einige Minuten quellen lassen. • Dann **Kokosmilch** und **Ahornsirup** einrühren und die Couscousmischung in eine Servierschale geben. Die **Mangowürfel** darauf anrichten und mit der **Erdmandelcreme** zum Toppen servieren. – Du kannst den Mango-Couscous entweder direkt warm verzehren oder über Nacht im Kühlschrank aufbewahren und am nächsten Morgen gekühlt genießen.

Glutenfreie Variante: Statt Couscous **50 g Quinoa** verwenden und mit dem **Kokosöl** und einer Prise **Salz** in 125 ml kochendem Wasser etwa 15 Minuten garen. Vom Herd nehmen, den Deckel aufsetzen und einige Minuten nachquellen lassen. Dann wie oben beschrieben fortfahren.

Pro Portion: 360 kcal (8 g EW • 4 g F • 65 g KH)   *Pro Portion: 417 kcal (9 g EW • 7 g F • 71 g KH)

KÖRNERBROT

Du würdest niemals denken, dass dieses knusprig-fluffige Brot für Allergiker geeignet ist, da es sogar noch besser schmeckt als normales! Das Tolle an diesem Rezept ist auch, dass der Brotteig selbst in kürzester Zeit fertig ist. Meistens esse ich das Körnerbrot schon an einem Tag auf, aber du kannst es auch einfrieren und jederzeit im Ofen wieder aufwärmen.

ZUBEREITUNGSZEIT 95 MINUTEN
FÜR 2 KLEINE BROTE

80 g Macadamianussmehl
50 g Flohsamenschalen
80 g geschrotete Leinsamen
40 g glutenfreie Haferkleie
15 g Backpulver
1 TL Salz
10 Wachteleiweiß

Den Backofen auf 150 °C Umluft vorheizen und ein Backblech mit Backpapier auslegen. • **Macadamianussmehl, Flohsamenschalen, Leinsamen, Haferkleie, Backpulver** und **Salz** in eine Schüssel geben und vermischen. • Die **Eiweiße** in einen hohen Rührbecher geben und mit dem Handrührgerät kurz aufschlagen. Dann 250 ml heißes (aber nicht kochendes) Wasser zugeben und erneut verquirlen. Die Eiweißmasse zur Nussmehlmischung in die Schüssel geben und unterheben. Dann alles mit den Händen kurz durchkneten und 2–3 Minuten ruhen lassen. • Die Teigmasse halbieren, zu zwei Brotlaiben formen und auf das vorbereitete Backblech legen. Die Oberfläche der Teigrohlinge mit einem Messer längs einritzen. In den vorgeheizten Ofen geben und 70 Minuten backen. Den Ofen ausschalten und die Brote weitere 15 Minuten im Ofen nachbacken lassen. • Herausnehmen und die Körnerbrote auf einem Kuchengitter vollständig auskühlen lassen.

Pro Scheibe (50 g): 164 kcal (9 g EW • 8 g F • 7 g KH)

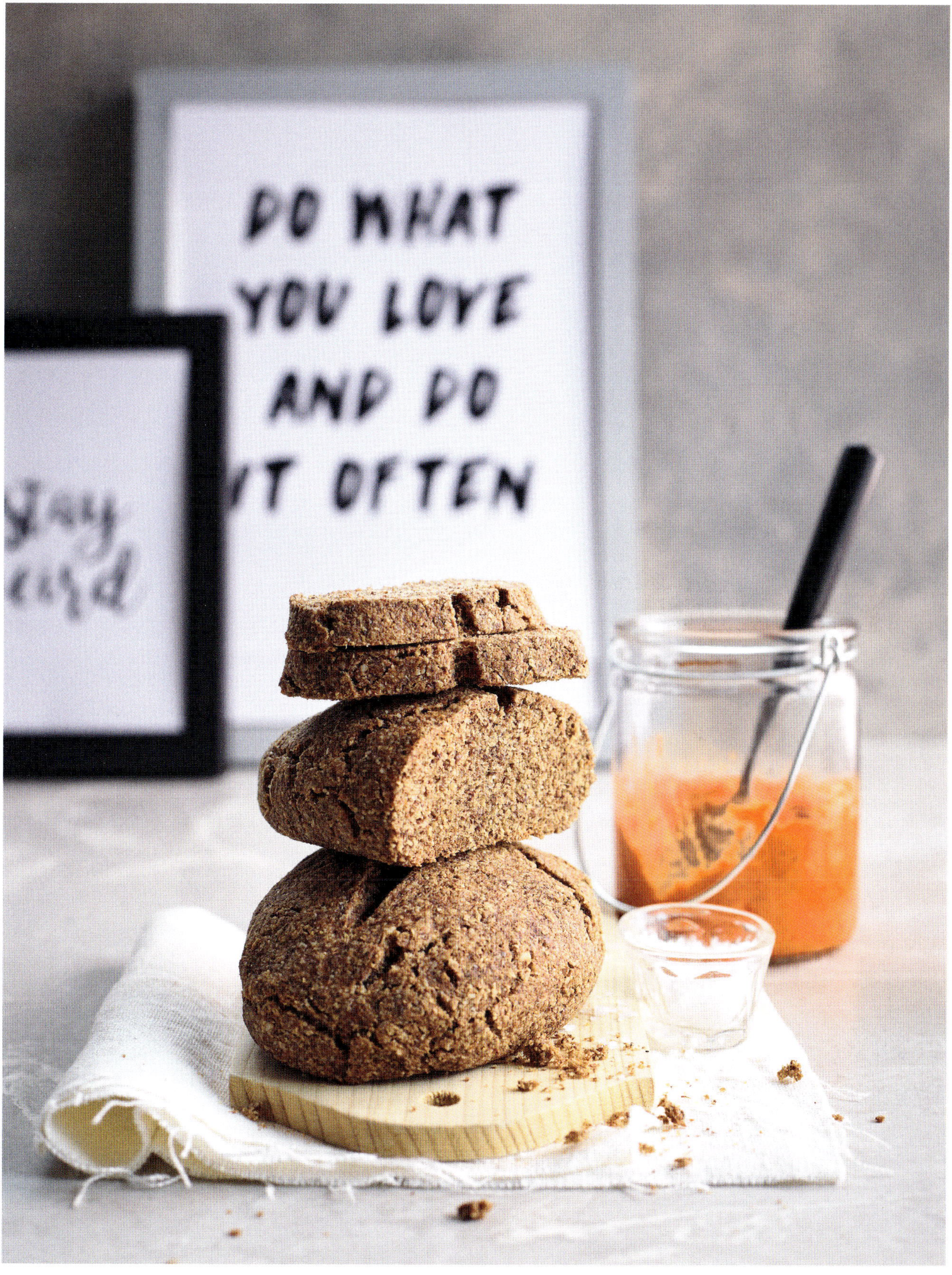
DO WHAT
YOU LOVE
AND DO
OFTEN

KURKUMA

PAPRIKA

MACADAMIA
DATTEL

BLAUBEERE

Tipp: Du kannst für die Jam genauso gut Brombeeren oder – wenn du keine Histaminintoleranz hast – Himbeeren verwenden.

KURKUMABUTTER

115 g zimmerwarmes Ghee
1 TL gemahlene Kurkuma
1 Prise Salz
1 EL Olivenöl

Für 4 Personen*   Zubereitungszeit 5 Minuten

Alle **Zutaten** in einer Schüssel vermischen, mit Frischhaltefolie abdecken und mindestens 60 Minuten im Kühlschrank hart werden lassen. • Die würzige Kurkumabutter in eine Butterdose oder eine Servierschale geben und servieren.

PAPRIKA-MACADAMIA-AUFSTRICH

60 g Macadamianüsse
2 rote Paprikaschoten (à 150 g)
1 TL Kokosöl, geschmolzen
1 EL Olivenöl
1 TL mildes Paprikapulver
1 Prise Salz
1 Prise frisch gemahlener schwarzer Pfeffer
frisch gehackte Petersilie zum Garnieren

Für 2 Personen**   Zubereitungszeit 50 Minuten

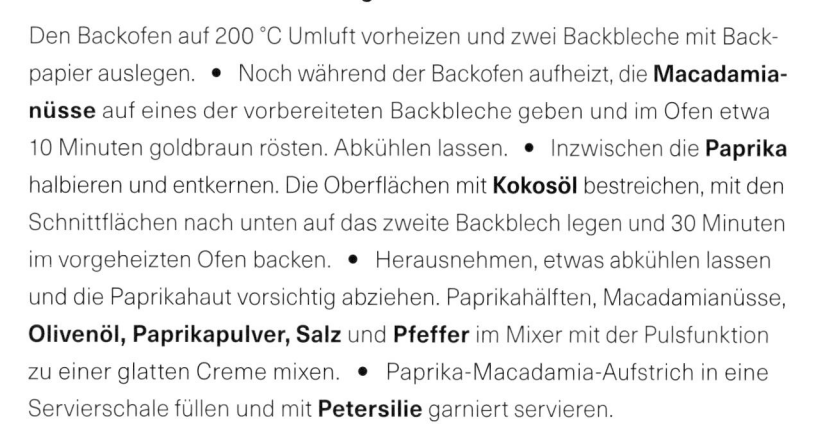

VEGAN

Den Backofen auf 200 °C Umluft vorheizen und zwei Backbleche mit Backpapier auslegen. • Noch während der Backofen aufheizt, die **Macadamianüsse** auf eines der vorbereiteten Backbleche geben und im Ofen etwa 10 Minuten goldbraun rösten. Abkühlen lassen. • Inzwischen die **Paprika** halbieren und entkernen. Die Oberflächen mit **Kokosöl** bestreichen, mit den Schnittflächen nach unten auf das zweite Backblech legen und 30 Minuten im vorgeheizten Ofen backen. • Herausnehmen, etwas abkühlen lassen und die Paprikahaut vorsichtig abziehen. Paprikahälften, Macadamianüsse, **Olivenöl, Paprikapulver, Salz** und **Pfeffer** im Mixer mit der Pulsfunktion zu einer glatten Creme mixen. • Paprika-Macadamia-Aufstrich in eine Servierschale füllen und mit **Petersilie** garniert servieren.

MACADAMIA-DATTEL-CREME

6 Medjool-Datteln (ungeschwefelt, ohne Zusatzstoffe; etwa 120 g), entsteint
25 g Macadamianüsse
40 ml Kokosmilch

Für 2 Personen***   Zubereitungszeit 5 Minuten

VEGAN

Datteln, Macadamianüsse und **Kokosmilch** mit 30 ml Wasser im Personal Blender cremig mixen. Falls nötig, noch etwas Wasser einarbeiten. • Die Macadamia-Dattel-Creme in eine Servierschale füllen, abdecken und im Kühlschrank aufbewahren.

BLAUBEER-JAM MIT CHIASAMEN

300 g Blaubeeren
2 TL Chiasamen
2–3 TL Honig
1 Prise gemahlene Vanille (nach Belieben)

Für 1 Glas Jam****   Zubereitungszeit 10 Minuten

Blaubeeren, Chiasamen, Honig und, falls verwendet, **Vanille** mit 2 EL Wasser in einen Topf geben und auf mittlerer bis hoher Stufe unter Rühren aufkochen. Die Hitze reduzieren und 5–7 Minuten köcheln lassen, bis die Beeren zerfallen sind. • Die Jam in ein hitzebeständiges Schraubglas füllen und etwas abkühlen lassen. Mit dem Deckel verschließen, kalt stellen und innerhalb von wenigen Tagen aufbrauchen.

*Pro Portion: 277 kcal (0 g EW • 31 g F • 0 g KH)   **Pro Portion: 350 kcal (4 g EW • 29 g F • 11 g KH)
***Pro Portion: 268 kcal (2 g EW • 10 g F • 40 g KH)   ****Pro Portion (30 g): 19 kcal (0 g EW • 0 g F • 2 g KH)

CHIAPUDDING MIT MANGOPÜREE

Mango ist für mich der Inbegriff einer Sommerfrucht. Ich bereite den Chiapudding am Abend vor und kann ihn dann direkt zum Frühstück genießen. Das Gericht ist so lecker und leicht, dass du es auch als Nachtisch servieren oder als Zwischenmahlzeit zu dir nehmen kannst.

**ZUBEREITUNGSZEIT 10 MINUTEN
PLUS KÜHLZEIT ÜBER NACHT
FÜR 1 PERSON**

VEGAN

20 g Chiasamen
120 ml Kokosmilch
1 Prise gemahlene Vanille
1 TL Dattelsirup oder Ahornsirup (nach Belieben)
½ Mango

Die **Chiasamen** in ein Glas oder in eine Schale geben. **Kokosmilch, Vanille** und **Dattelsirup** zugeben und vermischen. Das Glas verschließen oder die Schale mit Frischhaltefolie abdecken und über Nacht im Kühlschrank quellen lassen. • Vor dem Servieren die **Mangohälfte** schälen, das Fruchtfleisch in Stücke schneiden und im Mixer pürieren. Den Chiapudding mit dem Mangopüree abwechselnd in ein Glas schichten und genießen.

Pro Portion: 228 kcal (6 g EW • 7 g F • 24 g KH)

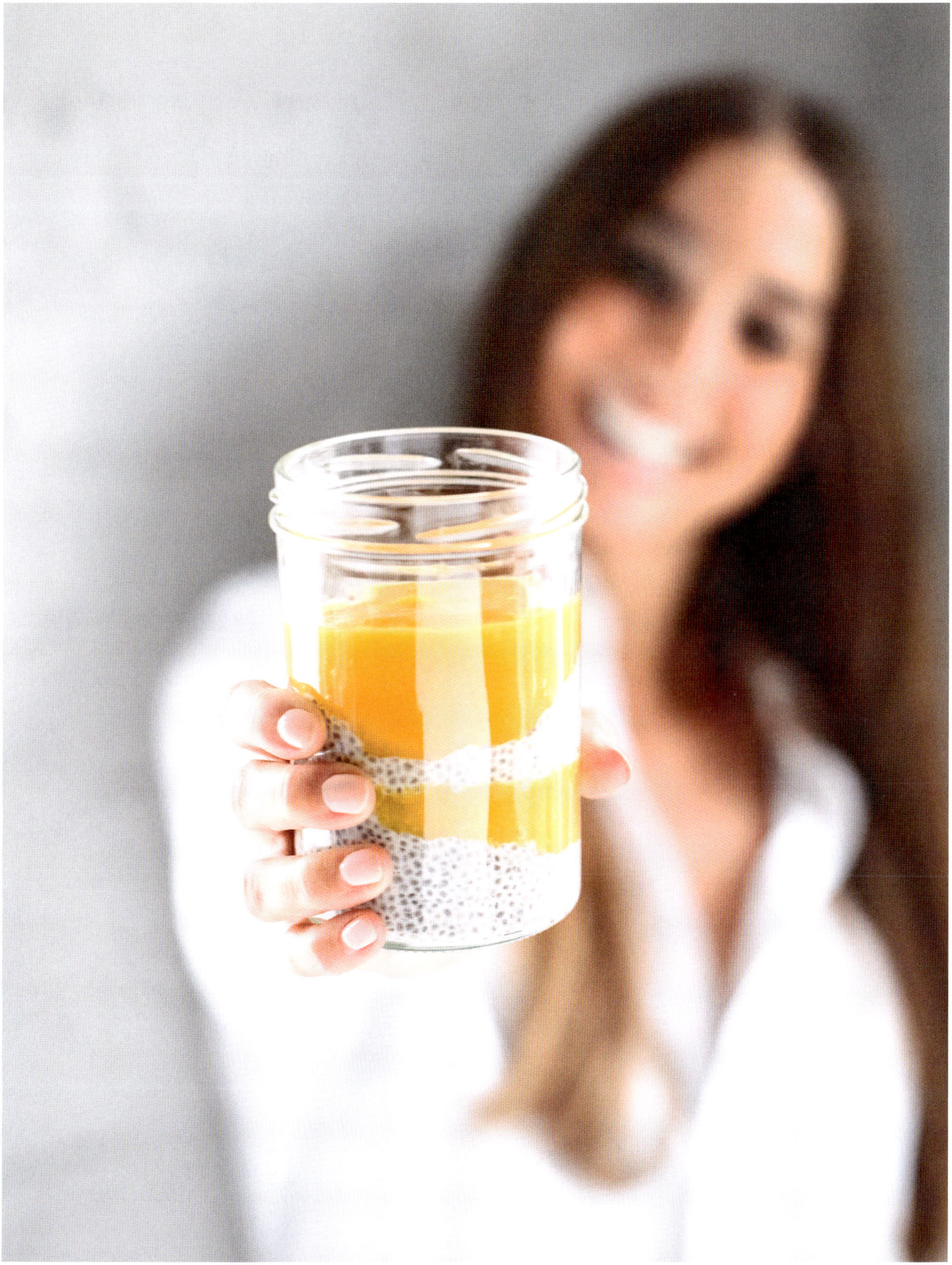

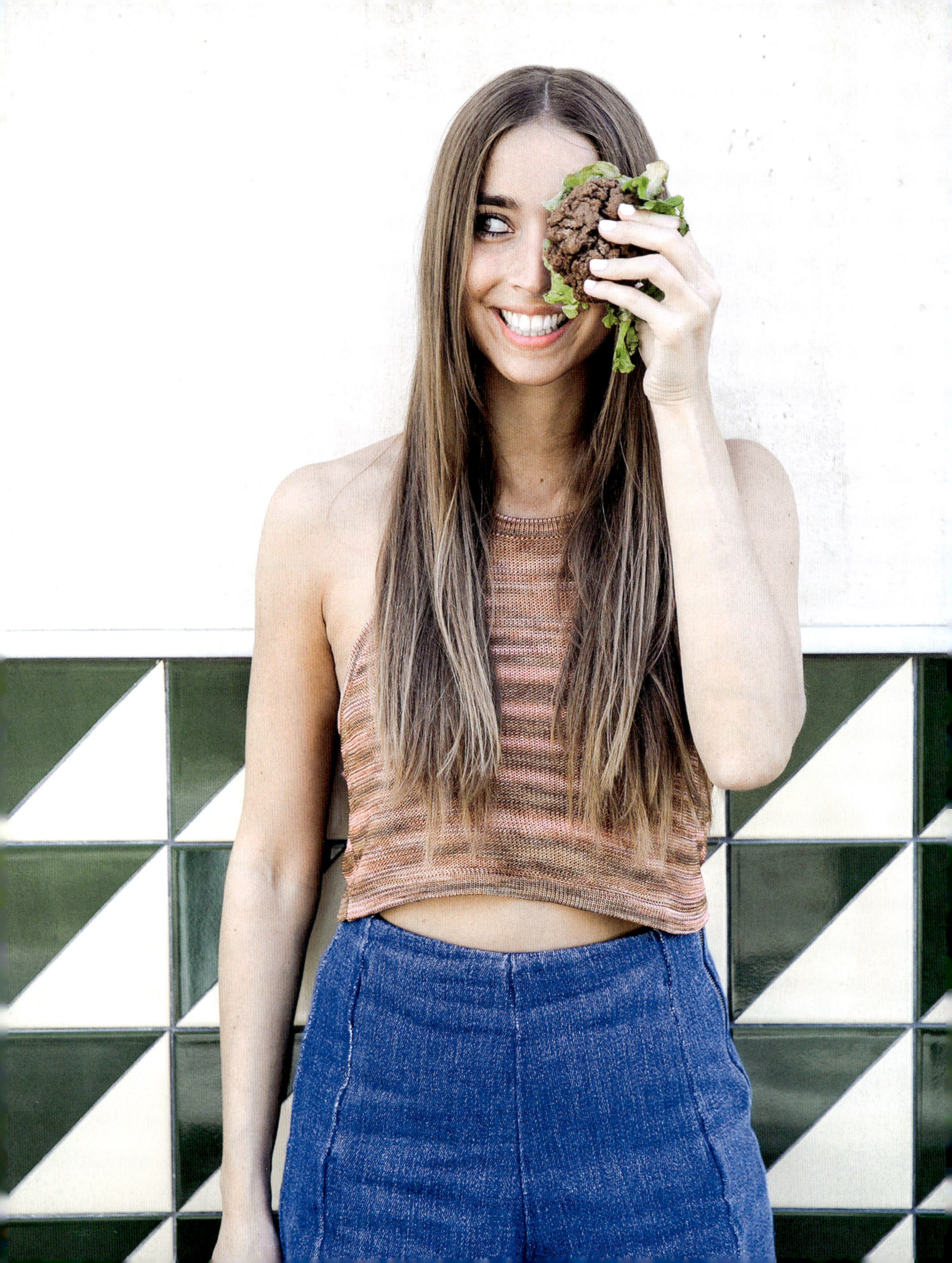

Eat with pleasure, NOT WITH GUILT

BUNTES OATMEAL AUS DEM OFEN

VEGAN

Für 4 Personen*

1 EL geschrotete Leinsamen
Kokosöl zum Einfetten
220 g glutenfreie Großblatt-Haferflocken
1 ½ TL Backpulver
½ TL Salz
2 EL geschälte Hanfsamen
20 g Kokosraspel
300 ml Kokosmilch
80 ml Ahornsirup
1 Pfirsich, entsteint und in Spalten geschnitten
1 Handvoll Blaubeeren
essbare Blüten (z. B. Ringelblumen; nach Belieben)

Zubereitungszeit 40 Minuten plus 15 Minuten Quellzeit

Die **Leinsamen** in eine Schale geben, mit 3 EL Wasser beträufeln und 15 Minuten quellen lassen. • Den Backofen auf 190 °C Umluft vorheizen und eine Auflaufform (27 × 17 cm) mit **Kokosöl** ausstreichen oder alternativ mit Backpapier auslegen. • **Haferflocken, Backpulver, Salz, Hanfsamen, Kokosraspel, Kokosmilch** und **Ahornsirup** mit den gequollenen Leinsamen in eine große Schüssel geben und vermischen. **Pfirsichspalten** und **Blaubeeren** zugeben und unterheben. • Die Mischung in die Auflaufform füllen und gleichmäßig verteilen. Falls verwendet, die **essbaren Blüten** darauf verteilen und im vorgeheizten Ofen 30 Minuten goldbraun backen. • Die Auflaufform herausnehmen, kurz abkühlen lassen und das gebackene Oatmeal aus der Form servieren.

Tipp: Ich verwende am liebsten frische Pfirsiche und Blaubeeren, aber du kannst jedes geeignete Obst verwenden, das du gerade zu Hause hast.

BLAUE HAFERFLOCKENSCHALE

VEGAN

Für 1 Person**

50 g glutenfreie Großblatt-Haferflocken
100 ml Kokosmilch
1 EL geschrotete Leinsamen
1 EL Ahornsirup plus etwas mehr zum Beträufeln
90 g Blaubeeren
1 Prise Salz
1 TL gemahlene Vanille (nach Belieben)
15 g Kokosraspel plus etwas mehr zum Bestreuen

Zubereitungszeit 8–10 Minuten

Die **Haferflocken** mit 150 ml Wasser in einen kleinen Topf geben. **Kokosmilch, Leinsamen, Ahornsirup, Blaubeeren, Salz** und **Vanille** zugeben und bei mittlerer Hitze unter Rühren aufkochen. Die Temperatur etwas reduzieren und die Mischung köcheln lassen, bis sie dick ist und die Blaubeeren platzen – das dauert etwa 5 Minuten. • Topf vom Herd nehmen und die **Kokosraspel** unterrühren. In eine Schale füllen, mit **Ahornsirup** beträufeln, mit **Kokosraspeln** bestreuen und warm servieren.

Tipp: Koche das Gericht einfach am Abend vorher, packe es in eine Box, dann ab in den Kühlschrank. Am nächsten Tag kannst du es mitnehmen – egal, wohin du gehst.

*Pro Portion: 363 kcal (10 g EW • 10 g F • 52 g KH)   **Pro Portion: 412 kcal (11 g EW • 17 g F • 44 g KH)

BUNTES OATMEAL
AUS DEM OFEN

BLAUE
HAFERFLOCKEN-
SCHALE

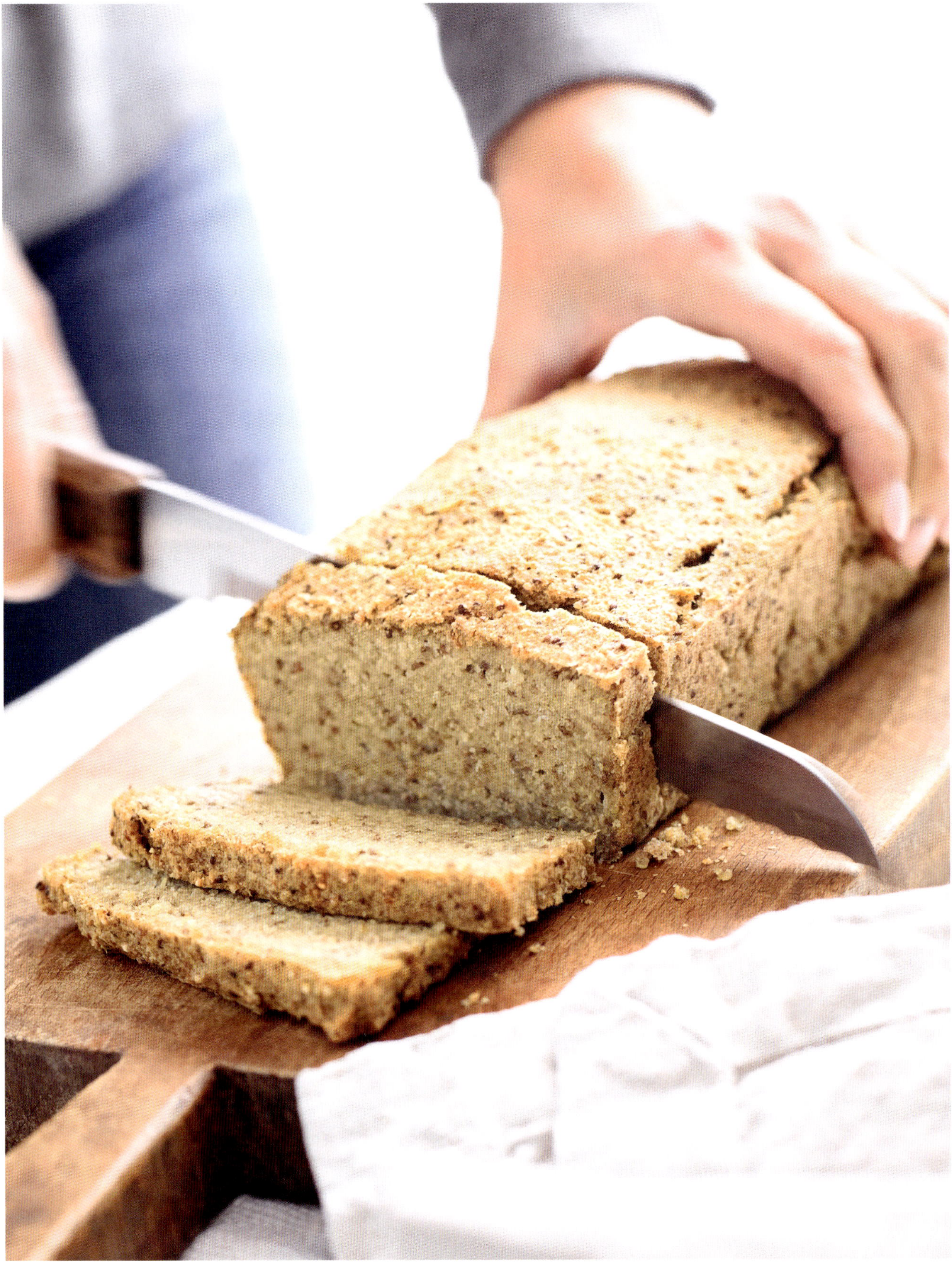

QUINOA-BROT

Du weißt ja bereits, was für ein großer Quinoa-Fan ich bin. Ich finde dieses Pseudogetreide einfach fantastisch! Es ist supergesund, vielseitig einsetzbar und auch noch glutenfrei. Nachdem bei mir Histaminintoleranz diagnostiziert wurde, fiel es mir besonders schwer, auf Brot zu verzichten. Ich bin durch die ganze Stadt gelaufen und habe eine Bäckerei nach der anderen abgeklappert, um verträgliches Brot zu finden, aber meine Suche blieb leider erfolglos. Nach unzähligen Reiswaffeln als Brotersatz und so einigem Tüfteln gelang es mir endlich, dieses Quinoa-Brot zu kreieren: Es ist histaminfrei, vegan, glutenfrei und noch dazu total lecker. Ich hoffe, du wirst es so lieben wie ich.

**ZUBEREITUNGSZEIT ETWA 65 MINUTEN
PLUS 20–30 MINUTEN QUELLZEIT
FÜR 1 BROT**

VEGAN

25 g Chiasamen
300 g Quinoa
1 Prise Salz
¼ TL Natron
60 ml Olivenöl

Die **Chiasamen** mit 75 ml Wasser in eine Schüssel geben, verrühren und 20–30 Minuten quellen lassen. • Inzwischen den Backofen auf 180 °C Umluft vorheizen und eine Kastenbackform (25–30 cm Länge) mit Backpapier auskleiden (bei einer Silikonform ist das jedoch nicht nötig). • Die **Quinoa** in einen Topf geben, 900 ml kaltes Wasser zugeben und aufkochen. Bei mittlerer Hitze 3 Minuten garen, dann die Quinoa in ein Sieb abgießen und mit kaltem Wasser abschrecken. Sehr gut abtropfen und abkühlen lassen. • Chiasamen, Quinoa, **Salz, Natron** und **Olivenöl** mit 150 ml Wasser in den Mixer geben und gut mixen, bis die Masse dickflüssig ist. Den Teig in die vorbereitete Kastenform füllen und 60 Minuten im vorgeheizten Ofen backen, bis das Brot fest und goldgelb ist. Zur Garprobe einen Holzspieß in das Brot stechen. Wenn kein Teig daran haften bleibt, ist es fertig gebacken. • Das Brot aus dem Ofen nehmen und 15 Minuten in der Backform abkühlen lassen. Dann aus der Form lösen und auf einem Kuchengitter vollständig auskühlen lassen. In Frischhaltefolie verpackt kann das Quinoa-Brot bis zu 1 Woche im Kühlschrank aufbewahrt werden. **Tipp:** Dieser Teig eignet sich auch hervorragend für einen Pizzaboden (siehe Quinoa-Pizza auf Seite 211).

HAFER-PANCAKES

VEGAN

Für 2 Personen*

1 EL geschrotete Leinsamen
100 g glutenfreie Großblatt-Haferflocken
¼ TL Salz
1 TL Backpulver
1 TL gemahlene Vanille
1 TL gemahlener Zimt (nach Belieben)
120 ml Kokosmilch
1 TL Kokosöl
Fruchtaufstrich oder Dattelsirup und frische Früchte zum Servieren

Zubereitungszeit 15 Minuten plus 15 Minuten Quellzeit

Die **Leinsamen** in eine Schale geben, mit 3 EL Wasser beträufeln und 15 Minuten quellen lassen. • **Haferflocken** mit dem **Salz** in den Mixer geben und zu Hafermehl verarbeiten. Das Mehl in eine Schüssel füllen, **Backpulver, Vanille** und **Zimt** zugeben und vermengen. • Die gequollenen Leinsamen mit der **Kokosmilch** zufügen und alles gut verrühren. Das **Kokosöl** in einer großen Pfanne auf mittlerer Stufe erhitzen. Mit einer Kelle kleine Teigportionen in die Pfanne geben und 2 Minuten backen. • Dann wenden und weiterbacken, bis die Pancakes von beiden Seiten goldbraun sind. Fertige Pancakes auf einen Teller setzen und warm halten. Den Vorgang wiederholen, bis der Teig aufgebraucht ist. • Hafer-Pancakes mit **Fruchtaufstrich** oder **Dattelsirup** und **frischen Früchten** servieren.

Tipp: Probiere mal meine leckere Blaubeer-Jam mit Chiasamen (siehe Seite 59) zu diesen Pancakes!

HERZHAFTE GRÜNKOHL-PANCAKES

VEGAN

Für 2 Personen**

190 g Quinoa
40 g Reismehl
1 Prise Salz
2 EL Olivenöl
1 EL histaminfreier Apfelessig (nach Belieben)
1 Handvoll Grünkohlblätter, entstielt und klein gezupft
1 EL mildes Rapsöl

Zubereitungszeit 15 Minuten

Quinoa im Personal Blender oder Mixer zu Mehl verarbeiten. Das Quinoa-Mehl in eine Schüssel geben, **Reismehl** und **Salz** zufügen und vermengen. • **Olivenöl** und, falls verwendet, **Apfelessig** mit 180 ml Wasser zugießen und alles gut verrühren. Dann den **Grünkohl** unterheben. • Die Zutatenmischung im Mixer zu einem geschmeidigen Teig mixen. Den Teig wieder in die Schüssel füllen. • Das **Rapsöl** in einer großen Pfanne auf mittlerer Stufe erhitzen. Mit einer Kelle kleine Teigportionen in die heiße Pfanne gießen und mithilfe der Kelle zu dünnen Kreisen ausstreichen. Die Pancakes von beiden Seiten je nach Dicke jeweils etwa 1 Minute backen. • Fertige Pancakes auf einen Teller setzen und warm halten. Den Vorgang wiederholen, bis der Teig aufgebraucht ist. Die Pancakes frisch servieren.

Tipp: Ich esse die Grünkohl-Pancakes gern mit einem frischen Salat und mit Tahini-Sauce (siehe Seite 131), aber du kannst sie kombinieren, wie du Lust hast.

*Pro Portion: 229 kcal (8 g EW • 7 g F • 31 g KH)   **Pro Portion: 458 kcal (11 g EW • 15 g F • 59 g KH)

HAFER-PANCAKES

HERZHAFTE
GRÜNKOHL-PANCAKES

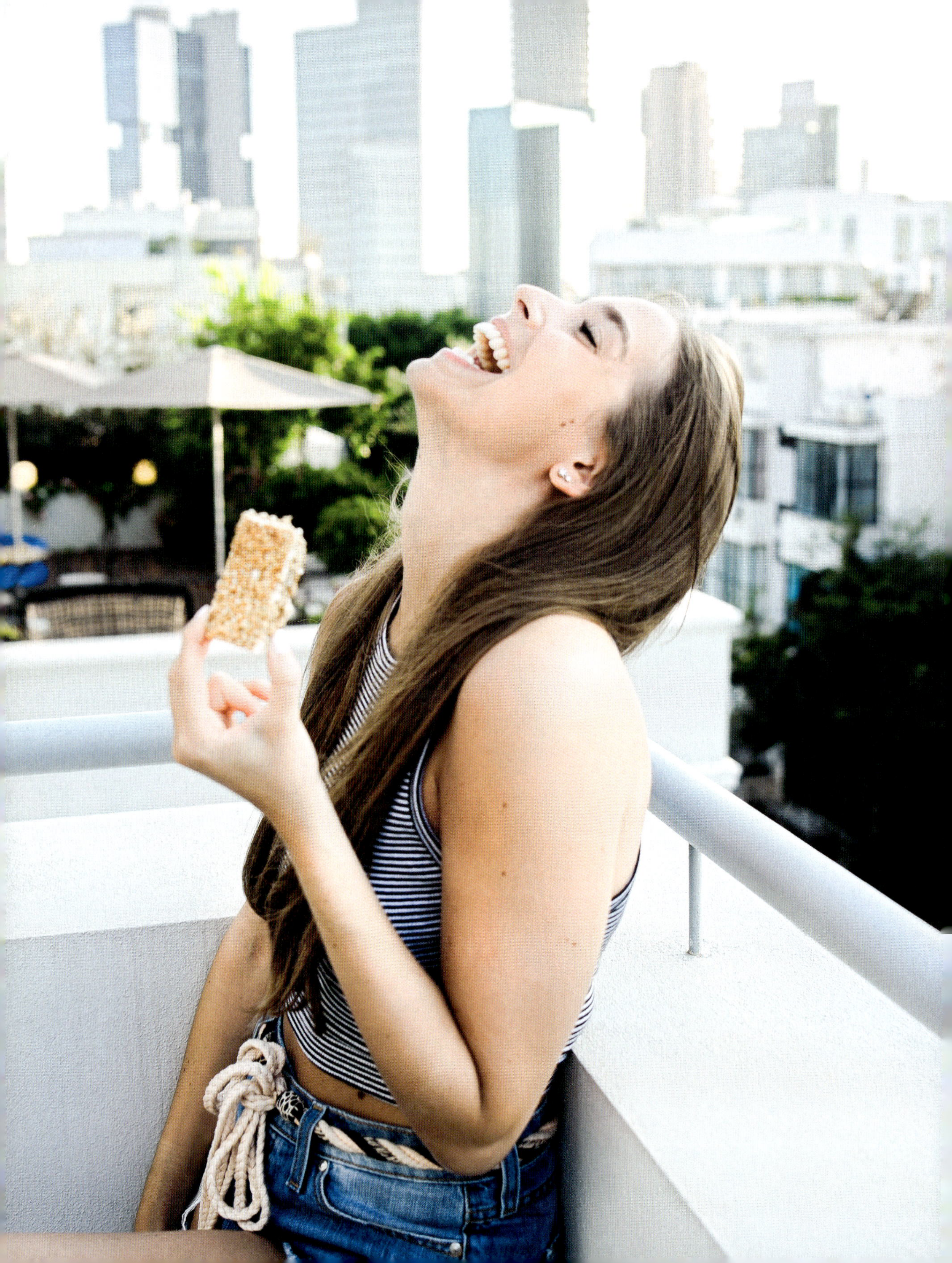

Snacks

ON THE GO

Ich bin der klassische „Hangry"-Typ, was so viel bedeutet, dass ich ungeduldig und gereizt bin, wenn ich Hunger habe. Um das zu verhindern, sind Snacks im Alltag besonders wichtig für mich. Ich liebe gesunde Snacks und habe immer etwas davon in der Tasche. Wenn ich es schaffe, bereite ich meine Snacks schon am Wochenende vor, dann kann ich die Woche ganz entspannt beginnen. Jeder kennt das typische Low am Nachmittag, wenn der Körper einen kleinen Energieschub braucht. Statt auf Ungesundes oder sogar Unverträgliches zurückzugreifen, lohnt es sich, eine halbe Stunde in der Küche zu verbringen und den perfekten Snack vorzubereiten. Das macht nicht nur satt, sondern auch glücklich!

say yes to new adventures

BIS ZU 10 TAGE
HALTBAR

POPCORNRIEGEL

Ich finde, Popcorn ist einer der besten Snacks, da es kalorienarm ist, lecker schmeckt und noch dazu ganz einfach zuzubereiten ist. Das Einzige, was mir gefehlt hat, ist Popcorn in fester Form, also als Riegel, den man mitnehmen und unterwegs leicht essen kann. Deswegen musste ich unbedingt dieses Rezept kreieren und freue mich, es dir anbieten zu können. Meine Popcornriegel schmecken einfach richtig interessant und – mjam!

ZUBEREITUNGSZEIT 15 MINUTEN PLUS MIND. 60 MINUTEN KÜHLZEIT FÜR 12 RIEGEL

VEGAN

2 EL Kokosöl
70 g Popcorn-Maiskörner
2 EL Erdmandelcreme oder Mandelmus
2 EL ganze Leinsamen
2 EL Kokosraspel
2 EL Ahornsirup

1 TL **Kokosöl** in einen Topf geben und bei geringer Hitze schmelzen. Dann die **Maiskörner** dazugeben und kurz durchrühren, sodass alle Körner mit dem Öl überzogen sind. • Den Deckel auf den Topf setzen und die Hitze auf mittlere Stufe erhöhen. Immer wieder den Topf schütteln, damit die Maiskörner nicht anbrennen. Auch während die Körner platzen, immer wieder den Topf schütteln. • Wenn die Körner alle aufgeplatzt sind, den Topf sofort vom Herd nehmen und das Popcorn in eine Schüssel geben. • Das restliche **Kokosöl** in der Mikrowelle oder einem kleinen Topf schmelzen. Dann mit **Erdmandelcreme, Leinsamen** und **Kokosraspeln** zum Popcorn geben, den **Ahornsirup** darüberträufeln und mit zwei Löffeln durchmischen. • Eine Auflaufform (27 × 17 cm) mit Backpapier auslegen und die Popcornmischung darin gleichmäßig verteilen. Mit Frischhaltefolie direkt abdecken, kräftig andrücken und mindestens 60 Minuten oder über Nacht ins Gefrierfach stellen. • Die Auflaufform herausnehmen und die Popcornmasse mit einem scharfen Messer in zwölf Riegel schneiden. In einer luftdicht verschließbaren Box lassen sich die Riegel bis zu 10 Tage im Gefrierfach aufbewahren.

Pro Stück: 59 kcal (1 g EW • 3 g F • 5 g KH)

ENERGY-KUGELN MIT TAHINI

Diese Energy-Kugeln sind voller gesunder Zutaten und schmecken unglaublich! Wegen meiner Histaminintoleranz habe ich seit Jahren keine Schokolade mehr gegessen. Diese Kugeln sind eine perfekte gesunde Alternative, da ihr Geschmack dem von Schokolade ähnelt.

**ZUBEREITUNGSZEIT 15–20 MINUTEN
PLUS 30 MINUTEN EINWEICHZEIT
FÜR 15 KUGELN**

VEGAN

8 Medjool-Datteln (ungeschwefelt, ohne Zusatzstoffe; etwa 200 g)
170 g glutenfreie Großblatt-Haferflocken
30 g Kokosraspel
40 g geschrotete Leinsamen
½ TL gemahlene Vanille
2 EL Tahini (Sesammus)
1 ½ EL Kokosöl, geschmolzen

Die **Datteln** entsteinen, in eine Schüssel geben, mit warmem Wasser bedecken und etwa 30 Minuten einweichen. Dann das Wasser abgießen, das restliche Wasser herausdrücken und die Datteln mit einer Gabel zu einer Paste zerdrücken. • **Haferflocken, Kokosraspel, Leinsamen** und **Vanille** im Personal Blender mixen, bis die Mischung pudrig ist. In eine große Schüssel füllen, **Tahini, Kokosöl** und Dattelpaste zugeben und alles gut mit den Händen durchkneten, bis die Mischung die Konsistenz eines Teigs hat. • Die Hände leicht mit Wasser befeuchten und aus der Dattelmischung 15 Kugeln formen. Die Energy-Kugeln bis zum Verzehr in einer luftdicht verschließbaren Box im Kühlschrank aufbewahren. Sie sind bis zu 1 Woche im Kühlschrank haltbar.

Pro Stück: 122 kcal (3 g EW • 4 g F • 16 g KH)

BIS ZU 1 WOCHE HALTBAR

BIS ZU 2 TAGE
HALTBAR

KOKOS-POPCORN MIT HONIG

Dieses Kokos-Popcorn schmeckt nicht nur lecker, sondern viel besser als das fettige aus dem Kino. In nur 5–7 Minuten zubereitet, hast du einen Riesentopf voll davon, der auch noch viel preisgünstiger ist. Mein Popcorn hat die perfekte Süße und ist dabei superknusprig. Also eine herrliche Knabberei beim Anschauen eines Films und natürlich auch ein toller Snack für zwischendurch.

ZUBEREITUNGSZEIT 5–7 MINUTEN
FÜR 2–4 PERSONEN

45 ml Kokosöl
90 g Popcorn-Maiskörner
2 EL Kokosblütenzucker
½ TL Salz
1 EL Honig (nach Belieben)

Das **Kokosöl** in einem großen Topf auf mittlerer Stufe erhitzen. Die **Maiskörner** zugeben und gut verrühren, bis alle Körner mit Öl überzogen sind. Den **Kokosblütenzucker** darüberstreuen, gut umrühren und den Deckel aufsetzen. Immer wieder den Topf schütteln, damit die Maiskörner nicht anbrennen. Auch während die Körner platzen, immer wieder den Topf schütteln. • Wenn alle Maiskörner geplatzt sind, den Topf vom Herd nehmen. **Salz** über das Popcorn streuen, nach Belieben mit **Honig** beträufeln, gut vermischen und das Kokos-Popcorn genießen. Du kannst das Popcorn auch 2 Tage in einem gut verschließbaren Gefrierbeutel aufbewahren, aber ich finde, es schmeckt frisch zubereitet immer am besten.
Tipp: Für eine vegane Variante kannst du Reissirup statt Honig nehmen.

Pro Portion: 197 kcal (3 g EW • 11 g F • 20 g KH)

APFELSANDWICH MIT CREMEFÜLLUNG

Für diesen gesunden Snack musst du nichts backen oder lange vorbereiten, sondern kannst ihn schnell zubereiten und direkt verschlingen. Es gibt also keine Ausrede mehr, zum nächsten Bäcker zu gehen, um etwas Verzuckertes zu kaufen. Stattdessen lieber ab in die Küche und in nur 15 Minuten diese Leckerei basteln! Die abwechselnde Kombination aus Erdmandelcreme und Dattelcreme ist so lecker, dass du damit sogar deine Kinder dazu bringen kannst, mehr Obst zu essen. Dieses Rezept ist meine ideale Lösung, wenn ich am Wochenende keinen Snack vorbereitet habe und am Nachmittag Hunger bekomme.

ZUBEREITUNGSZEIT 15 MINUTEN
FÜR 2 PERSONEN

VEGAN

- 3–4 Medjool-Datteln (ungeschwefelt, ohne Zusatzstoffe; etwa 70 g), entsteint
- 1 Prise Salz
- ½ TL gemahlene Vanille
- 2 EL Kokosöl
- 2 Äpfel
- 3–4 EL Erdmandelcreme oder Mandelmus
- 1 TL ungeschälte oder geschälte Hanfsamen (nach Belieben)
- einige Cranberrys (ungeschwefelt, ohne Zusatzstoffe) zum Garnieren

Datteln mit **Salz**, **Vanille** und **Kokosöl** in den Mixer geben und mit der Pulsfunktion mixen, bis die Masse cremig ist. • **Äpfel** waschen, mit einem Kernausstecher entkernen und horizontal in dünne Scheiben schneiden. Dann die Apfelscheiben abwechselnd mit der Dattelcreme aus dem Mixer und mit der **Erdmandelcreme** bestreichen und alles wieder zu zwei Äpfeln zusammensetzen. • Alternativ ein Drittel der Apfelscheiben mit Dattelcreme und ein Drittel mit Erdmandelcreme bestreichen. Dann jeweils eine Apfelscheibe mit Dattelcreme auf eine mit Erdmandelcreme setzen und mit einer unbestrichenen Apfelscheibe abschließen, sodass kleine Stapel mit drei Apfelscheiben und zwei Cremeschichten entstehen. • Falls verwendet, die **Hanfsamen** über die Apfelsandwiches streuen, mit **Cranberrys** garnieren und servieren.

Pro Portion: 332 kcal (3 g EW • 17 g F • 38 g KH)

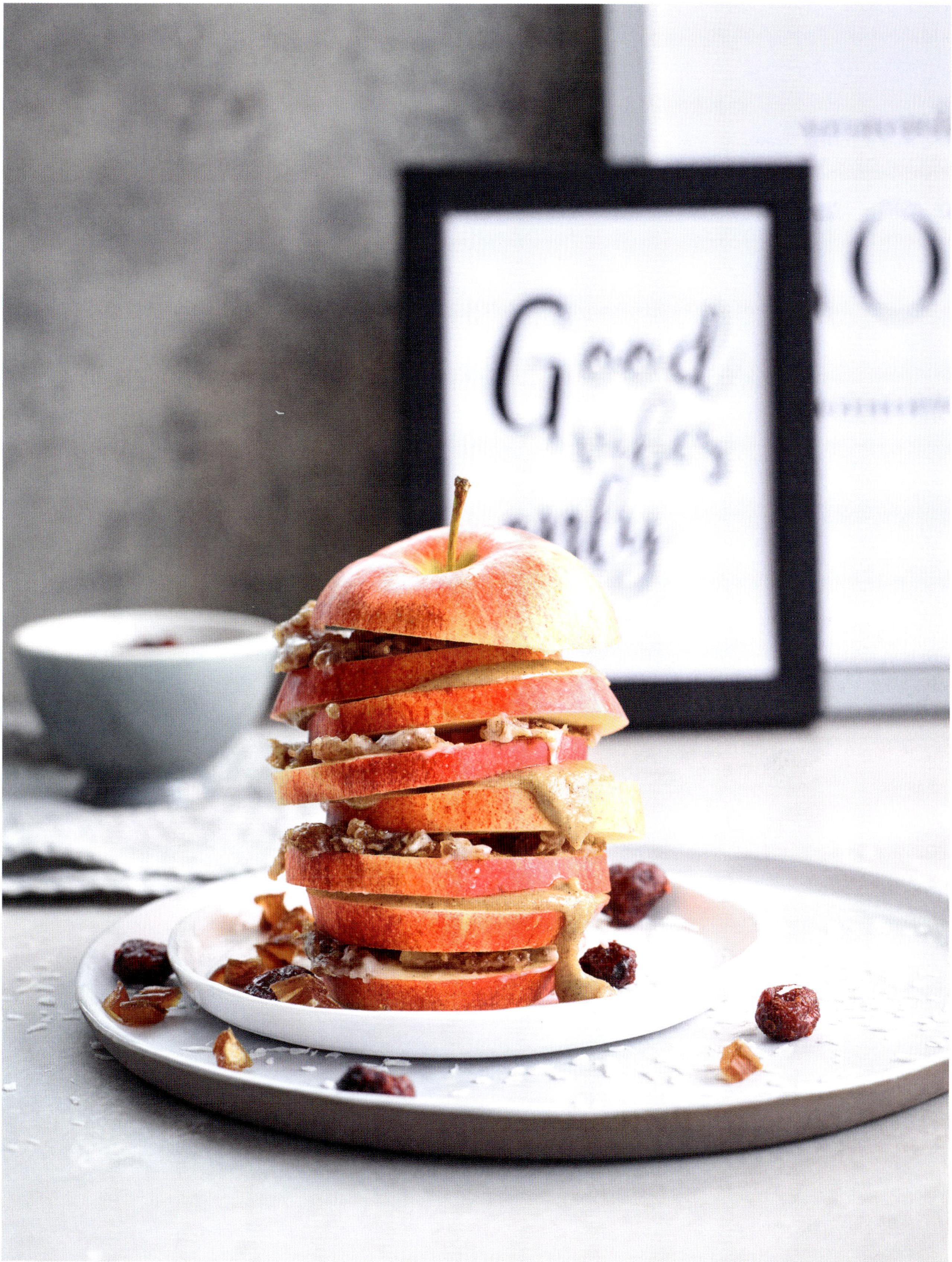
Good vibes only

BLAUBEER-KAROTTEN-
MUFFINS

ZUCCHINI-KOKOS-
MUFFINS

ZUCCHINI-KOKOS-MUFFINS

VEGAN

Das Rezept ist NICHT glutenfrei! Weiter unten findest du die glutenfreie Variante.

Für 6 Muffins*

1 EL Chiasamen
90 g Dinkelvollkornmehl
2 TL Backpulver
20 g Kokosblütenzucker
35 g Kokosraspel plus etwas zum Bestreuen
30 g vegane weiße Schokolade, gehackt (nach Belieben)
70 ml Ahornsirup
80 ml Kokosmilch
2 EL Kokosöl, geschmolzen
100 g Zucchini, geraspelt
3 EL Erdmandelcreme oder Mandelmus

Zubereitungszeit 30 Minuten plus 15 Minuten Quellzeit

Die **Chiasamen** in eine Schale geben, mit 4 EL Wasser beträufeln und 15 Minuten quellen lassen. • In der Zwischenzeit den Backofen auf 190 °C Umluft vorheizen und ein 6er-Muffinblech mit sechs Papierbackförmchen auslegen. • **Dinkelmehl, Backpulver, Kokosblütenzucker** und **Kokosraspel** mit der **Schokolade** in eine große Schüssel geben und vermengen. **Ahornsirup, Kokosmilch, Kokosöl, Zucchini** und **Erdmandelcreme** mit den gequollenen Chiasamen zufügen und alles mit einem Holzlöffel gut vermischen. Teig gleichmäßig in die vorbereitete Muffinform füllen und im vorgeheizten Ofen 20 Minuten goldbraun backen. • Aus dem Ofen nehmen, die Zucchini-Kokos-Muffins aus der Form lösen, mit **Kokosraspeln** bestreuen und auf einem Kuchengitter auskühlen lassen. Die Muffins halten sich im Kühlschrank bis zu 4 Tage.

BLAUBEER-KAROTTEN-MUFFINS

Glutenfreie Variante

Für 6–8 Muffins**

4 Medjool-Datteln (ungeschwefelt, ohne Zusatzstoffe; etwa 80 g), entsteint
100 g Karotte
30 g Macadamianussmehl
70 g glutenfreies Hafermehl
1 TL Backpulver
1 TL gemahlene Vanille
40 ml Kokosöl, geschmolzen
2 Wachteleier oder 1 Hühnerei
30 ml Kokosmilch
80 g Blaubeeren

Zubereitungszeit 50 Minuten

Die **Datteln** in eine Schale geben, mit lauwarmem Wasser bedecken und 10 Minuten einweichen. • Inzwischen den Backofen auf 180 °C Umluft vorheizen und ein 12er-Muffinblech mit sechs bis acht Papierbackförmchen auslegen. • Die **Karotte** schälen und fein in eine Schüssel raspeln. **Macadamianussmehl, Hafermehl, Backpulver, Vanille, Kokosöl, Wachteleier** und **Kokosmilch** zugeben und alles vermischen. • Die Datteln abgießen, das restliche Wasser herausdrücken und die Früchte mit einer Gabel zu einer Paste zerdrücken. • Die Dattelpaste in die Teigmischung rühren und zum Schluss die **Blaubeeren** unterheben. Teig in die vorbereitete Muffinform füllen und im vorgeheizten Ofen 30 Minuten backen. • Aus dem Ofen nehmen, die Blaubeer-Karotten-Muffins aus der Form lösen und auf einem Kuchengitter auskühlen lassen.

* Pro Stück: 226 kcal (4 g EW • 12 g F • 22 g KH)   ** Pro Stück: 140 kcal (3 g EW • 7 g F • 14 g KH)

אני רטט
בעולת.
אני תדר
אבשל

אני
חדרין

LOOK for something **POSITIVE** in each day, even if some **DAYS** you have to look a little harder

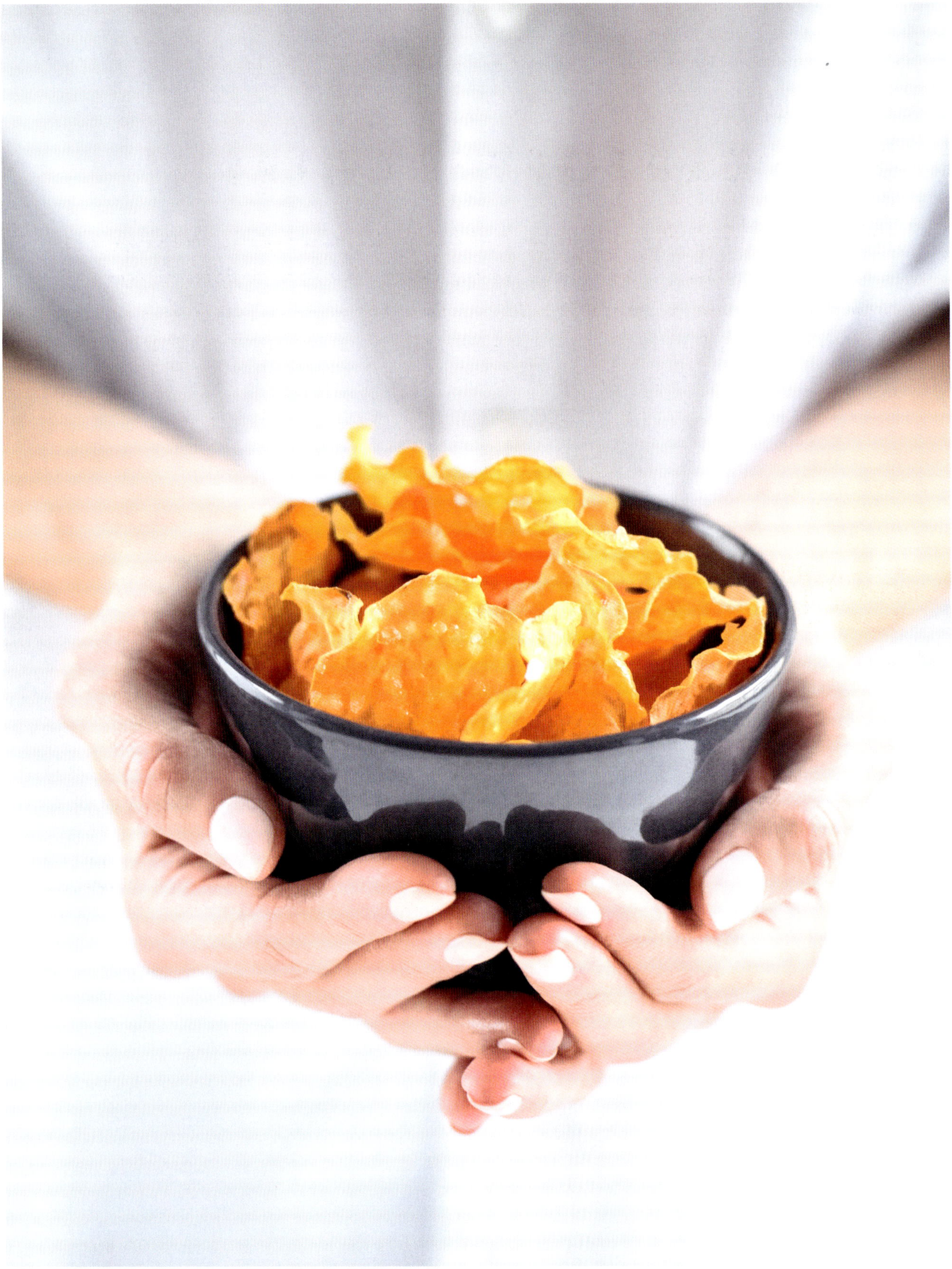

SÜSSKARTOFFELCHIPS

Obwohl ich definitiv eine Naschkatze bin, was Süßes betrifft, habe ich manchmal richtig Verlangen nach einem salzigen Snack. Da herkömmliche Kartoffelchips normalerweise sehr fettig sind, habe ich angefangen, mir selbst welche zu machen. Ich kaufe immer Bioprodukte und kann deswegen die Schale der Süßkartoffel auch mitessen. Wenn du keine Bioware kaufst, rate ich dir, die Süßkartoffel zu schälen, bevor du die Chips zubereitest. Mit diesem Rezept an der Hand gibt es keinen Grund mehr, Chips im Supermarkt zu kaufen!

ZUBEREITUNGSZEIT 30 MINUTEN
FÜR 2 PERSONEN

VEGAN

1 Süßkartoffel (350–400 g)
1–2 TL Olivenöl
Salz
mildes Chilipulver oder getrockneter Rosmarin zum Bestreuen (nach Belieben)

Den Backofen auf 120 °C Umluft vorheizen und ein Backblech mit Backpapier auslegen. • Die **Süßkartoffel** waschen (falls keine Bioware, auch schälen) und in sehr feine Scheiben hobeln oder schneiden. • Die Süßkartoffelscheiben in einer Lage auf dem vorbereiteten Backblech verteilen, sodass sie sich nicht überlappen. Mit dem **Olivenöl** von beiden Seiten sehr dünn bestreichen und etwa 20 Minuten im vorgeheizten Ofen backen, bis die Chips knusprig sind, dabei nach 10 Minuten wenden, damit sie gleichmäßig knusprig werden. • Herausnehmen, die Süßkartoffelchips mit **Salz** sowie, falls verwendet, mit **Chilipulver** bestreuen und genießen.

Pro Portion: 244 kcal (4 g EW • 7 g F • 42 g KH)

APFEL-ZIMT-RIEGEL

Ich bin ganz versessen auf diese saftigen Apfel-Zimt-Riegel, da sie sich fast wie ein leckerer Frühstückskuchen essen. Sie sind gleichzeitig cremig, kernig, würzig und süß und verschönern mir direkt den Tag.

ZUBEREITUNGSZEIT 35 MINUTEN
FÜR 12–15 RIEGEL

VEGAN

- 220 g glutenfreie Großblatt-Haferflocken
- 80 g Rosinen (ungeschwefelt, ohne Zusatzstoffe)
- 2 Äpfel, entkernt, geschält und klein gehackt
- 2 TL gemahlener Zimt
- 100 g Dattelsirup
- 350 g ungesüßtes Apfelmus

Den Backofen auf 180 °C Umluft vorheizen und eine Auflaufform (28 × 18 cm) mit Backpapier auslegen. • **Haferflocken, Rosinen, Äpfel, Zimt, Dattelsirup** und **Apfelmus** in eine Schüssel geben und gut vermengen. Die Mischung gleichmäßig in die vorbereitete Auflaufform geben, mit einem Löffel fest andrücken und die Oberfläche glatt streichen. Im vorgeheizten Ofen 25 Minuten backen. • Die Auflaufform herausnehmen und abkühlen lassen. Dann das Gebäck mit einem scharfen Messer in zwölf bis 15 Riegel schneiden. In einer luftdicht verschließbaren Box oder in Frischhaltefolie gewickelt lassen sich die Riegel im Kühlschrank bis zu 4 Tage aufbewahren.

Pro Stück: 106 kcal (2 g EW • 1 g F • 20 g KH)

BIS ZU 4 TAGE
HALTBAR

APFEL-RIEGEL

WÜRZIGE NUSSMISCHUNG

3–4 WOCHEN HALTBAR

KNUSPRIGE SAATEN-CRACKER

1–2 TAGE HALTBAR

WÜRZIGE NUSSMISCHUNG

Für 4 Personen*

100 g Macadamianüsse
100 g Kürbiskerne
1 TL mildes Paprikapulver
¼ TL gemahlener Zimt
1 Prise gemahlener Kreuzkümmel
1 TL Honig

Zubereitungszeit 15 Minuten

Den Backofen auf 180 °C Umluft vorheizen und ein Backblech mit Backpapier auslegen. • **Macadamianüsse** und **Kürbiskerne** in eine Schüssel geben, die **Gewürze** hinzufügen, den **Honig** darüberträufeln und alles gut vermischen. Die Mischung auf dem vorbereiteten Backblech verteilen und etwa 8 Minuten im vorgeheizten Ofen rösten. • Herausnehmen und vollständig auskühlen lassen. Die Nussmischung bis zum Verzehr in einem luftdicht verschließbaren Behälter aufbewahren – sie ist 3–4 Wochen haltbar.

KNUSPRIGE SAATEN-CRACKER

VEGAN

Für 4 Personen**

85 g Chiasamen
60 g geschälte Hanfsamen
60 g Kürbiskerne
60 g Sesamsaat
¼ TL Salz

Zubereitungszeit 75–80 Minuten

Den Backofen auf 150 °C Umluft vorheizen und ein Backblech mit Backpapier auslegen. • **Chiasamen, Hanfsamen, Kürbiskerne** und **Sesam** in eine große Schüssel geben und vermengen. Das **Salz** mit 230 ml Wasser dazugeben, gut umrühren und 7–10 Minuten quellen lassen, bis die Chiasamen das Wasser aufgenommen haben und keine Flüssigkeit mehr am Boden der Schüssel zu sehen ist. • Die Mischung gut verrühren und auf das vorbereitete Backblech geben. Die Masse zu zwei gleichmäßig dünnen Rechtecken formen und im vorgeheizten Ofen 35 Minuten backen. Dann die Rechtecke wenden und weitere 25–30 Minuten backen, bis sie schön goldbraun sind. • Aus dem Ofen nehmen und einige Minuten abkühlen lassen. Dann die Rechtecke in Stücke brechen. Innerhalb der ersten 1–2 Tage sind die Saaten-Cracker am knusprigsten.
Tipp: Wenn du Lust hast, kannst du noch veganen Frischkäse daraufstreichen oder mein Basilikumpesto (siehe Seite 160) zum Dippen nehmen.

*Pro Portion: 333 kcal (11 g EW • 30 g F • 3 g KH)   **Pro Portion: 356 kcal (16 g EW • 26 g F • 3 g KH)

ROHE SUPERFOOD-KEKSE

VEGAN

Für 20 Kekse*

11 Medjool-Datteln (ungeschwefelt, ohne Zusatzstoffe; etwa 220 g), entsteint
90 g Hirse- oder Quinoaflocken
60 g Macadamianüsse, gehackt
1 ½ TL gemahlener Zimt
2 EL Chiasamen
1 Prise Salz
3 EL Erdmandelcreme oder Mandelmus

Zubereitungszeit 10 Minuten plus 20 Minuten Einweichzeit

Die **Datteln** in eine Schale geben, mit warmem Wasser bedecken und etwa 20 Minuten einweichen. • **Hirseflocken, Macadamianüsse, Zimt, Chiasamen** und **Salz** in eine Schüssel geben und vermengen. Die Datteln abgießen, das restliche Wasser herausdrücken und die Früchte mit einer Gabel zu einer Paste zerdrücken. • Dattelpaste und **Erdmandelcreme** zur Hirseflockenmischung geben und alles mit den Händen zu einem klebrigen Teig kneten. Die Hände mit Wasser befeuchten und 20 Kugeln aus dem Teig formen. Die Kugeln auf Backpapier setzen und mit einer Gabel zu flachen Keksen drücken. Die rohen Superfood-Kekse lassen sich in einer luftdicht verschließbaren Box bis zu 1 Woche im Kühlschrank aufbewahren.

HAFER-ROSINEN-COOKIES OHNE BACKEN

VEGAN

Für 13–15 Cookies**

150 g glutenfreie Kleinblatt-Haferflocken
70 g Macadamianüsse, gehackt
½ TL gemahlener Ingwer
1 Prise Salz
40 g geschrotete Leinsamen
35 g Chiasamen
30 g Rosinen (ungeschwefelt, ohne Zusatzstoffe)
70 ml Ahornsirup
3 EL Kokosöl, geschmolzen
Kokosraspel zum Bestreuen

Zubereitungszeit 15 Minuten plus 60 Minuten Kühlzeit

100 g **Haferflocken** im Personal Blender zu Mehl mixen, in eine Schüssel füllen und die restlichen 50 g **Haferflocken** zugeben. • Die **Macadamianüsse** im Blender fein hacken und zur Hafermischung geben. **Ingwer, Salz, Leinsamen, Chiasamen** und **Rosinen** zufügen und alles gut mit einem Löffel verrühren. • Dann **Ahornsirup** und **Kokosöl** dazugeben und sorgfältig einarbeiten, bis ein Teig entsteht. Mit den Händen Cookies formen, auf einen mit Backpapier oder Frischhaltefolie bedeckten großen Teller legen und mit **Kokosraspeln** bestreuen. • Die Cookies vor dem Verzehr mindestens 60 Minuten im Kühlschrank fest werden lassen. Dann genießen oder in einer luftdicht verschließbaren Box im Kühlschrank aufbewahren. Sie sind bis zu 3 Tage haltbar.

Tipp: Diese Cookies schmecken auch köstlich mit etwas selbst gemachter Kokossahne (siehe Seite 138) oder mit meiner leckeren Macadamia-Dattel-Creme (siehe Seite 59).

* Pro Stück: 74 kcal (1 g EW • 3 g F • 10 g KH)   ** Pro Stück: 151 kcal (3 g EW • 10 g F • 11 g KH)

ROHE SUPERFOOD-KEKSE

BIS ZU 1 WOCHE HALTBAR

HAFER-ROSINEN-COOKIES
OHNE BACKEN

BIS ZU 3 TAGE HALTBAR

Reis-Crispies

BIS ZU 10 TAGE HALTBAR

REIS-CRISPIES

Riegel retten mich immer, wenn die Woche mal wieder anstrengend ist. Diese hier sind mit gepufftem Reis zubereitet, was sie besonders knusprig macht. Die Reis-Crispies sind ideale Begleiter für unterwegs. Fatalerweise sind sie so lecker, dass ich es nie schaffe, noch welche für das Ende der Arbeitswoche aufzuheben – meistens verschlinge ich alle innerhalb von 2 Tagen.

ZUBEREITUNGSZEIT 20 MINUTEN PLUS ETWA 80 MINUTEN AUSKÜHL- UND KÜHLZEIT
FÜR 8 RIEGEL

VEGAN

80 g Mandelmus oder Erdmandelcreme
80 ml Ahornsirup
1 EL Kokosöl
1 TL gemahlene Vanille
1 Prise Salz
2 EL Kokosmilch
115 g gepuffter Reis oder gepuffte Quinoa

Den Backofen auf 150 °C Umluft vorheizen und eine Auflaufform (26 × 16 cm) mit Backpapier auslegen. • **Mandelmus, Ahornsirup, Kokosöl, Vanille** und **Salz** in eine große Pfanne geben und bei geringer Hitze unter gelegentlichem Rühren erhitzen, bis die Masse glatt ist. Das dauert etwa 1–2 Minuten (Vorsicht, die Mischung kann leicht anbrennen!). • Dann die **Kokosmilch** mit einem Holzspatel einrühren. Den gepufften **Reis** zugeben und alles gut verrühren, bis die Reiskörner gleichmäßig mit der Mandelmusmasse überzogen sind. • Die Mischung in die vorbereitete Auflaufform geben. Mit dem Spatel gleichmäßig verteilen und gut in die Form drücken. Im vorgeheizten Ofen 10 Minuten backen. • Herausnehmen, in der Auflaufform vollständig auskühlen lassen und anschließend im Kühlschrank 60 Minuten kalt stellen. • Aus dem Kühlschrank nehmen und mit einem scharfen Messer in acht Riegel schneiden. Die Reis-Crispies bis zum Verzehr in einer luftdicht verschließbaren Box im Kühlschrank aufbewahren, dann bleiben sie schön frisch und knusprig und sind bis zu 10 Tage haltbar.
Tipp: Du kannst die Riegelmischung nach Belieben mit etwas gehackten Trockenfrüchten oder gehackten Nüssen abrunden.

Pro Stück: 152 kcal (3 g EW • 7 g F • 19 g KH)

QUINOA-MAIS-MUFFINS

Manchmal habe ich einfach richtig Lust auf einen salzigen Snack. Dazu sind diese würzigen Quinoa-Mais-Muffins einfach ideal. Sie sind auch genau das, was du brauchst, wenn du unterwegs bist und auf die Schnelle trotzdem etwas Nahrhaftes essen möchtest. Viele lassen an hektischen Tagen das Mittagessen ausfallen, aber das führt nur dazu, dass man sich abends überisst. Wenn ich einige Muffins dabei habe, kann ich sie zwischendurch verputzen, bin gesättigt und fühle mich gut.

ZUBEREITUNGSZEIT ETWA 45 MINUTEN
FÜR 10 MUFFINS

VEGAN

190 g Quinoa
3 EL Chiasamen
155 g Polenta (Maisgrieß)
35 g Maismehl
10 g Backpulver
½ TL Natron
1 TL Salz
215 ml Pflanzenmilch
(z. B. ungesüßte Reismilch oder Mandelmilch)
50 ml Olivenöl
1 EL Ahornsirup
1 Handvoll frische Korianderblätter, fein gehackt
1 Prise mildes Chilipulver (nach Belieben)

Die **Quinoa** mit 475 ml Wasser in einen Topf geben, aufkochen und bei geringer bis mittlerer Hitze etwa 15 Minuten köcheln lassen, bis die Flüssigkeit aufgenommen ist. Vom Herd nehmen und 5–10 Minuten nachquellen und abkühlen lassen. • Währenddessen die **Chiasamen** in eine Schale geben, mit 120 ml Wasser beträufeln und etwa 10 Minuten quellen lassen. • Inzwischen den Backofen auf 200 °C Umluft vorheizen und ein 12er-Muffinblech mit zehn Papierbackförmchen auslegen. • **Polenta, Maismehl, Backpulver, Natron** und **Salz** in eine Schüssel geben, die abgekühlte gegarte Quinoa zufügen und alles vermengen. **Pflanzenmilch, Olivenöl, Ahornsirup, Koriander** und, falls verwendet, **Chilipulver** in eine Schüssel geben und gut vermischen. Die flüssige Zutatenmischung zur trockenen Maismehlmischung geben und gut verrühren. • Den Teig in die vorbereitete Muffinform füllen und im vorgeheizten Ofen etwa 25 Minuten backen, bis die Oberfläche der Muffins schön knusprig ist. Nach der Backzeit zur Garprobe einen Holzspieß in einen Muffin stechen. Wenn kein Teig daran kleben bleibt, sind die Muffins fertig. • Aus dem Ofen nehmen, die Quinoa-Mais-Muffins aus der Form heben und auf einem Kuchengitter vollständig auskühlen lassen.

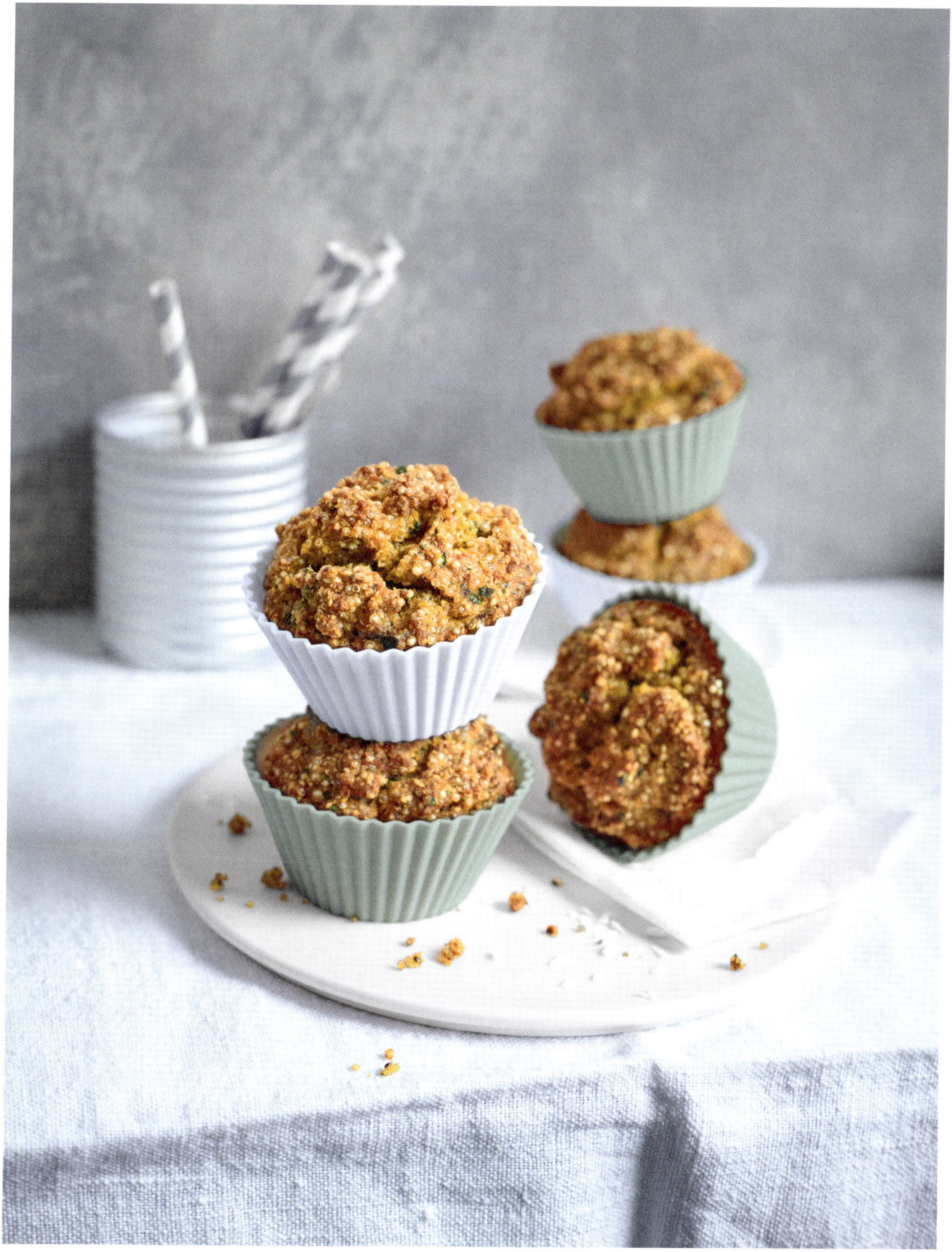

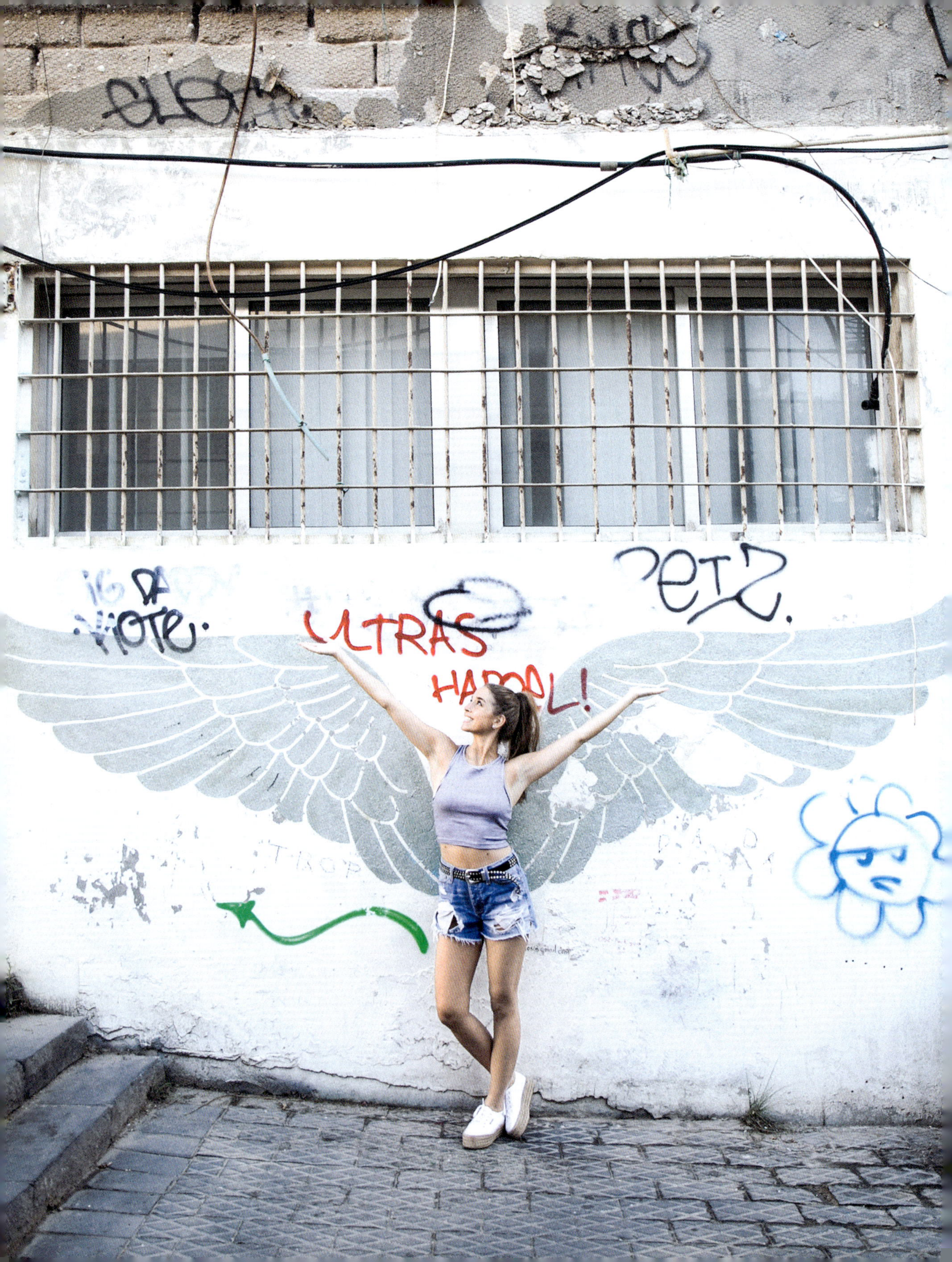
ULTRAS

Life doesn't have to be perfect to be wonderful

KOKOS-BLAUBEER-COOKIES

Ich bin ein richtiges Krümelmonster und liebe einfach leckere und gesunde Kekse. Diese Kokos-Blaubeer-Cookies versüßen mir sofort den Tag. Ich backe normalerweise gleich eine größere Menge und nehme immer welche mit, wenn ich bei Freunden eingeladen bin. Dadurch versuche ich, sie zu animieren, keine Fertigprodukte mehr zu kaufen, da Backen so einfach ist und so schmackhafte Ergebnisse liefert. Die frischen Blaubeeren in diesen Cookies sind besonders lecker, denn sie zergehen wie Jam herrlich im Mund. Die Cookies lassen sich einige Tage aufbewahren, es würde mich aber sehr wundern, wenn es jemand schafft, sie nicht in kürzester Zeit wegzufuttern.

ZUBEREITUNGSZEIT 35–40 MINUTEN
FÜR 20 COOKIES

VEGAN

230 g glutenfreie Großblatt-Haferflocken
200 ml Ahornsirup
130 g Blaubeeren
100 g Kokosraspel
3 EL Erdmandelcreme oder Mandelmus
4 EL Kokosblütenzucker
1 TL gemahlene Vanille (nach Belieben)
1 Prise Salz

Den Backofen auf 180 °C Umluft vorheizen und ein Backblech mit Backpapier auslegen. • 160 g **Haferflocken** in den Personal Blender geben und zu Mehl mixen. Das Haferflockenmehl in eine Schüssel geben, restliche **Haferflocken, Ahornsirup, Blaubeeren, Kokosraspel, Erdmandelcreme, Kokosblütenzucker, Vanille** und **Salz** zufügen und mit einem Löffel alles gut vermischen. • Den klebrigen Teig zu 20 Cookies formen, auf das vorbereitete Backblech setzen und 20–25 Minuten im vorgeheizten Ofen backen, bis sie goldbraun sind. • Das Backblech aus dem Ofen nehmen und die Kokos-Blaubeer-Cookies auf einem Kuchengitter auskühlen lassen. In einer luftdicht verschließbaren Box lassen sich die Cookies bis zu 5 Tage aufbewahren.

Pro Stück: 117 kcal (2 g EW • 5 g F • 15 g KH)

BIS ZU 5 TAGE
HALTBAR

3–4 TAGE
HALTBAR

SAFTIGE BLAUBEER-RIEGEL

Diese Riegel sind der perfekte Snack für einen stressigen Tag. Ich backe des Öfteren welche am Wochenende vor und vermeide somit Situationen, in denen ich unterwegs voller Verzweiflung versuche, einen gesunden Snack zu finden. Sich gesund zu ernähren, verlangt definitiv ein hohes Maß an Engagement, sollte aber kein zusätzlicher Stress sein. Es ist deshalb wirklich wichtig, gut organisiert zu sein. Die Blaubeerriegel sind fast wie kleine Kuchen, die ich mir ganz einfach in die Tasche packen kann – ob zur Arbeit oder mit ins Flugzeug.

ZUBEREITUNGSZEIT 20–25 MINUTEN
FÜR 10–12 RIEGEL

VEGAN

300 g glutenfreie Großblatt-Haferflocken
260 g Blaubeeren
220 ml Kokosmilch
1 TL gemahlene Vanille
110–120 ml Ahornsirup

Den Backofen auf 180 °C Umluft vorheizen und eine Auflaufform (28 × 18 cm) mit Backpapier auslegen. • **Haferflocken** in einen Mixer geben und zu Mehl verarbeiten. Hafermehl in eine Schüssel füllen. • 220 g **Blaubeeren** in den Mixer geben und grob mixen. Blaubeermasse zum Hafermehl geben, **Kokosmilch, Vanille** und **Ahornsirup** zufügen und alles mit einem Holzlöffel vermischen. Dann die restlichen **Blaubeeren** unterheben. • Die Blaubeermasse in die vorbereitete Auflaufform füllen und glatt streichen. In den vorgeheizten Ofen geben und 10–15 Minuten backen. • Herausnehmen, mit dem Backpapier aus der Auflaufform heben und auf einem Kuchengitter auskühlen lassen. Dann mit einem scharfen Messer in zehn bis zwölf Riegel schneiden. In einer luftdicht verschließbaren Box oder in Frischhaltefolie gewickelt lassen sich die Riegel 3–4 Tage aufbewahren.
Tipp: Streue ein paar Haferflocken und/oder Kokosraspel über die Teigoberfläche, das ergibt eine knusprigere Schicht!

Pro Stück: 132 kcal (3 g EW • 2 g F • 23 g KH)

HANF-PROTEINRIEGEL

Diese Proteinriegel sind unglaublich! Das Rezept ist ganz einfach nachzumachen und du musst noch nicht mal irgendwas backen. Es sind richtige Powerriegel, die dir eine Menge Energie geben und somit der perfekte Begleiter für eine stressige Woche sind. Auch vor dem Sport sind die Riegel perfekt, da sie voller Superfoods stecken und dir den richtigen Kick verpassen. Wenn du die Riegel einzeln in Frischhaltefolie wickelst und aufhebst, kannst du morgens einfach schnell einen oder zwei davon in die Tasche packen und mit zur Arbeit nehmen. So hast du schon dein Frühstück oder einen Snack dabei.

**ZUBEREITUNGSZEIT 15 MINUTEN
PLUS 60 MINUTEN KÜHLZEIT
FÜR ETWA 15 RIEGEL**

VEGAN

160 g Kürbiskerne
100 g Kokosraspel
80 g geschälte Hanfsamen
50 g Hanfproteinpulver
4 EL Chiasamen
2 EL Blütenpollen
1 EL gemahlener Zimt
1 EL gemahlene Vanille
6 EL glutenfreie Großblatt-Haferflocken
20 Medjool-Datteln (ungeschwefelt, ohne Zusatzstoffe; etwa 400 g), entsteint

Kürbiskerne, Kokosraspel, Hanfsamen, Hanfproteinpulver, Chiasamen, Blütenpollen, Zimt und **Vanille** in den Mixer geben und mit der Pulsfunktion fein mixen, dabei nicht zu lange mixen, damit die Riegel die richtige Konsistenz bekommen. Mischung in eine große Schüssel füllen und die **Haferflocken** zugeben. • Die **Datteln** mit einer Gabel zu einer Paste zerdrücken (alternativ einen leistungsstarken Mixer verwenden). Zur Zutatenmischung in die Schüssel geben und alles gut mit den Händen durchkneten, bis ein Teig entsteht. Falls nötig, noch 1–2 TL Wasser einarbeiten. • Die Riegelmasse in eine Auflaufform (27 × 17 cm) geben, gleichmäßig verteilen und kräftig andrücken. Die Form abdecken und 60 Minuten im Kühlschrank kalt stellen. • Nach der Kühlzeit mit einem scharfen Messer in etwa 15 Riegel schneiden. Die Proteinriegel in Frischhaltefolie einschlagen und bis zum Verzehr im Kühlschrank aufbewahren. Dann sind sie bis zu 2 Wochen haltbar.

Pro Stück: 244 kcal (9 g EW • 12 g F • 21 g KH)

BIS ZU 2 WOCHEN HALTBAR

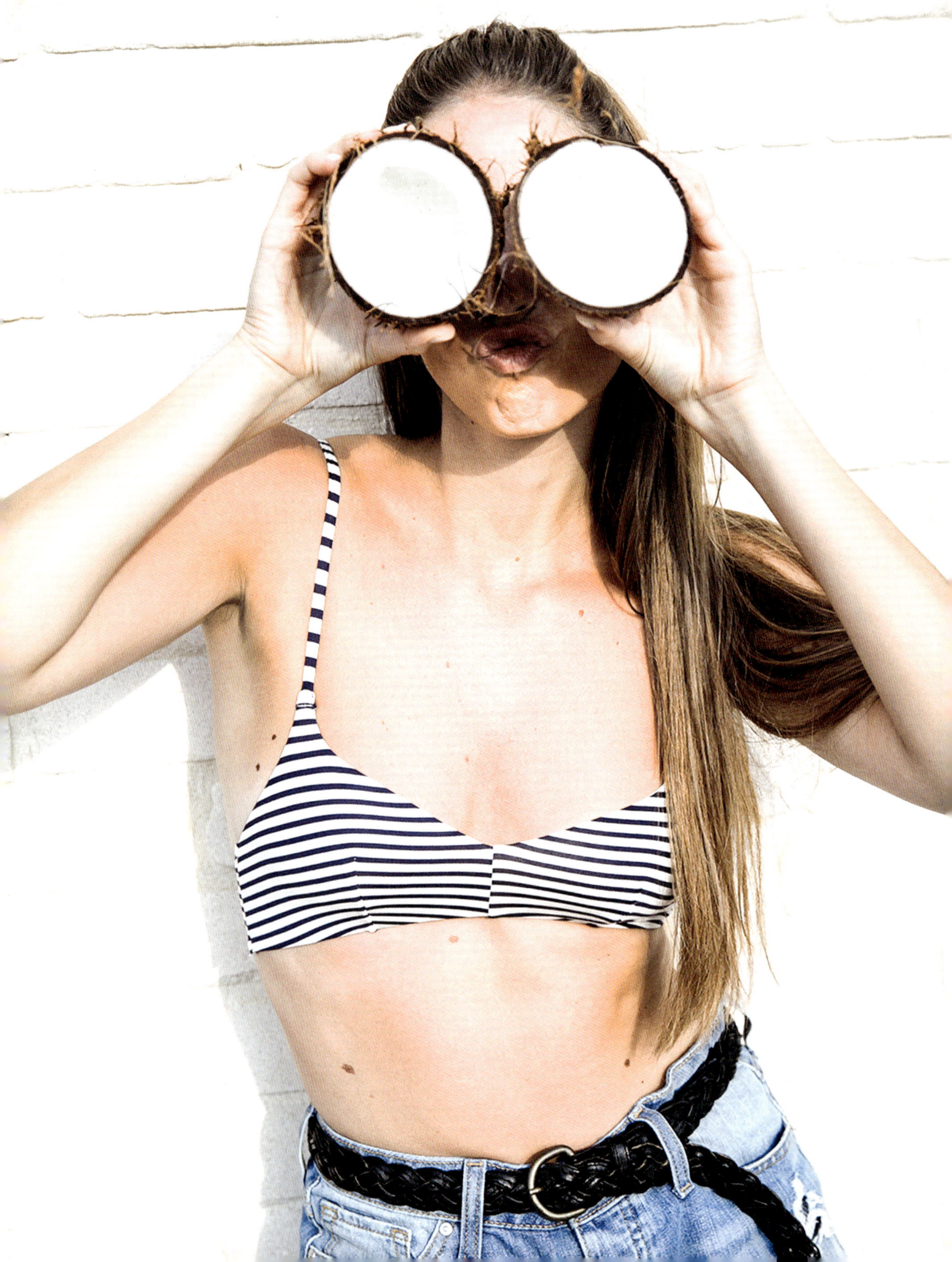

Fresh *salads*

THAT NEVER
GET BORING

Salate haben schon immer eine wichtige Rolle in meinem Alltag gespielt. Sogar als Kind gab es jeden Tag bei uns einen Salat – und ich habe immer die Schüssel ausgelöffelt. Vielleicht etwas ungewöhnlich für ein Kind, aber nachdem ich mich die ersten vier Jahre nur von Schokoladenmilch ernährt habe, war ich bereit für knackiges Gemüse. So einige umgehen Salate, da sie vielleicht meinen, dass sie nicht satt machen und nur aus zusammengewürfeltem Gemüse bestehen. Ich hoffe, mit diesen originellen Kreationen werde ich dich vom Gegenteil überzeugen!

KÖRNIGER GURKENSALAT

Dieser Gurkensalat mit den gegarten Dinkelkörnern ist wunderbar simpel und hat einen tollen und erfrischenden Geschmack. Da ich es sehr wichtig finde, sich abwechslungsreich und vielseitig zu ernähren, koche ich mit verschiedenen Getreidesorten. Dinkel ist eine tolle Wahl, da er einen guten Biss und ein nussiges Aroma hat. Da Dinkel aber Gluten enthält, esse ich ihn nicht täglich. Du kannst ihn auch sehr gut gegen Naturreis austauschen.

ZUBEREITUNGSZEIT 45–50 MINUTEN
FÜR 2 PERSONEN

100 g Dinkelkörner oder Naturreis (siehe glutenfreie Variante)
1 kleine Salatgurke
2 Stängel frischer Dill, gehackt
1 EL Olivenöl
Salz
frisch gemahlener schwarzer Pfeffer
70 g laktosefreier Feta

Das Rezept ist NICHT glutenfrei! Weiter unten findest du die glutenfreie Variante.

Den **Dinkel** mit 250 ml Wasser in einen Topf geben und aufkochen. Dann bei geringer bis mittlerer Hitze mit aufgelegtem Deckel 30–35 Minuten köcheln lassen, bis die gesamte Flüssigkeit aufgenommen ist. Vom Herd nehmen und ohne Deckel 5–10 Minuten nachquellen und abkühlen lassen. • Die **Gurke** waschen und mit einem Sparschäler in lange, dünne Streifen schneiden. Die Gurkenstreifen mit dem gegarten Dinkel in eine Schüssel geben, **Dill** und **Olivenöl** zufügen, mit **Salz** und **Pfeffer** würzen und vermengen. • Den Gurkensalat auf einem Teller anrichten. Den **Feta** zerbröseln, über den Salat streuen und servieren.

Tipps: Die Dinkelkörner oder die Naturreiskörner über Nacht einweichen, dann werden sie schneller gar. Eigentlich kannst du jeden Käse über den Salat streuen, doch ich finde, dass Feta am besten dazu passt und das Gericht perfekt abrundet. Statt Olivenöl und Salz zu verwenden, kannst du diesen Salat auch mit der halben Rezeptmenge für nussiges Essig-Dressing (siehe Seite 131) anmachen.

Glutenfreie Variante: *Statt 100 g Dinkelkörner die gleiche Menge **Naturreis** mit 250 ml Wasser aufkochen. Dann bei geringer bis mittlerer Hitze mit aufgelegtem Deckel etwa 30–40 Minuten köcheln lassen, bis die Flüssigkeit aufgenommen ist. Dann wie oben beschrieben fortfahren.

Pro Portion: 331 kcal (15 g EW • 14 g F • 33 g KH)   *Pro Portion: 337 kcal (10 g EW • 14 g F • 42 g KH)

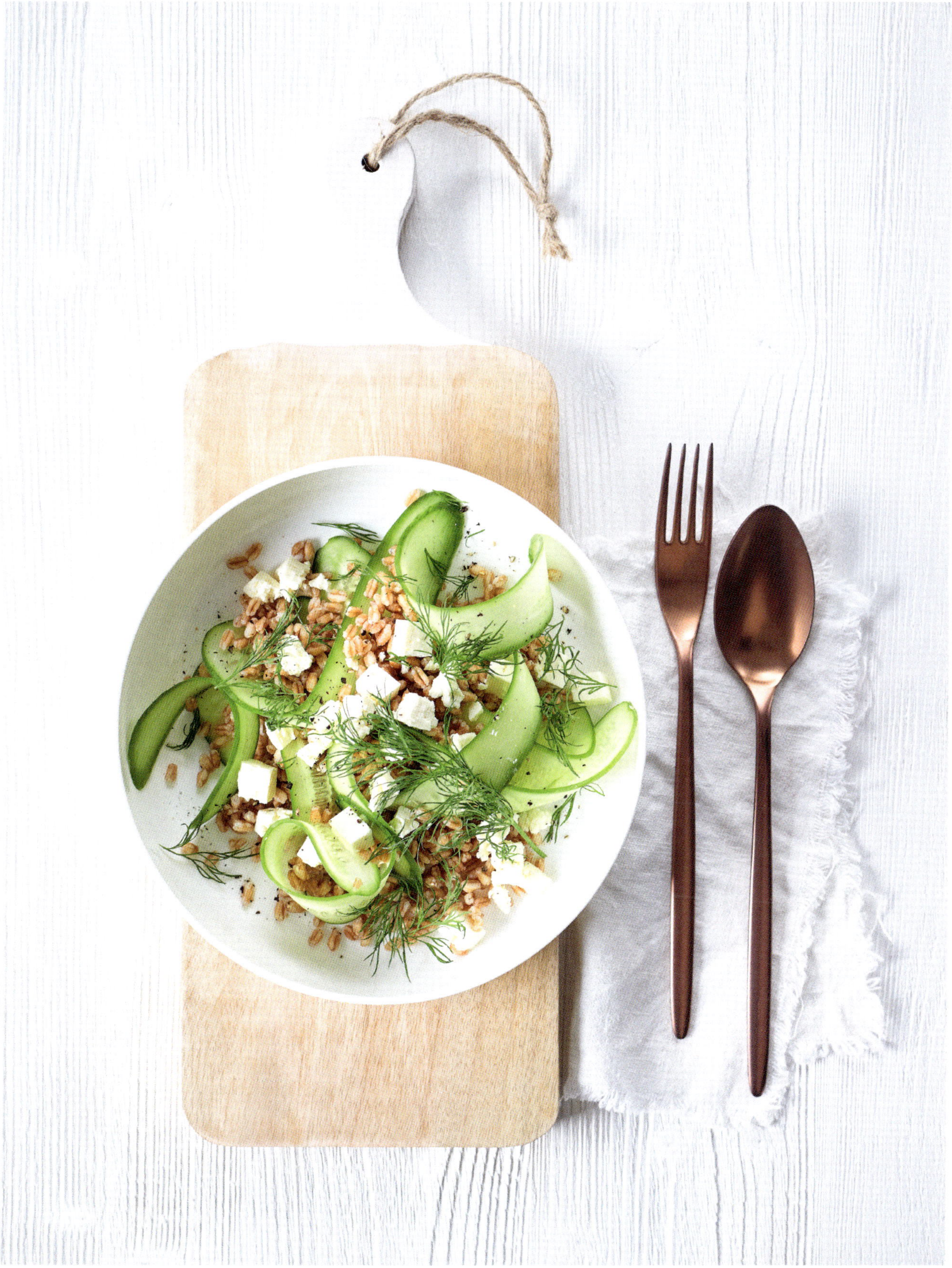

nothing worth having comes easy

BLUMENKOHL- „COUSCOUSSALAT"

Dieser „Couscoussalat" ist ideal für alle, die eine Low-Carb-Ernährung befolgen möchten. Der fein gehackte Blumenkohl hat die Konsistenz von Couscous, aber man isst nur Gemüse. Die Mischung aus süßen Granatapfelkernen, Cranberrys und frisch gehackten Kräutern schmeckt einfach total lecker dazu. Wer hätte gedacht, dass ein so schmackhafter und interessanter Salat auch noch so schnell zubereitet ist?

ZUBEREITUNGSZEIT 15 MINUTEN
FÜR 2 PERSONEN

VEGAN

- 1 mittelgroßer Blumenkohl
- 1 EL getrocknete Cranberrys (ungeschwefelt, ohne Zusatzstoffe)
- 2 EL Granatapfelkerne
- 1 EL geschälte Hanfsamen
- 1 Handvoll frische Minzblätter, gehackt
- 1 Handvoll frische Petersilie, gehackt

Für das Dressing
1–2 EL Olivenöl
1 EL Zitronensaft (nach Belieben)
Salz
frisch gemahlener schwarzer Pfeffer

Den **Blumenkohl** waschen. Die Röschen abschneiden, in den Mixer oder Personal Blender geben und hacken, bis die Masse eine Konsistenz wie Couscous hat. Nach Bedarf in Portionen arbeiten, dabei jeweils die an der Mixerwand klebende Blumenkohlmasse sorgfältig herausschaben. Den „Couscous" in eine Schüssel füllen. **Cranberrys, Granatapfelkerne, Hanfsamen, Minze** und **Petersilie** zugeben und vermischen. • Für das Dressing **Olivenöl, Zitronensaft** und etwas **Salz** und **Pfeffer** gut vermischen, über den Salat träufeln und alles vermengen. Den Blumenkohl-„Couscoussalat" in zwei Schalen anrichten und frisch servieren.

Pro Portion: 155 kcal (7 g EW • 7 g F • 11 g KH)

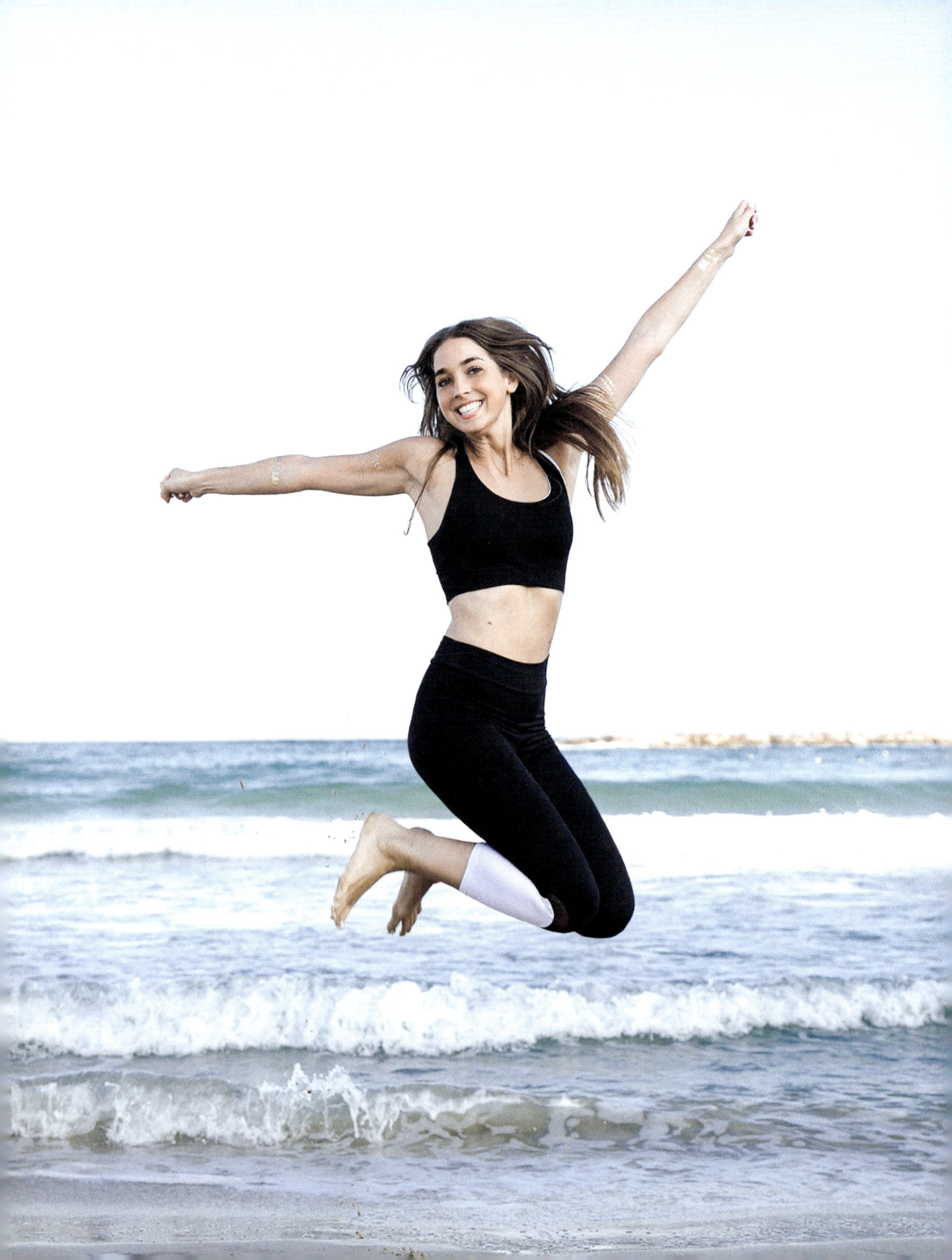

Use your smile to change the world – don't let the world change your smile

SCHWARZER-REIS-SALAT

Die besten Dinge im Leben können manchmal so simpel sein. Der schwarze Reis hat einen tollen Biss, was dem Salat besonders viel Konsistenz gibt, sowie einen fast nussigen Geschmack. Dieser Salat eignet sich auch ideal, um ihn mitzunehmen, wenn man unterwegs ist. Er ist zudem perfekt für ein Picknick im Park.

ZUBEREITUNGSZEIT 45 MINUTEN
FÜR 2 PERSONEN

125 g schwarzer Reis
Salz
1 große Karotte
½ rote Paprikaschote
5 Radieschen
1 Handvoll frischer Koriander plus etwas zum Garnieren
1 EL Sesamsaat (nach Belieben)

Für das Dressing
20 ml Olivenöl
½ TL Salz
1–2 TL Honig
15 ml Bioapfelsaft
½ TL hefefreies Gemüsebrühepulver
35 ml histaminfreier Apfelessig

Den **Reis** in ein Sieb geben, unter fließendem kaltem Wasser gut abbrausen und abtropfen lassen. Dann den Reis mit 250 ml Wasser in einen Topf geben und aufkochen. Etwas **Salz** dazugeben und bei mittlerer Hitze etwa 30 Minuten kochen, bis das Wasser aufgenommen und der Reis gar ist. Zur Garprobe ein Reiskorn probieren: Wenn es noch zu fest ist, ein wenig heißes Wasser angießen und einige Minuten weitergaren. Vom Herd nehmen und abkühlen lassen. • Inzwischen die **Karotte** schälen, grob raspeln oder in feine lange Stifte schneiden und in eine Schüssel geben, alternativ klein würfeln. Die **Paprika** waschen, entkernen und würfeln, dabei nicht die weißen Trennwände entfernen, da dort die meisten Vitamine stecken. Die **Radieschen** waschen, putzen und ebenfalls würfeln. Die Paprika- und Radieschenwürfel zu den Karottenstreifen geben. Den **Koriander** hacken und zur Gemüsemischung geben. • Falls verwendet, den **Sesam** in einer kleinen Pfanne bei geringer bis mittlerer Hitze unter Rühren rösten, bis er goldbraun ist. Vom Herd nehmen und über das Gemüse streuen. • Für das Dressing **Olivenöl, Salz, Honig, Apfelsaft, Gemüsebrühepulver** und **Essig** in den Mixer oder Personal Blender geben und mixen, bis alle Zutaten gut miteinander verbunden sind. • Den abgekühlten Reis zur Gemüsemischung geben, das Dressing darübergießen und alles vermengen. Den Reissalat mit **Koriander** garnieren und genießen.
Tipp: Wenn du möchtest, kannst du noch etwas zerbröselten Feta oder zerpflückten Mozzarella über den Salat geben.

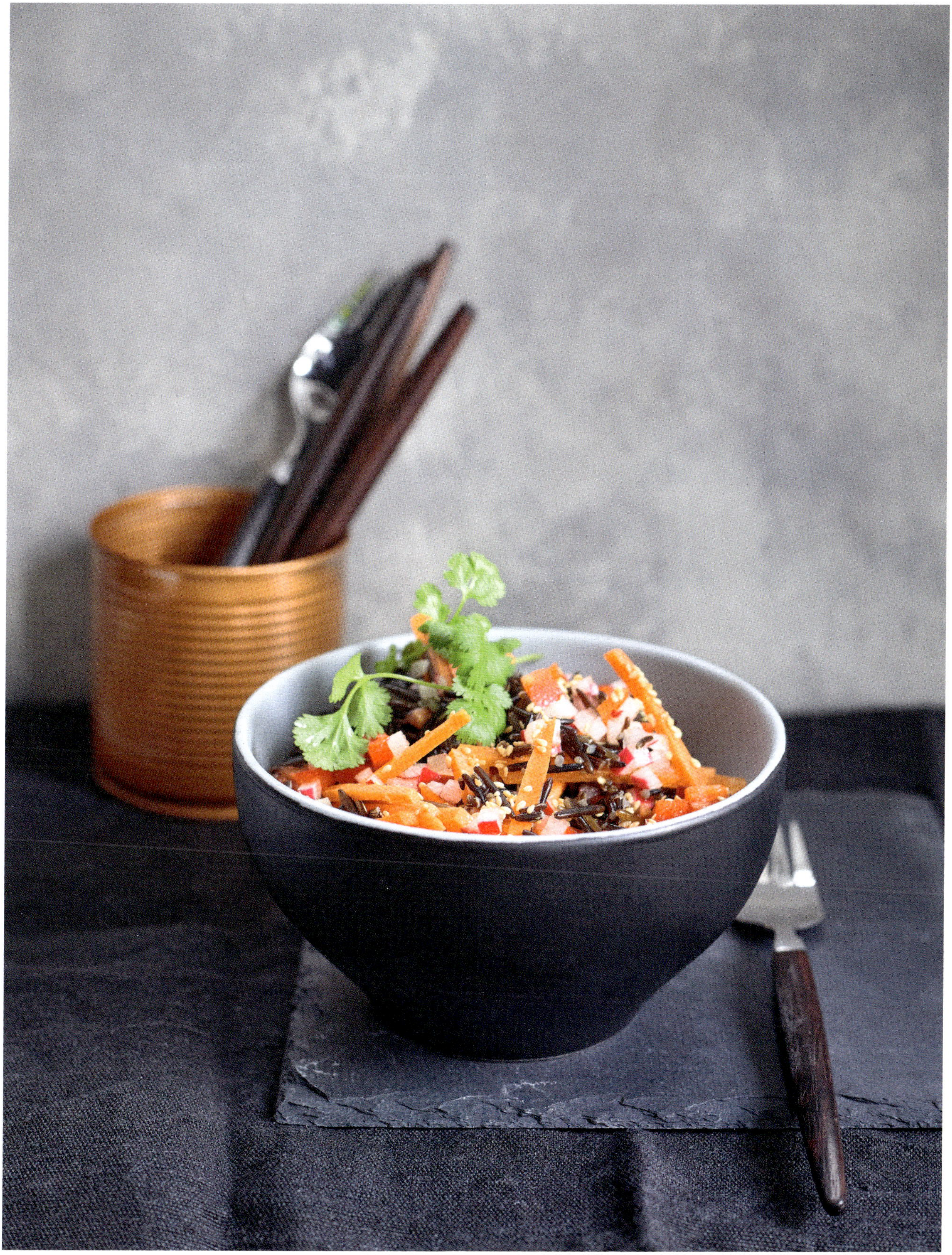

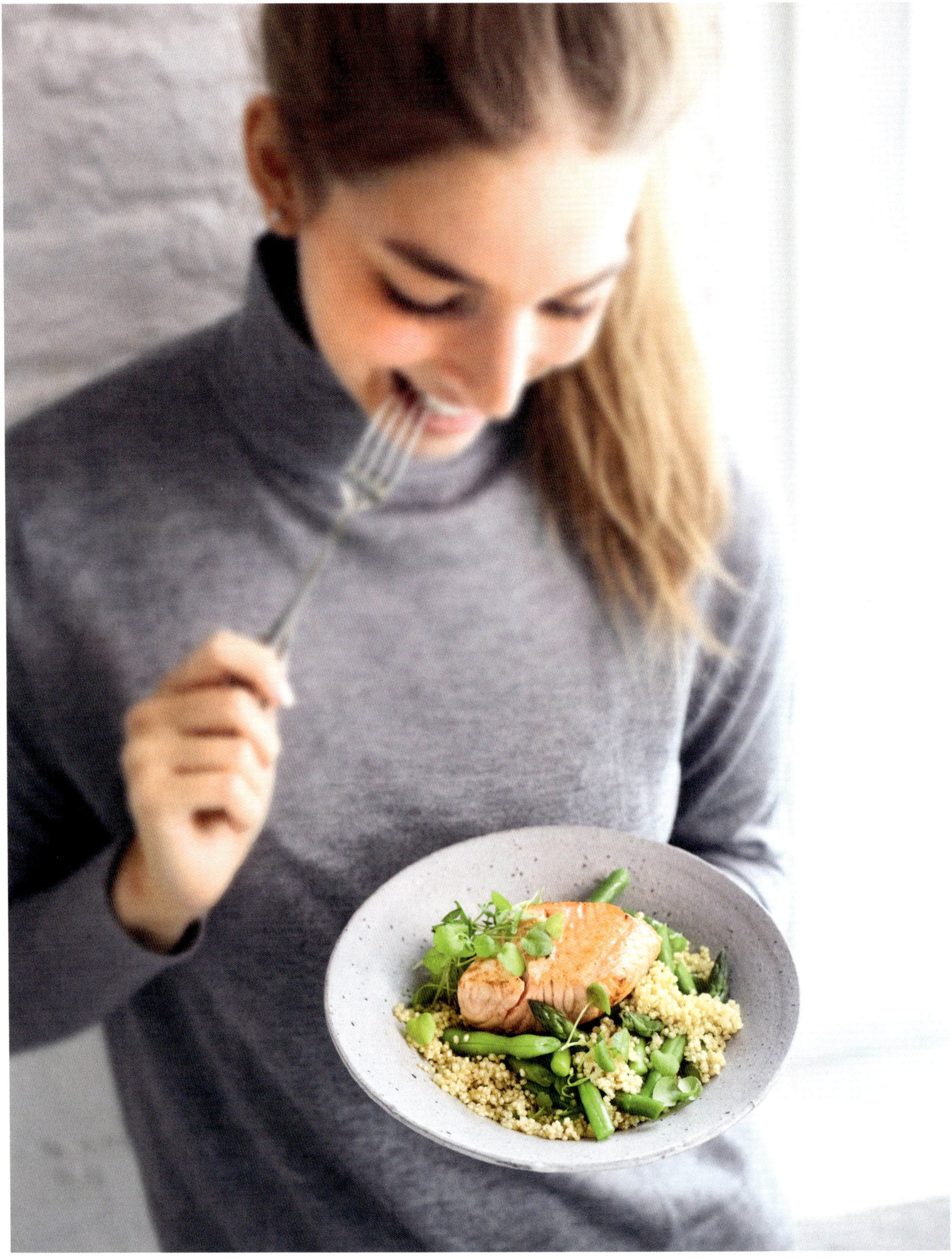

SPARGEL-LACHS-SALAT

Besonders an warmen Tagen esse ich mittags am liebsten einen frischen Salat. Allerdings muss er etwas Substanz haben, sonst bin ich schnell wieder hungrig. Lachs schmeckt mir besonders gut. Er ist außerdem einfach zuzubereiten und enthält viele Proteine und Omega-3-Fettsäuren, denen eine entzündungshemmende Wirkung nachgesagt wird. Mit etwas Quinoa und grünem Gemüse hast du dir in wenigen Minuten das perfekte Essen zubereitet. Dieses Gericht schmeckt sowohl warm als auch kalt total lecker!

ZUBEREITUNGSZEIT 25–30 MINUTEN
FÜR 1 PERSON

60 g Quinoa
1 TL Kokosöl
1 TL Zitronensaft
6 Stangen grüner Spargel
1 Handvoll gefrorene grüne Bohnen
1 frisches Lachsfilet (150–200 g), Haut und restliche Gräten vollständig entfernt
Salz
frische Minze oder zarte Brunnenkresse zum Garnieren
1 EL Olivenöl

Die **Quinoa** mit 150 ml Wasser in einen Topf geben, aufkochen und bei geringer bis mittlerer Hitze etwa 15 Minuten köcheln lassen, bis die Flüssigkeit aufgenommen ist. Vom Herd nehmen und 5–10 Minuten nachquellen und abkühlen lassen. • Inzwischen das **Kokosöl** in einer Pfanne auf mittlerer bis hoher Stufe erhitzen und den **Zitronensaft** zugießen. Die Enden der **Spargelstangen** gegebenenfalls schälen, den Spargel klein schneiden und mit den gefrorenen **Bohnen** im heißen Öl 1–2 Minuten anbraten. • Die Temperatur auf mittlere Stufe regeln, den Spargel an den Pfannenrand schieben, das **Lachsfilet** in die Mitte geben und auf beiden Seiten jeweils 3 Minuten braten. Nach Belieben mit **Salz** würzen. • Bohnen und Spargel zur gegarten Quinoa in den Topf geben, mit **Salz** abschmecken und vermengen. Dann die Mischung auf einem Teller anrichten, den Lachs aus der Pfanne daraufsetzen und mit etwas frischer **Minze** garnieren. Den Spargel-Lachs-Salat mit dem **Olivenöl** beträufeln und genießen.
Tipp: Statt Olivenöl über den Salat zu träufeln, kannst du ihn auch mit der halben Rezeptmenge für Tahini-Sauce (siehe Seite 131) servieren.

Pro Portion: 347 kcal (27 g EW • 16 g F • 22 g KH)

PFIRSICH-QUINOA-SALAT MIT HÄHNCHEN UND PESTO

Dieser Salat mit Hähnchen und Pfirsich gehört zu meinen Lieblingssalaten. Früher hätte ich nie daran gedacht, Süßes mit Salzigem zu kombinieren. Heute bin ich ganz verrückt danach, was man sehr gut an diesem Salat erkennen kann. Er ist eine perfekte Mischung aus süß, salzig, knackig und frisch. Obwohl ich sehr viele vegane Gerichte koche, esse ich wahnsinnig gern auch mal einen leckeren Salat mit Huhn. Ich kaufe nur Biogeflügel und bereite es meist noch am selben Tag zu, damit es so frisch wie möglich ist. Mein selbst gemachtes Basilikum-Grünkohl-Pesto bildet das i-Tüpfelchen auf diesem Salat.

ZUBEREITUNGSZEIT 30–35 MINUTEN
FÜR 2 PERSONEN

150 g Quinoa
2 Hähnchenbrüste
2 EL Olivenöl plus etwas mehr zum Bestreichen
Salz
frisch gemahlener schwarzer Pfeffer
1 Stange Staudensellerie
1 Pfirsich

Für das Basilikum-Grünkohl-Pesto

2 Handvoll frische Basilikumblätter
1 Handvoll Grünkohlblätter, entstielt
4 Macadamianüsse
1 großzügiger Schuss Olivenöl
Salz

Den Backofen auf 200 °C Umluft vorheizen und ein Backblech mit Backpapier auslegen. • Die **Quinoa** mit 375 ml Wasser in einen Topf geben, aufkochen und bei geringer bis mittlerer Hitze etwa 15 Minuten köcheln lassen, bis die Flüssigkeit aufgenommen ist. Vom Herd nehmen und 5–10 Minuten nachquellen und abkühlen lassen. • Inzwischen die **Hähnchenbrüste** abspülen, trocken tupfen und auf das vorbereitete Backblech legen. Das Hähnchenfleisch mit etwas **Olivenöl** bestreichen und mit **Salz** und **Pfeffer** würzen. In den vorgeheizten Ofen schieben und etwa 20 Minuten backen. • Für das Pesto **Basilikum, Grünkohl, Macadamianüsse, Olivenöl** und **Salz** in den Mixer oder Personal Blender geben und zu einer geschmeidigen Masse mixen. Das Pesto in eine Servierschale füllen und bis zum Servieren im Kühlschrank kalt stellen. • **Sellerie** waschen und klein schneiden. Den **Pfirsich** waschen, aufschneiden, entsteinen und in kleine Stücke schneiden. Sellerie, Pfirsich und abgekühlte Quinoa in eine Schüssel geben, das **Olivenöl** darüberträufeln, mit **Salz** würzen und alles vermengen. • Pfirsich-Quinoa-Salat auf Schalen oder Teller verteilen. Die gegarten Hähnchenbrüste in Scheiben schneiden, auf dem Salat anrichten und servieren. Dazu das Basilikum-Grünkohl-Pesto reichen.

Pro Portion: 536 kcal (40 g EW • 18 g F • 51 g KH)

Tipp: Statt Pesto kannst du auch eine halbe Rezeptmenge für Mango-Tahini-Sauce (siehe Seite 131) zum Salat reichen. Das schmeckt ebenfalls klasse.

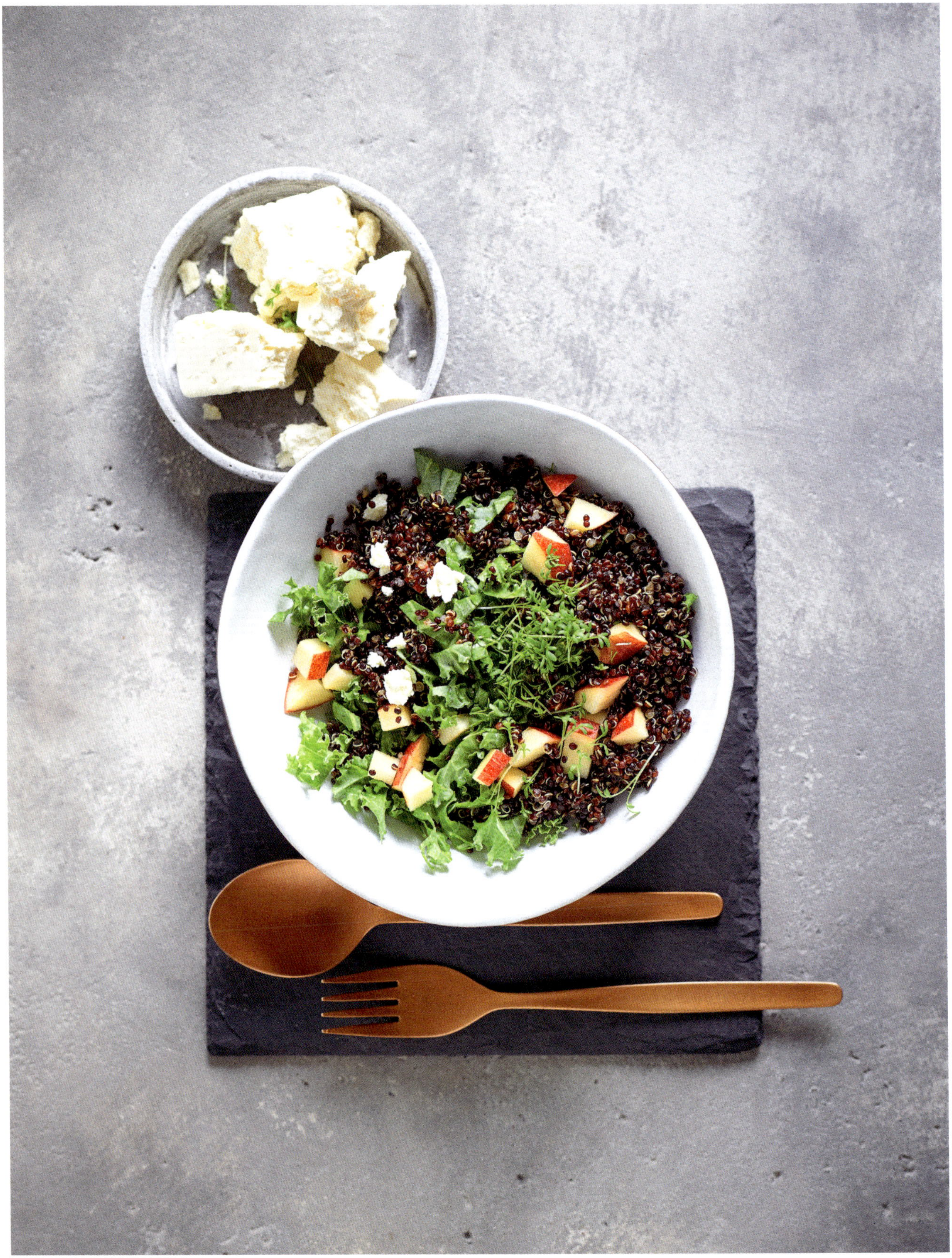

SCHWARZE-QUINOA-GRÜNKOHL-SALAT

Hast du schon mal schwarze Quinoa probiert? Du fragst dich sicherlich, was da der Unterschied sein soll, aber er ist tatsächlich groß. Schwarze Quinoa hat mehr Biss und einen fast nussigen Geschmack und harmoniert deswegen perfekt mit Apfel und Grünkohl. Quinoa ist ein tolles Pseudogetreide. Es gibt verschiedene Sorten – von gelblich-weiß über rot bis zu schwarz – und jede Sorte entwickelt andere Aromen in der Speise. Der Feta ist kein Muss in diesem Salat, aber er sättigt und fügt dem Ganzen einen salzigen Aspekt hinzu. Ich mag es, wenn eine Speise sowohl süße als auch salzige Komponenten vereint. Auf diese Weise entsteht ein perfekt abgerundetes Gericht.

ZUBEREITUNGSZEIT 30 MINUTEN
FÜR 2 PERSONEN

100 g schwarze Quinoa
2 Handvoll Grünkohl
1 Apfel
100 g laktosefreier Feta (nach Belieben)
½ Schale Gartenkresse, abgeschnitten

Für das Dressing
2 EL histaminfreier Apfelessig
4 EL Apfelsaft
2 EL Olivenöl
Salz

Die **Quinoa** mit 250 ml Wasser in einen Topf geben, aufkochen und bei geringer bis mittlerer Hitze etwa 15 Minuten köcheln lassen, bis die Flüssigkeit aufgenommen ist. Vom Herd nehmen, 5–10 Minuten nachquellen und abkühlen lassen. • Inzwischen den **Grünkohl** waschen, trocken schütteln, die Blätter abziehen und klein hacken. Den **Apfel** waschen, vierteln, entkernen und klein würfeln. Grünkohl und Apfelwürfel mit der abgekühlten Quinoa in eine Schüssel geben und vermischen. • Für das Dressing **Apfelessig, Apfelsaft, Olivenöl** und etwas **Salz** gut verrühren, über die Quinoa-Mischung träufeln und alles vermengen. • Quinoa-Grünkohl-Salat auf Schalen verteilen. Den **Feta,** falls verwendet, in kleine Würfel schneiden und über den Salat streuen. Mit der **Kresse** garnieren und frisch servieren.
Tipp: Lass den Feta und das Dressing weg und serviere eine halbe Rezeptmenge Mango-Tahini-Sauce (siehe Seite 131) zum Salat – das schmeckt ebenfalls super. Als Variante kannst du auch das Apfelessig-Dressing (siehe Seite 131) verwenden.

Pro Portion: 436 kcal (15 g EW • 22 g F • 39 g KH)

FENCHELSALAT MIT GERÖSTETEM KÜRBIS

Yummy! Dieser knackige Salat ist genau das Richtige, wenn du etwas Frisches und Gesundes brauchst. Nicht jeder, der eine Histaminintoleranz hat, verträgt Mandeln. Ich selbst esse sie nur ab und zu und dann auch nicht zu viele auf einmal. Dieser Salat ist eine gute Gelegenheit, die Mandelverträglichkeit zu prüfen. Wer aber vorher schon weiß, dass er empfindlich reagiert, verwendet entweder Macadamianüsse, die ich zum Beispiel prima vertrage, oder streut einfach Hanfsamen darüber, um sicherzugehen.

ZUBEREITUNGSZEIT 45 MINUTEN
FÜR 2 PERSONEN

VEGAN

½ kleiner Hokkaido-Kürbis
Olivenöl zum Beträufeln
60 g Quinoa
1 Salatkopf (z. B. kleiner Eisbergsalat oder kleiner Römersalat)
1 Fenchelknolle
1 Pfirsich
1 Handvoll Mandeln oder Macadamianüsse, grob gehackt (nach Belieben; alternativ 1 EL geschälte Hanfsamen)

Für das Dressing
2 EL histaminfreier Apfelessig
4 EL Apfelsaft
2 EL Olivenöl
Salz

Den Backofen auch 200 °C Umluft vorheizen und ein Backblech mit Backpapier auslegen. • Den **Kürbis** waschen, entkernen, würfeln und auf das vorbereitete Backblech legen. Etwas **Olivenöl** darüberträufeln und im vorgeheizten Ofen etwa 20 Minuten backen, bis die Kürbiswürfel weich sind. Herausnehmen und abkühlen lassen. • Während der Backzeit die **Quinoa** mit 150 ml Wasser in einen Topf geben, aufkochen und bei geringer bis mittlerer Hitze etwa 15 Minuten köcheln lassen, bis die Flüssigkeit aufgenommen ist. Vom Herd nehmen und 5–10 Minuten nachquellen und abkühlen lassen. • In der Zwischenzeit die Blätter vom **Salat** zupfen, waschen und trocken schleudern. Den **Fenchel** waschen, putzen und in Streifen schneiden. Den **Pfirsich** waschen, aufschneiden, entsteinen und in Stücke schneiden. • Die Salatblätter in mundgerechte Stücke schneiden und in eine Schüssel geben. Fenchelstreifen, Pfirsichstücke sowie abgekühlte Quinoa und Kürbiswürfel zugeben und, falls verwendet, die **Mandeln** darüberstreuen. • Für das Dressing **Apfelessig, Apfelsaft, Olivenöl** und etwas **Salz** gut vermischen, über den Salat träufeln und alles vermengen. Den Fenchelsalat auf Schalen oder Tellern anrichten und genießen.
Tipp: Falls du Mandeln oder Macadamianüsse verwendest, röste sie vorher ohne Fettzugabe leicht in einer Pfanne, bis sie goldbraun sind – das schmeckt ganz besonders lecker. Als Variante kannst du auch das Apfelessig-Dressing (siehe Seite 131) verwenden.

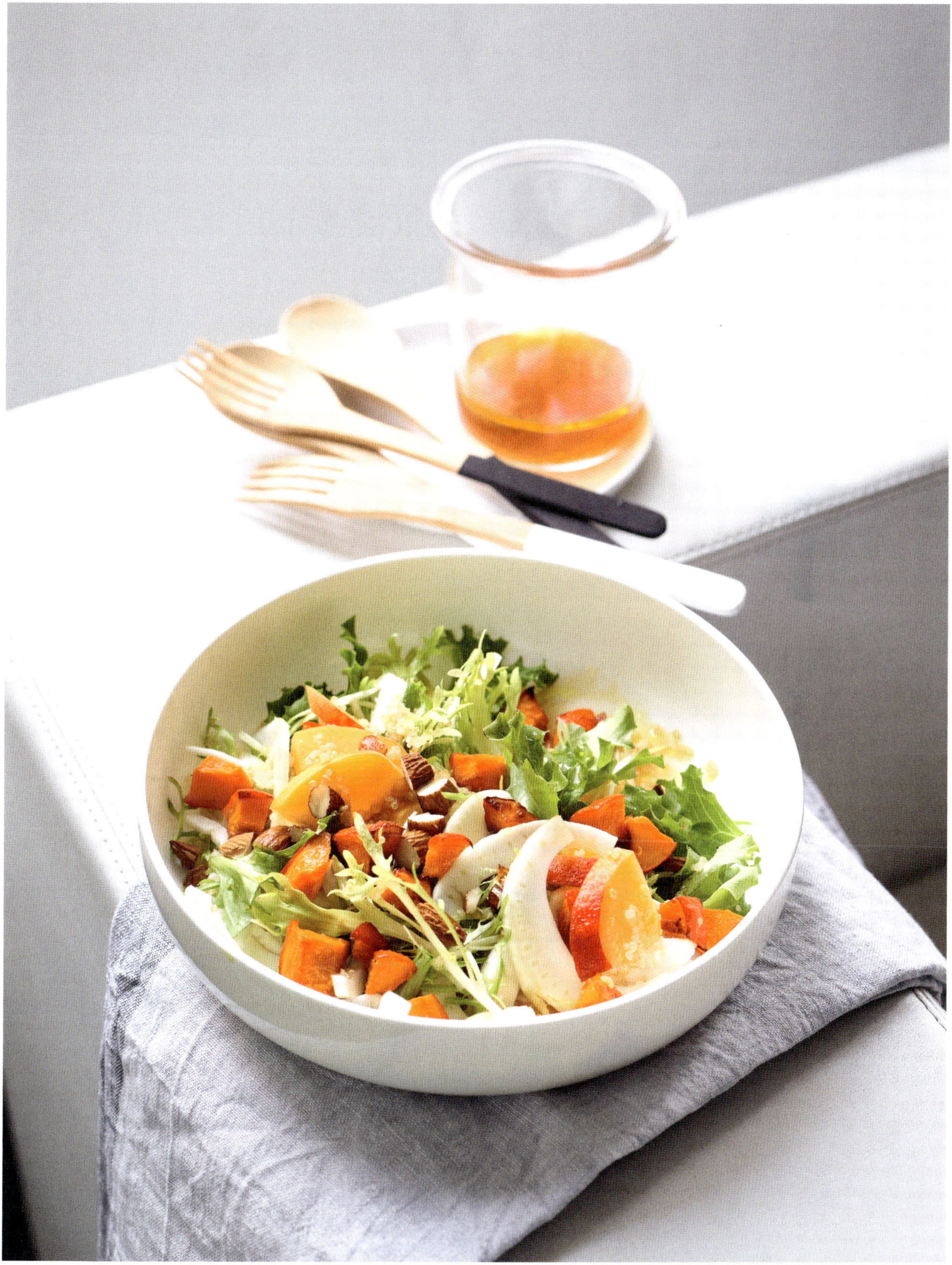

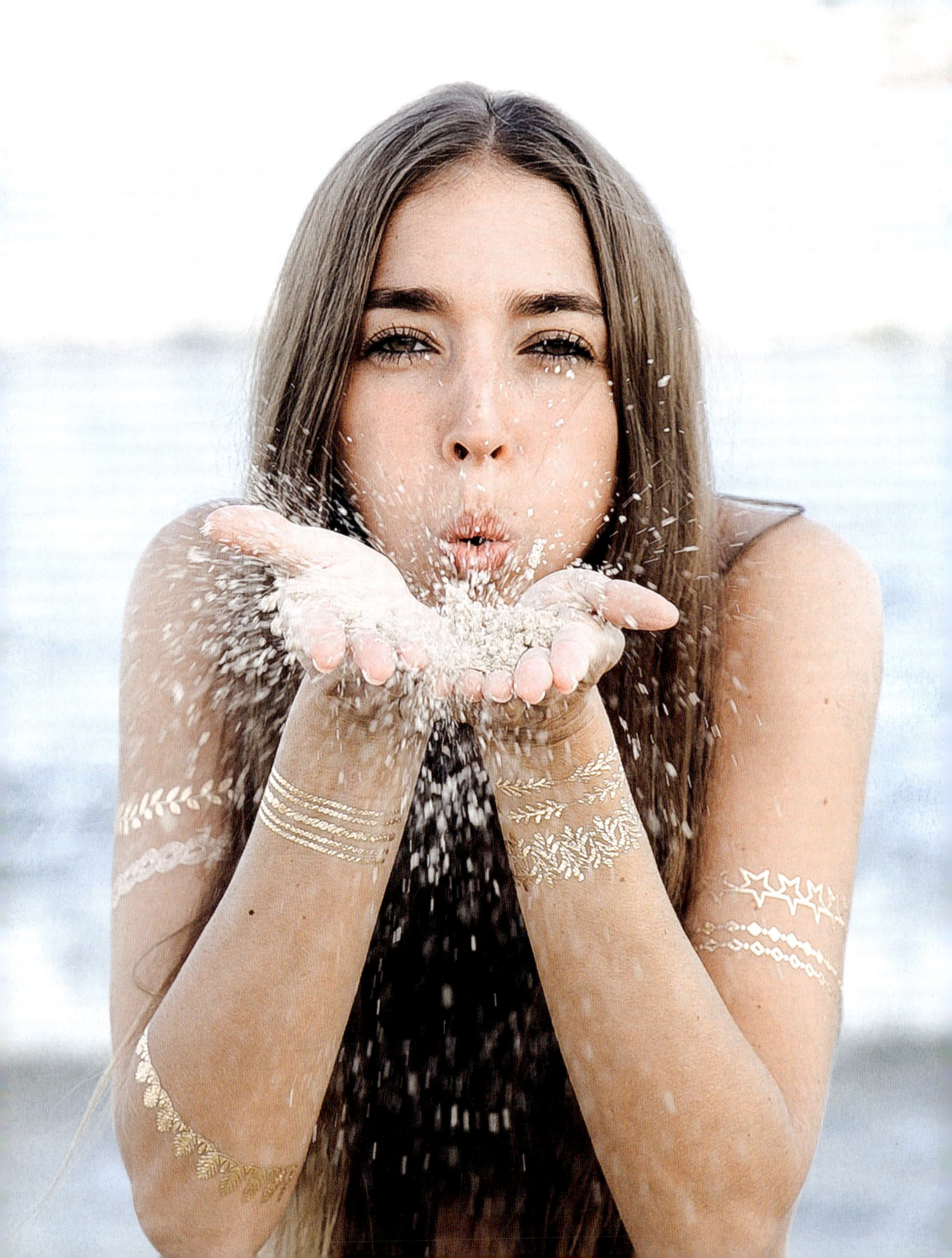

POSITIVE
MIND,

POSITIVE
VIBES,

POSITIVE
LIFE

MANGO-HIRSE-SALAT

Ich liebe es, einen leckeren und frischen Salat zu essen. Manche Leute sind der Meinung, Salate wären eintönig und nicht sättigend. Deswegen versuche ich, immer neue und leckere Kombinationen zu kreieren, die auch reichhaltig sein können. Salate müssen durchaus nicht langweilig sein und auch nicht ausschließlich aus Blättern bestehen. Im Gegenteil: Sie können viele unterschiedliche Aromen und Texturen beinhalten und richtig interessant schmecken. Dieser Salat enthält Mango, der ihm besonders viel Frische und Geschmack verleiht. Früher konnte ich die Kombination aus süß und salzig nicht ausstehen, heute bin ich ganz versessen darauf. Ich brösele gern noch etwas Feta über den Mango-Hirse-Salat, aber das ist nicht unbedingt nötig. Er schmeckt auch ohne Käse fantastisch.

ZUBEREITUNGSZEIT ETWA 25 MINUTEN

FÜR 2 PERSONEN

100 g Hirse
1 rote Paprikaschote
1 kleine Mango
1 EL frische Basilikumblätter plus einige frische Basilikumblätter zum Garnieren (nach Belieben)
2 EL Olivenöl
Salz
100 g laktosefreier Feta (nach Belieben)

Die **Hirse** mit 200 ml Wasser in einen Topf geben und auf mittlerer Stufe 12–15 Minuten kochen, bis die Flüssigkeit aufgenommen ist. Vom Herd nehmen und abgedeckt ausquellen und abkühlen lassen. • In der Zwischenzeit die **Paprika** waschen, entkernen und klein würfeln, dabei nicht die weißen Trennwände entfernen, da in diesem Teil die meisten Vitamine stecken. Die **Mango** schälen, das Fruchtfleisch vom Stein schneiden und würfeln. Das **Basilikum** fein hacken. • Paprika, Mango und Basilikum mit der gegarten Hirse in eine Schüssel geben, das **Olivenöl** darüberträufeln, mit **Salz** würzen und vermengen. • Den Mango-Hirse-Salat auf Schalen oder Teller verteilen. Den **Feta** zerbröseln und darüberstreuen. Nach Belieben mit **Basilikum** garnieren und servieren.
Tipp: Statt Olivenöl und Salz zu verwenden, kannst du diesen Salat auch mit dem nussigen Essig-Dressing (siehe Seite 131) anmachen.

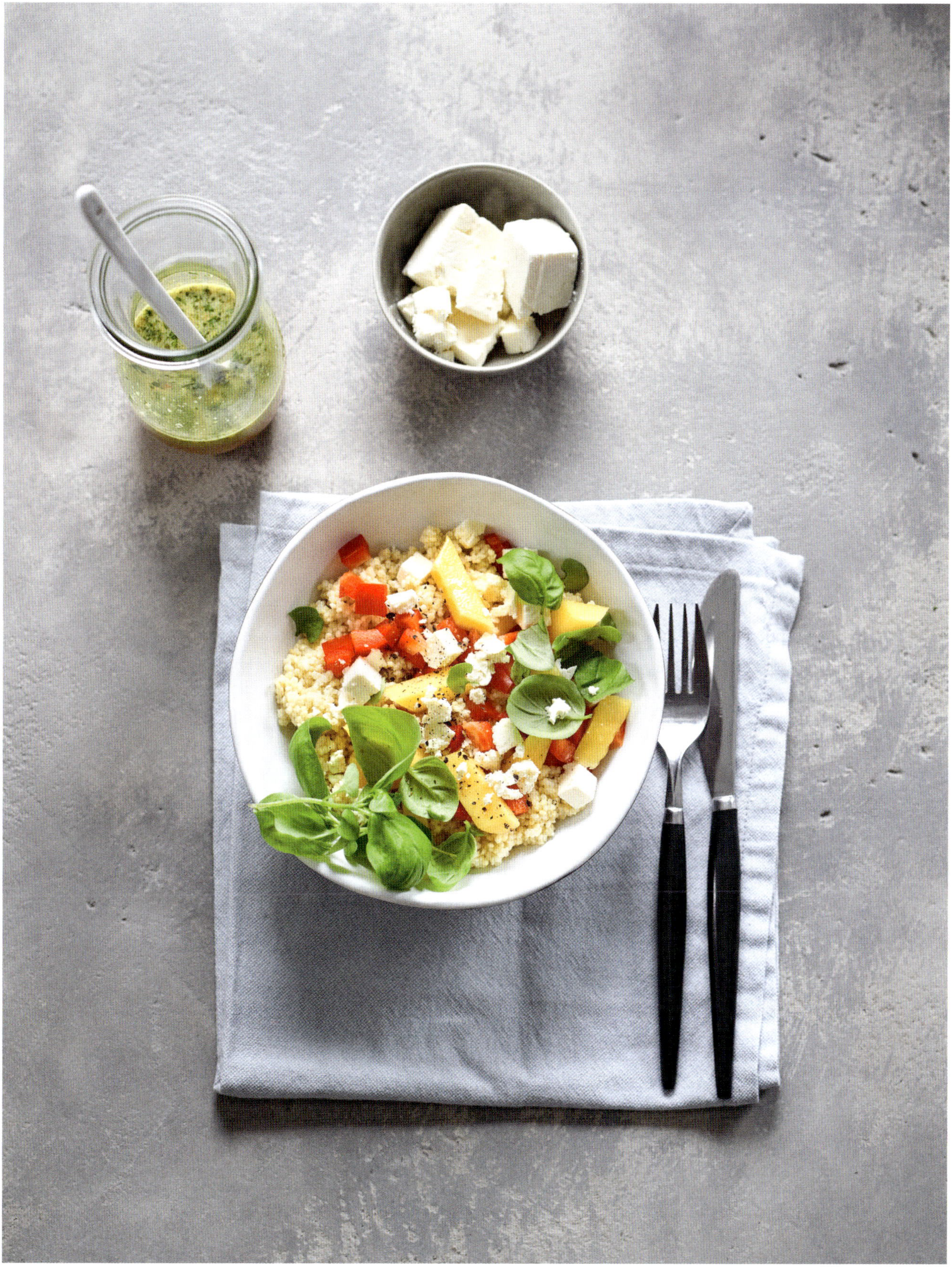

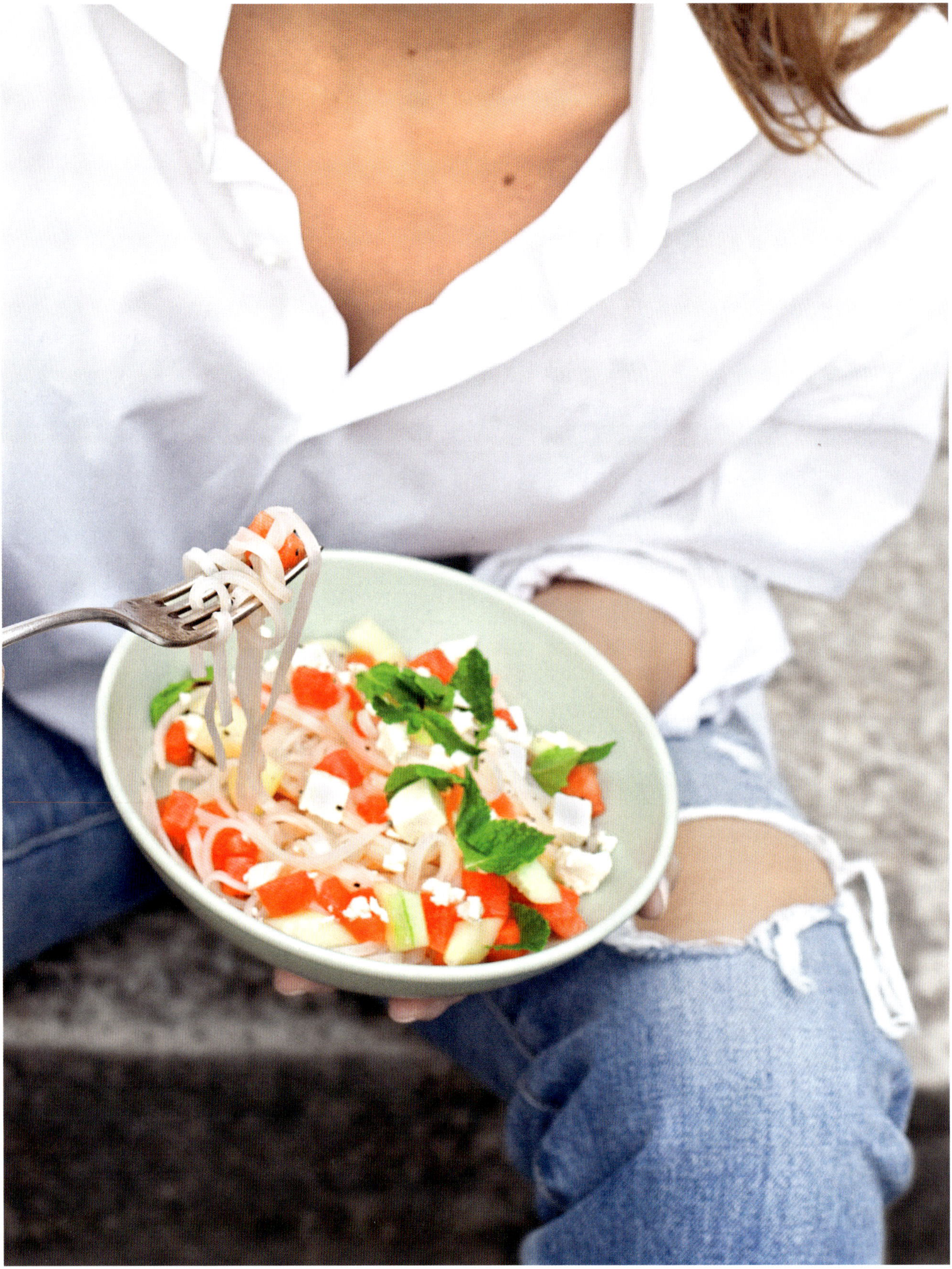

MELONEN-SOMMERSALAT

Diese Salatkombination mag für viele ungewöhnlich sein, schmeckt aber einfach köstlich! Ein typischer Snack am Strand von Tel Aviv besteht aus Wassermelone, kombiniert mit salzigem Feta. Zum Mittagessen ist mir das jedoch nicht sättigend genug, also habe ich einfach ein nahrhaftes Gericht daraus gemacht. Frische Minze ist eine sehr typische Zutat in der orientalischen Küche – sie verleiht jeder Speise einen erfrischenden und interessanten Geschmack. Die Kombination aus süß, frisch und salzig sowie die verschiedenen Texturen der Zutaten harmonieren einfach toll in diesem Salat – ein perfektes Mittagessen für einen Sommertag.

ZUBEREITUNGSZEIT 15 MINUTEN
FÜR 2 PERSONEN

150 g Reisspaghetti
Salz
1 Salatgurke
500 g Wassermelonenfleisch
½ Handvoll frische Minze
1 EL Olivenöl
frisch gemahlener schwarzer Pfeffer
100 g laktosefreier Feta

Reichlich Wasser in einem Topf zum Kochen bringen. Die **Reisspaghetti** in das kochende Wasser geben, etwas **Salz** zufügen und 5–7 Minuten oder nach Packungsangaben kochen, bis die Spaghetti bissfest sind. In einen Durchschlag abgießen, mit kaltem Wasser gut abschrecken und abtropfen lassen. • Inzwischen die **Gurke** schälen und in kleine Stücke schneiden. Die **Wassermelone** entkernen und in kleine Würfel schneiden. Die **Minzblätter** von den Stielen abzupfen und klein hacken. Gurkenstücke und Melonenwürfel mit der gehackten Minze in eine Schüssel geben, die abgetropften Reisspaghetti zufügen und kurz vermischen. • Mit dem **Olivenöl** beträufeln, mit **Salz** und **Pfeffer** abschmecken und alles locker, aber gut vermengen. Den Melonen-Sommersalat auf Tellern oder Schalen anrichten. Den **Feta** darüberbröseln und servieren.

Pro Portion: 514 kcal (17 g EW • 15 g F • 78 g KH)

QUINOA-SALAT MIT FENCHEL UND GRANATAPFEL

Granatapfelkerne in einen Salat zu mischen, habe ich erst in Israel kennengelernt. Dort ist Granatapfel eine sehr gebräuchliche und beliebte Zutat. Die aromatischen roten Samen verleihen dem Salat Extrafrische und einen süßsäuerlichen Geschmack – einfach superlecker!

ZUBEREITUNGSZEIT 30 MINUTEN
FÜR 2 PERSONEN

100 g Quinoa
250 ml hefefreie Gemüsebrühe
½ TL gemahlener Kreuzkümmel
1 Fenchelknolle
3 EL frisch gehackte Korianderblätter
2 EL frisch gehackte Minzblätter
1 Handvoll Granatapfelkerne
4 Macadamianüsse, grob gehackt

Für das nussige Essig-Dressing
1 TL hefefreies Gemüsebrühepulver
½ TL Salz
2–3 TL Honig
35 ml histaminfreier weißer oder roter Essig
20 ml Olivenöl
2 Macadamianüsse
2–3 Stängel frische Petersilie (nach Belieben)

Die **Quinoa** mit der **Gemüsebrühe** in einen Topf geben und aufkochen. **Kreuzkümmel** zugeben und bei geringer bis mittlerer Hitze etwa 15 Minuten köcheln lassen, bis die Brühe aufgenommen ist. Vom Herd nehmen und 5–10 Minuten nachquellen und abkühlen lassen. • In der Zwischenzeit für das Dressing **Gemüsebrühepulver, Salz, Honig, Essig, Olivenöl, Macadamianüsse** und, falls verwendet, **Petersilie** mit 35 ml Wasser in den Mixer geben und mixen, bis alle Zutaten gut miteinander verbunden sind. • Den **Fenchel** waschen, putzen, in Streifen schneiden und in eine Schüssel geben. **Koriander, Minze** und **Granatapfelkerne** mit der gegarten Quinoa dazugeben und alles vermischen. • Dressing über den Salat träufeln, die **Macadamianüsse** darüberstreuen und alles gut vermengen. Den Quinoa-Salat auf Schalen oder Teller verteilen und servieren.

Tipps: Wenn du Lust und Zeit hast, kannst du den Fenchel in einer Pfanne in etwas Olivenöl einige Minuten anbraten, dann abkühlen lassen und zum Salat geben – das schmeckt ebenfalls fantastisch. Statt das nussige Essig-Dressing zu verwenden, kannst du den Salat auch mit der Tahini-Sauce (siehe Seite 131) servieren.

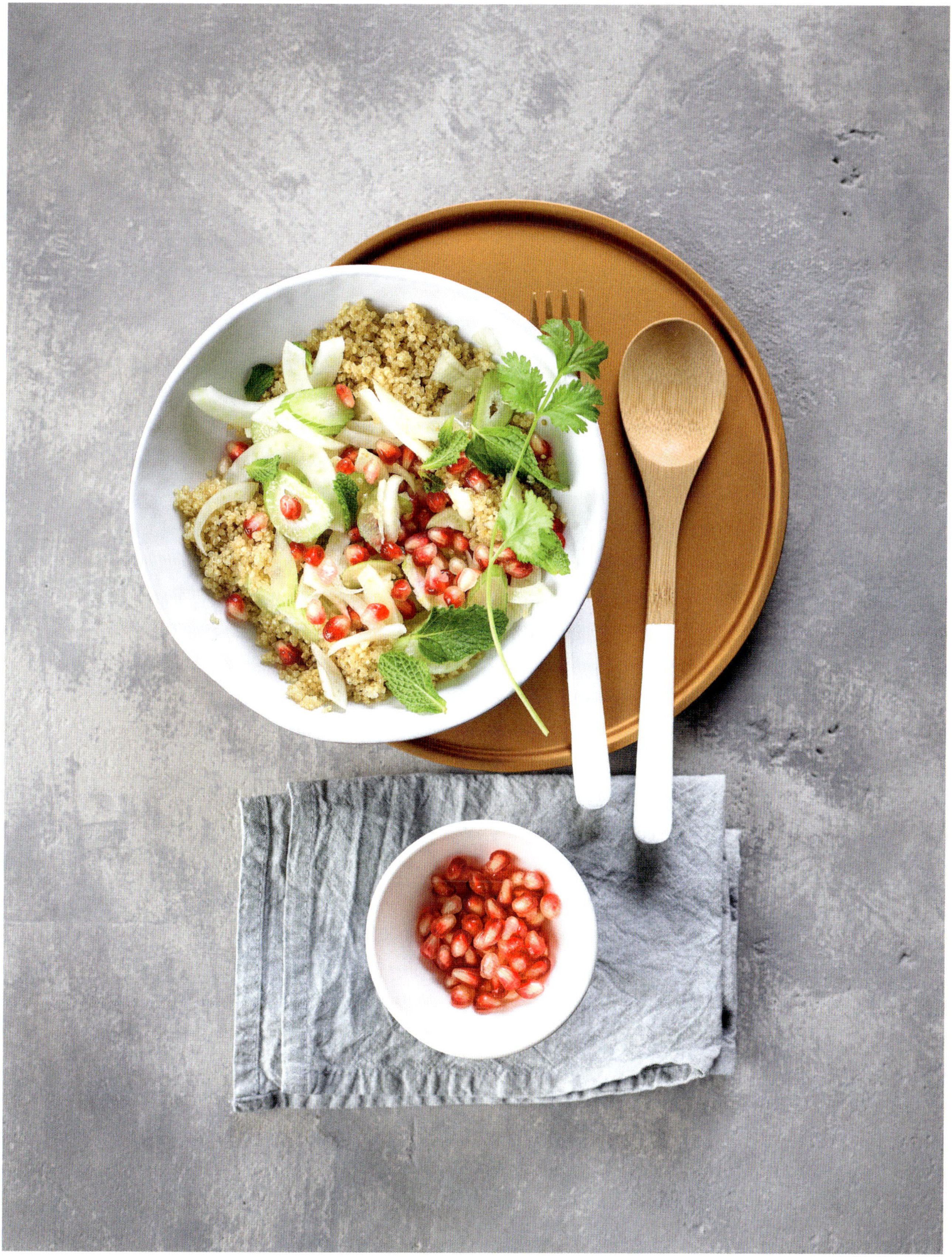

NUSSIGES
ESSIG-DRESSING

MANGO-TAHINI-
SAUCE

TAHINI-SAUCE

APFELESSIG-DRESSING

Fresh salads 131

NUSSIGES ESSIG-DRESSING

1 TL hefefreies Gemüsebrühepulver
½ TL Salz
2–3 TL Honig
35 ml histaminfreier weißer oder roter Essig
20 ml Olivenöl
2 Macadamianüsse
2–3 Stängel frische Petersilie (nach Belieben)

Für 2 Personen*   Zubereitungszeit 5 Minuten

Gemüsebrühepulver, Salz, Honig, Essig, Olivenöl, Macadamianüsse und, falls verwendet, **Petersilie** mit 35 ml Wasser in den Mixer geben und mixen, bis alle Zutaten gut miteinander verbunden sind.

Tipp: Dieses Dressing passt zu jedem Salat, aber am liebsten kombiniere ich es mit Quinoa-Salat mit Fenchel und Granatapfel (siehe Seite 128). Es harmoniert auch sehr gut mit dem körnigen Gurkensalat (siehe Seite 106) sowie dem Mango-Hirse-Salat (siehe Seite 124).

MANGO-TAHINI-SAUCE

200 g Mangofruchtfleisch
60 g Tahini (Sesammus)
1 TL Salz
Saft von ½ Zitrone (etwa 15 ml; nach Belieben)

Für 4 Personen**   Zubereitungszeit 10 Minuten

VEGAN

Mangofruchtfleisch würfeln. **Tahini, Salz** und **Zitronensaft** mit 30 ml kaltem Wasser in den Mixer geben und zu einer geschmeidigen Sauce mixen. Im Kühlschrank kalt stellen und vor dem Verzehr durchrühren.

Tipp: Diese supercremige Sauce schmeckt besonders lecker zu gegrilltem Geflügel oder Gemüse sowie als Sauce zum Schwarze-Quinoa-Grünkohl-Salat (siehe Seite 119) oder statt des Pestos zum Pfirsich-Quinoa-Salat mit Hähnchen und Pesto (siehe Seite 116).

TAHINI-SAUCE

100 g Tahini (Sesammus)
1 TL Olivenöl
½ TL Salz
1 TL Zitronensaft (nach Belieben)

Für 2 Personen**   Zubereitungszeit 5 Minuten

VEGAN

Tahini, Olivenöl, Salz und, falls verwendet, **Zitronensaft** mit 80–85 ml kaltem Wasser in eine Schale geben und kräftig mit einer Gabel verrühren, bis eine glatte und cremige Konsistenz entsteht.

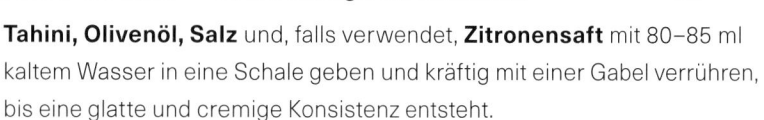

Tipp: Beim Anrühren kein warmes Wasser verwenden, denn nur mit kaltem wird die Tahini-Sauce schön cremig. Sie schmeckt besonders gut zu Quinoa-Salaten wie Quinoa-Salat mit Fenchel und Granatapfel (siehe Seite 128) oder zu Spargel-Lachs-Salat (siehe Seite 115).

APFELESSIG-DRESSING

20 ml Olivenöl
½ TL Salz
1–2 TL Honig
15 ml Bioapfelsaft
½ TL hefefreies Gemüsebrühepulver
35 ml histaminfreier Apfelessig

Für 2 Personen***   Zubereitungszeit 10 Minuten

Olivenöl, Salz, Honig, Apfelsaft, Gemüsebrühepulver und **Essig** in den Mixer oder Personal Blender geben und mixen, bis alle Zutaten gut vermischt sind.

Tipp: Dieses Dressing wird für den Schwarzer-Reis-Salat (siehe Seite 112) verwendet. Es passt auch sehr gut zum Fenchelsalat mit geröstetem Kürbis (siehe Seite 120) und zum Schwarze-Quinoa-Grünkohl-Salat (siehe Seite 119).

---

* Pro Portion: 126 kcal (0 g EW • 12 g F • 4 g KH)   ** Pro Portion: 120 kcal (3 g EW • 7 g F • 9 g KH)
*** Pro Portion: 310 kcal (9 g EW • 26 g F • 11 g KH)   **** Pro Portion: 105 kcal (0 g EW • 10 g F • 3 g KH)

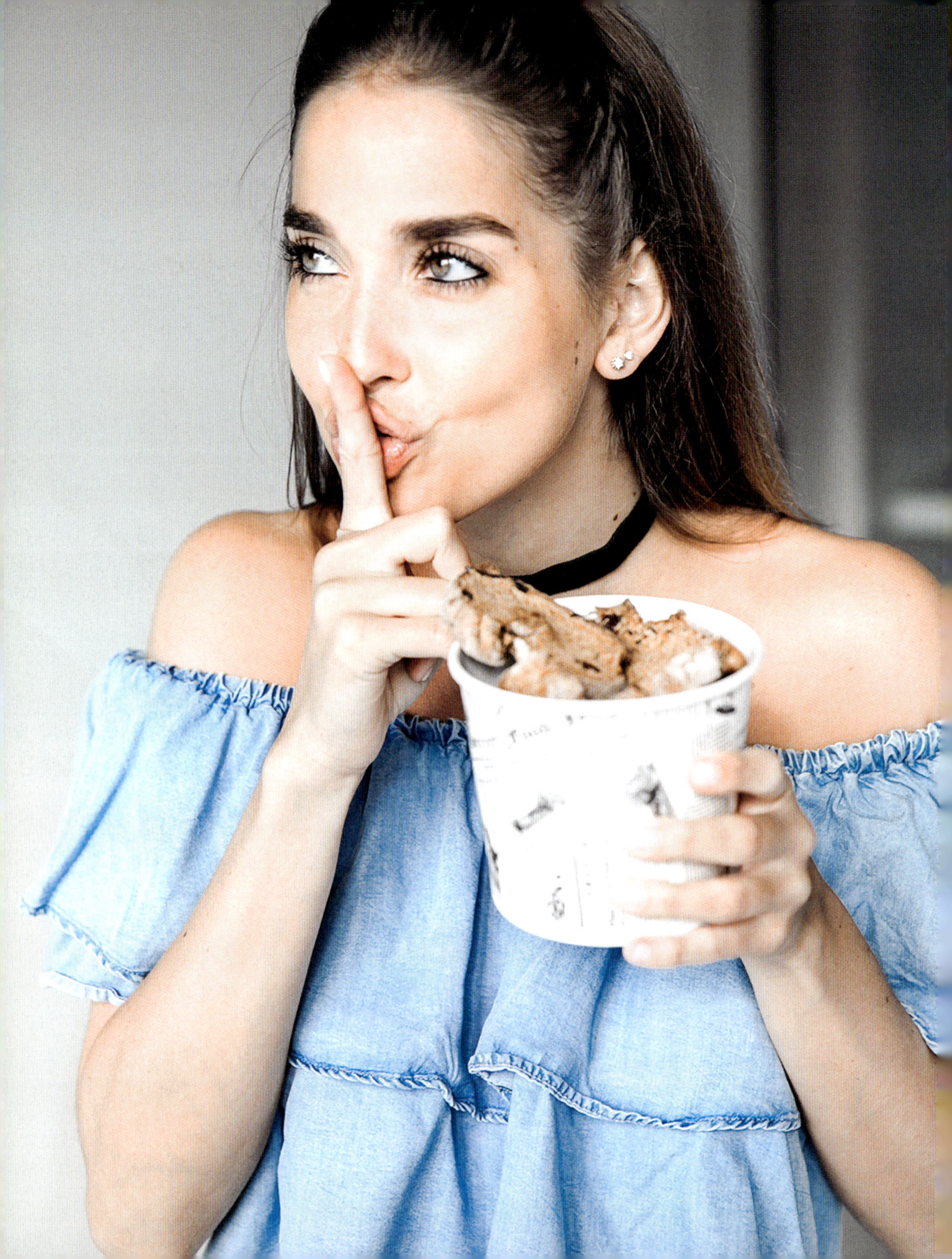

Healthy *sweets*

TO SATISFY
YOUR SWEET TOOTH

Ich bin die absolute Naschkatze. Für mich muss der Tag süß anfangen und auch süß zu Ende gehen. Was ich an meinen Desserts besonders mag, ist, dass sie eine natürliche Süße haben, ohne gleich zu süß zu sein. Das liegt daran, dass ich nur mit natürlicher Süße backe und keinen raffinierten Zucker verwende. Das ist nicht nur gesünder, sondern schmeckt einfach auch viel besser. Der Unterschied für deinen Körper ist riesig – aber keine Sorge: Geschmacklich werden auch die größten Zuckerjunkies keinen Unterschied merken!

KOKOS-CRÈME-BRÛLÉE

Ich liebe es, Rezepte zu entwickeln, die von klassischen Gerichten inspiriert sind, wie zum Beispiel Crème brûlée. So kann ich auch dem hartnäckigsten Skeptiker zeigen, dass gesundes Essen oder eine Ernährung für Menschen mit Intoleranzen keinen zweitklassigen Kompromiss darstellen muss. Außerdem widme ich dieses Rezept meiner französischen Oma, die Crème brûlée liebt und auch eine Laktoseintoleranz hat.

150 g Karotten
330 g cremige Kokosmilch
1 TL Speisestärke
1 TL gemahlene Vanille
4 Hühnereigelb
130 ml Ahornsirup
1 Prise Salz
1 Prise Muskatnuss
4 EL Kokosblütenzucker

Den Backofen auf 150 °C Umluft vorheizen und vier ofenfeste Crème-brûlée- oder Souffléförmchen (Ø 9–11 cm) in eine große Auflaufform stellen. • Die **Karotten** schälen, würfeln, in einen Topf geben, knapp mit Wasser bedecken und bei mittlerer Hitze 5–7 Minuten köcheln lassen, bis sie sehr weich sind. Abgießen, in eine Schüssel geben und die Karottenwürfel mit einer Gabel sehr gut zerdrücken. Alternativ zum Pürieren einen Stabmixer verwenden. • **Kokosmilch, Speisestärke** und **Vanille** in einen Topf geben, erhitzen und auf niedriger Stufe etwa 3 Minuten sehr sanft köcheln lassen (die Mischung darf nicht richtig aufkochen). Vom Herd nehmen und beiseitestellen. • **Eigelbe, Ahornsirup, Salz** und **Muskatnuss** zum Karottenpüree in die Schüssel geben und mit einem Schneebesen gut vermischen. Die heiße Kokosmilchmischung zugießen und kräftig verrühren. Crème-brûlée-Masse in die Förmchen füllen. Die große Auflaufform bis zur Hälfte der Förmchenhöhe mit Wasser füllen, in den vorgeheizten Ofen stellen und 45 Minuten backen. • Herausnehmen, die Förmchen aus der Auflaufform nehmen und auskühlen lassen. Die Crème-brûlée-Portionen mit Frischhaltefolie abdecken und bis zum Servieren mindestens 60 Minuten oder über Nacht im Kühlschrank kalt stellen. • Je 1 EL **Kokosblütenzucker** über die Portionen streuen und mit einem Crème-brûlée-Brenner oder Küchenbunsenbrenner karamellisieren. Sofort servieren.
Tipp: Gern serviere ich dieses tolle Dessert mit frischen Beeren garniert.

ZUBEREITUNGSZEIT 65–70 MINUTEN PLUS

MIND. 90 MINUTEN AUSKÜHL- UND KÜHLZEIT

FÜR 4 PERSONEN

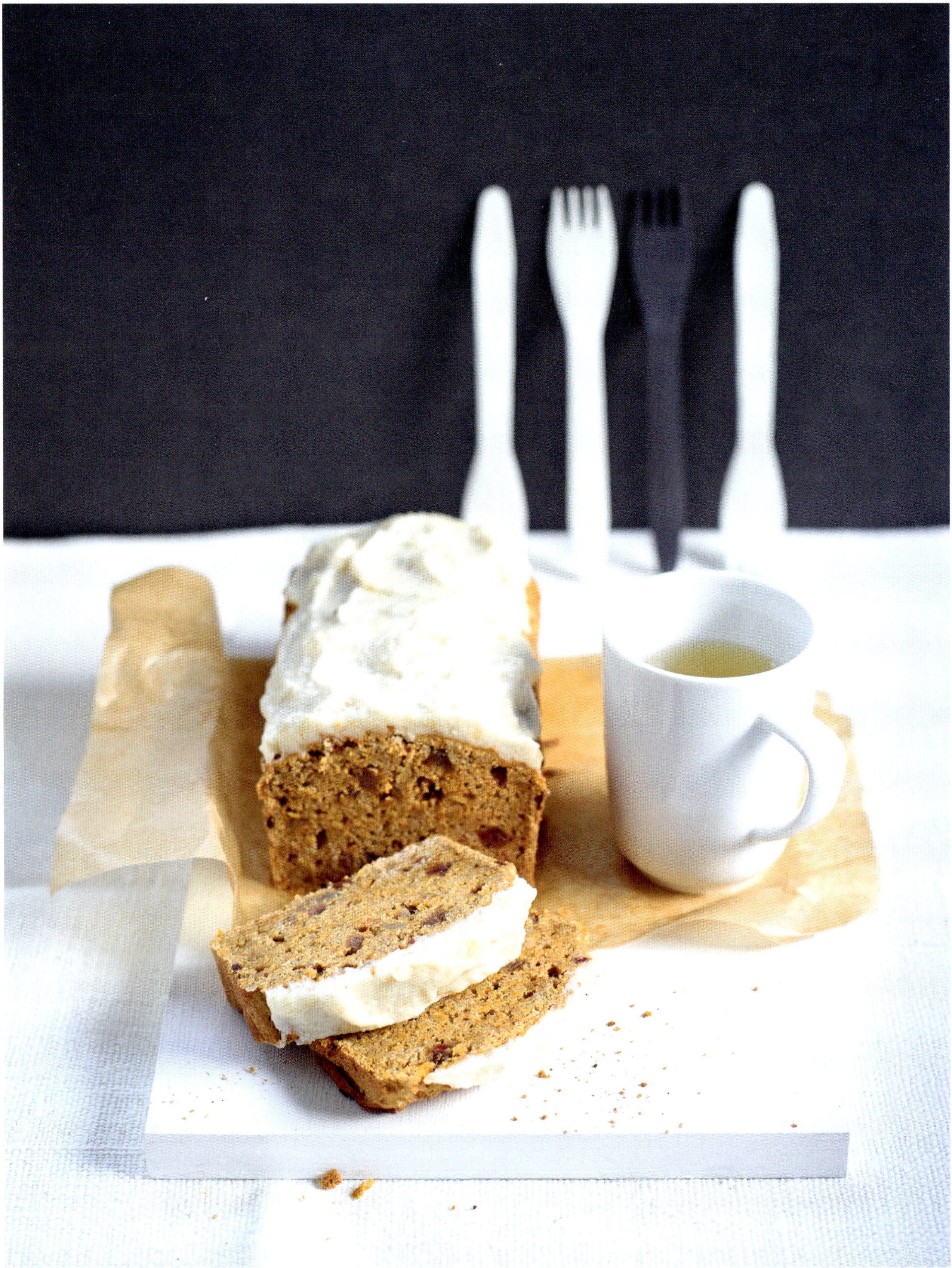

KAROTTENKUCHEN MIT NUSSGLASUR

VEGAN

Das Rezept ist NICHT glutenfrei! Weiter unten findest du die glutenfreie Variante.

Für 1 Kuchen*

145 ml Kokosmilch
100 ml Ahornsirup
50 ml Kokosöl, geschmolzen
265 g Dinkelvollkornmehl
3 TL Backpulver
¼ TL Salz
1 TL gemahlener Zimt
1 TL gemahlene Vanille
150 g Karotten, fein geraspelt
4 Medjool-Datteln (ungeschwefelt, ohne Zusatzstoffe; etwa 80 g), entsteint und fein gehackt
30 g Macadamianüsse, gehackt

Für die Glasur

115 g Macadamianüsse
2 EL Ahornsirup
75 ml Kokosöl, geschmolzen
1 Prise Salz

Zubereitungszeit 60 Minuten plus etwa 25 Minuten Auskühlzeit

Den Backofen auf 175 °C Umluft vorheizen und eine Silikon-Kastenbackform (30 cm Länge) bereithalten (alternativ eine Metallkastenform verwenden und mit Backpapier auslegen). • **Kokosmilch, Ahornsirup** und **Kokosöl** in eine Schüssel geben und mit einem Schneebesen verquirlen. **Dinkelvollkornmehl, Backpulver, Salz, Zimt** und **Vanille** zugeben und mit einem Löffel gut vermischen. Dann **Karotten, Datteln** und **Macadamianüsse** unterheben. Den Teig in die Backform geben, glatt streichen und im vorgeheizten Ofen 40 Minuten backen. Nach der Backzeit zur Garprobe einen Holzspieß in den Kuchen stechen. Wenn kein Teig daran kleben bleibt, ist er fertig. • Inzwischen für die Glasur **Macadamianüsse, Ahornsirup, Kokosöl** und **Salz** mit 55 ml Wasser in den Personal Blender oder Mixer geben und cremig mixen. Im Kühlschrank kalt stellen. • Den Kuchen aus dem Ofen nehmen und einige Minuten in der Form abkühlen lassen. Dann aus der Form stürzen und auf einem Kuchengitter vollständig auskühlen lassen. • Den Karottenkuchen mit der Nussglasur bestreichen und bis zum Servieren im Kühlschrank aufbewahren.

KAROTTENKUCHEN MIT NUSSGLASUR

VEGAN

Glutenfreie Variante

Für 1 Kuchen**

150 g Macadamianussmehl
50 g geschrotete Leinsamen
30 g Flohsamenschalen
25 g geschälte Hanfsamen
200 g Karotten, fein geraspelt
4 Medjool-Datteln (ungeschwefelt, ohne Zusatzstoffe; etwa 80 g), entsteint und fein gehackt
3 TL Backpulver
¼ TL Salz
1 TL gemahlener Zimt
1 TL gemahlene Vanille
145 ml Kokosmilch
100 g Ahornsirup
50 ml Kokosöl, geschmolzen

Zubereitungszeit 80 Minuten plus etwa 25 Minuten Auskühlzeit

Backofen und Form wie oben beschrieben vorbereiten. • **Macadamianussmehl, Leinsamen, Flohsamenschalen** und **Hanfsamen** in eine Schüssel geben und mit einem Löffel vermischen. **Karotten, Datteln, Backpulver, Salz, Zimt** und **Vanille** dazugeben und verrühren. **Kokosmilch, Ahornsirup** und **Kokosöl** zugießen und gut vermischen, bis ein fester Teig entsteht. • Teig in die Backform geben, andrücken und im vorgeheizten Ofen 60 Minuten backen. • Während der Backzeit die Glasur mit den oben im Rezept genannten Zutaten zubereiten und wie beschrieben fortfahren. **Tipp:** Man kann den Kuchen frisch mit der kalten Nussglasur bestreichen auch sofort servieren. Aber wenn man ihn vor dem Anschneiden noch mindestens 2–3 Stunden im Kühlschrank kalt stellt, dann zieht die Glasur etwas ein und der Kuchen wird dadurch noch aromatischer.

* Pro Stück (bei 12 Stücken): 302 kcal (4 g EW • 19 g F • 26 g KH)   ** Pro Stück (bei 12 Stücken): 303 kcal (6 g EW • 22 g F • 15 g KH)

KOKOSSAHNE

Bei mir zu Hause gab es, als ich Kind war, fast jeden Sonntag Kuchen mit Sahne. Meine Mutter hat die beste Schlagsahne gemacht, da sie auf französische Art zubereitet und dadurch süß, ja, extrasüß war. Die Zeiten haben sich jedoch geändert und mit meiner Laktoseintoleranz kam die Kokosalternative. Glücklicherweise bin ich eine ganz große Kokosnussliebhaberin und nutze jede Möglichkeit, eine Speise damit zu verfeinern. Diese Kokossahne ist absolut köstlich und die perfekte gesunde Alternative zur klassischen Schlagsahne.

ZUBEREITUNGSZEIT 5 MINUTEN PLUS ETWA 60 MINUTEN KÜHLZEIT FÜR 3 PERSONEN

VEGAN

250 ml cremige Kokosmilch aus der Dose
1 EL Ahornsirup
1 TL gemahlene Vanille

Die **Kokosmilchdose** am Abend vor der Zubereitung in den Kühlschrank stellen. • Am nächsten Tag die abgesetzte, recht feste weiße Kokosmasse mit einem Löffel entnehmen und in eine Schüssel geben. Die übrig bleibende Kokosmilchflüssigkeit aufbewahren und anderweitig verwenden (siehe auch Tipp). • **Ahornsirup** und **Vanille** zur Creme in die Schüssel geben und mit einem Handrührgerät aufschlagen, bis eine fluffig-sahnige Konsistenz entsteht. Die Kokossahne in eine Servierschale füllen, abdecken und etwa 60 Minuten im Kühlschrank kalt stellen, damit sie fest wird. Dann kann sie serviert werden.

Tipps: Die Kokossahne schmeckt herrlich zu Kuchen oder Keksen. Ich esse sie besonders gern zu Pfirsichkuchen (siehe Seite 157) und zu den rohen Hafer-Rosinen-Cookies (siehe Seite 90). Denke aber daran, dass die Sahne flüssig wird, wenn sie zu lange bei Zimmertemperatur steht. Du kannst die restliche Sahne im Kühlschrank oder Gefrierfach aufbewahren und vor dem Verzehr bei Zimmertemperatur einige Minuten weicher werden lassen. Aus der übrig bleibenden Kokosmilchflüssigkeit kannst du Kokosmilchwasser-Eiswürfel machen und zum Beispiel für Smoothies verwenden. Achte besonders darauf, dass die Kokosmilch frei von Zusatzstoffen ist, die oft in Dosenware enthalten sind.

Pro Portion: 129 kcal (1 g EW • 12 g F • 5 g KH)

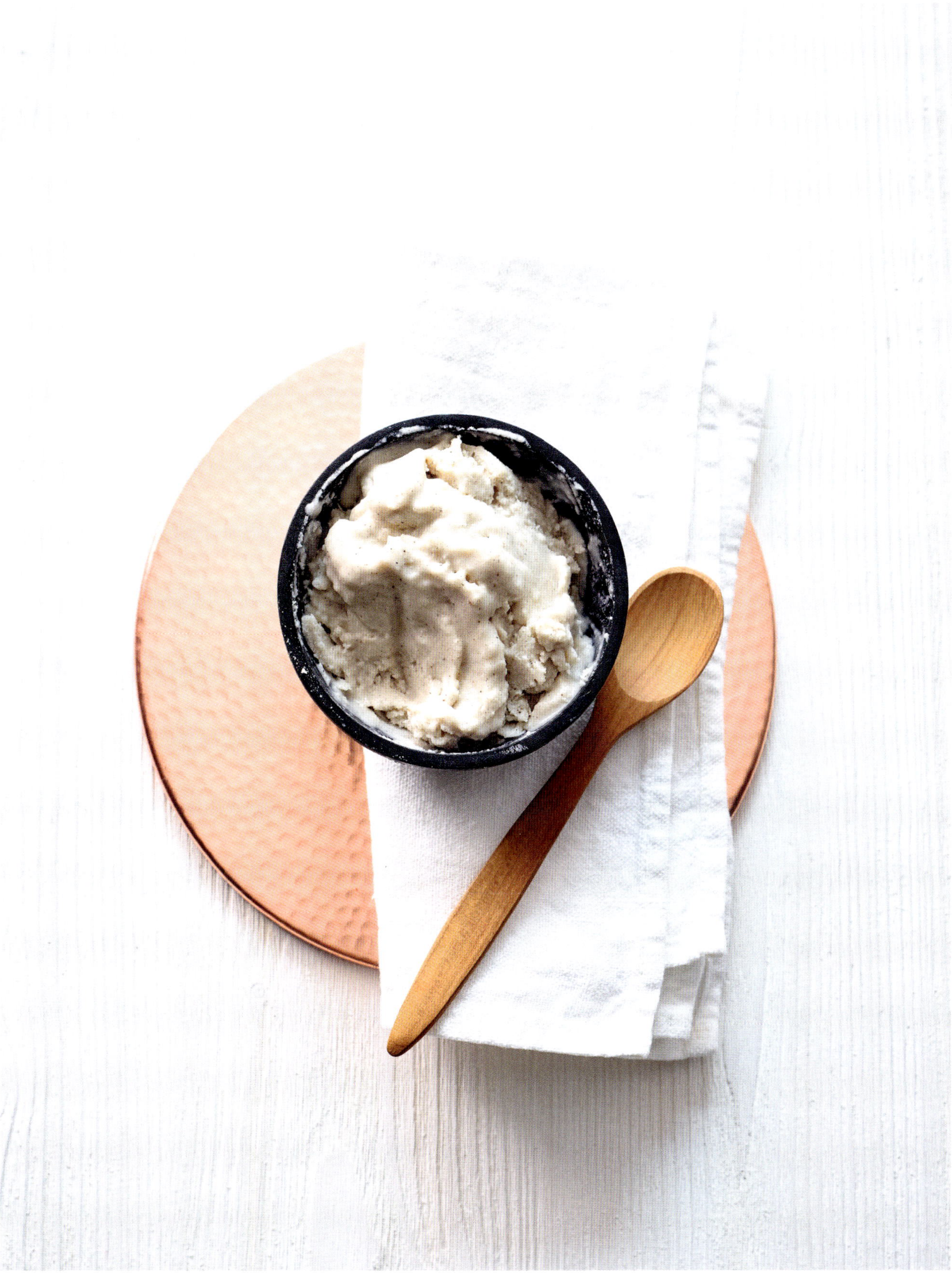

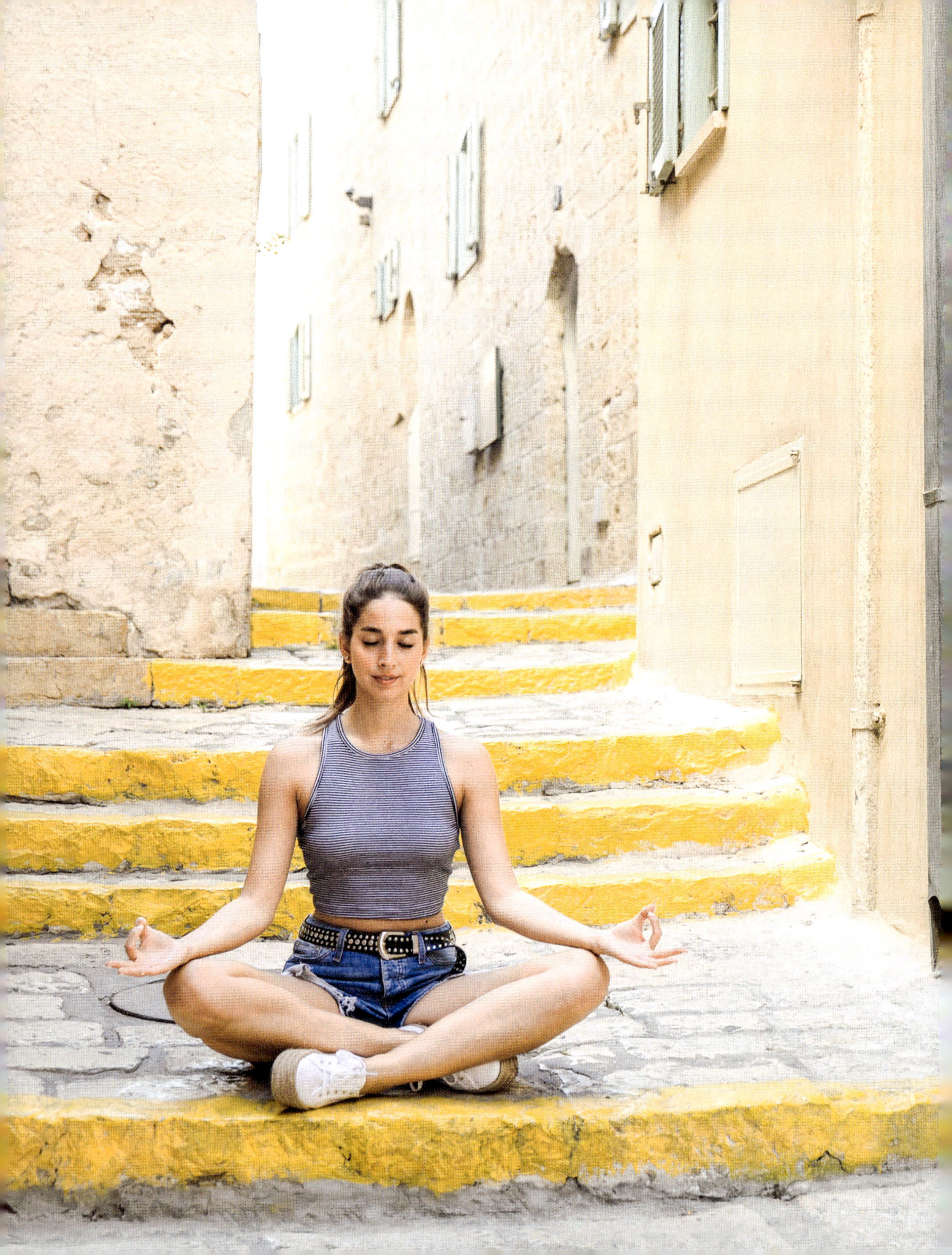

EVERY DAY IS A NEW BEGINNING.

Take a deep breath, smile, and start again

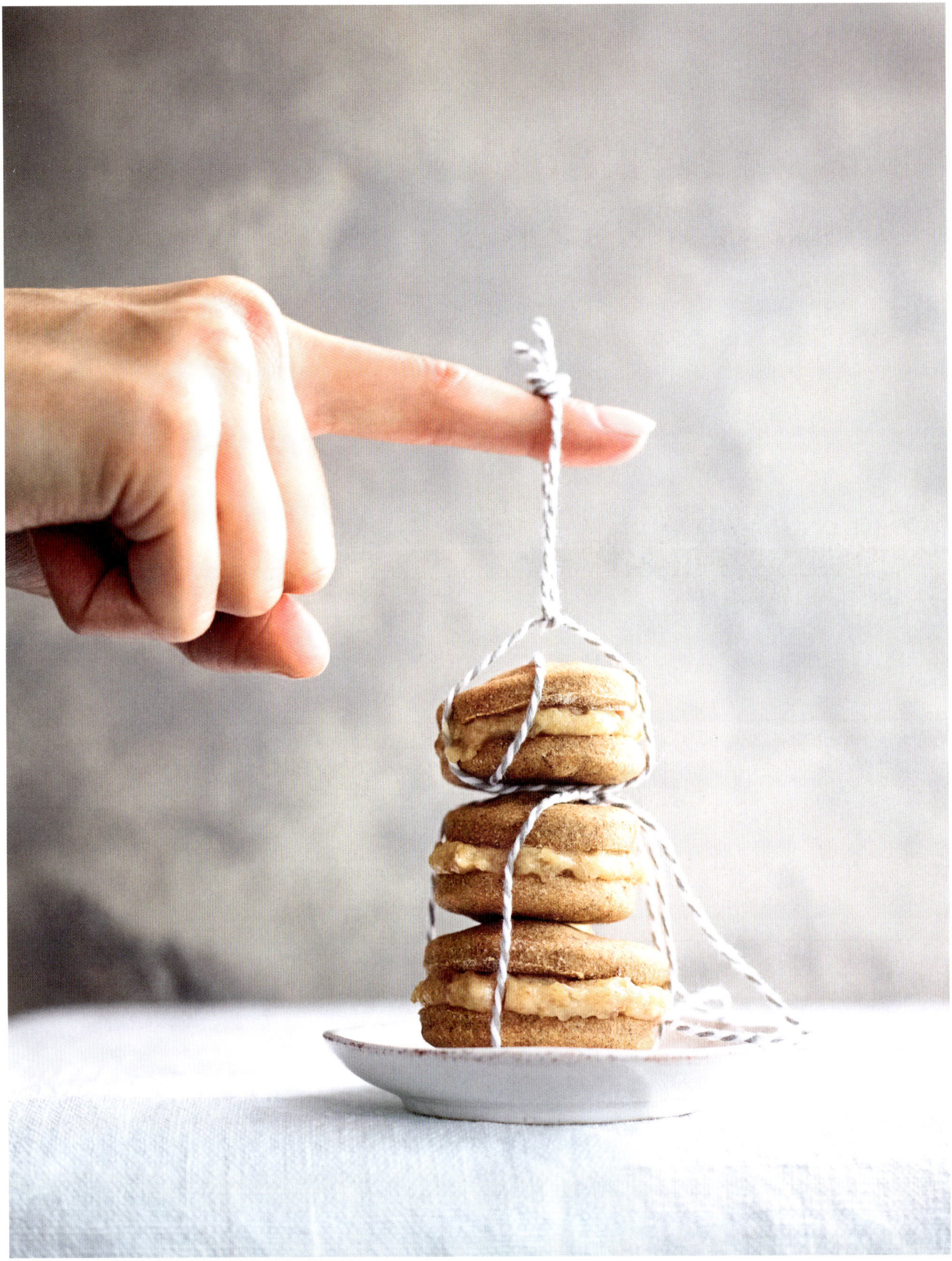

SÜSSKARTOFFEL-„MACARONS"

Kekse aus Süßkartoffeln? Das mag vielleicht erst einmal ungewöhnlich klingen, schmeckt aber einfach unglaublich! Süßkartoffeln kann man sehr vielseitig verwenden und viele tolle Gerichte daraus zubereiten. Dazu gehören definitiv diese herrlichen „Macarons", die mit einer leckeren Macadamia-Dattel-Creme gefüllt werden und bestimmt nicht lange überleben.

ZUBEREITUNGSZEIT 50 MINUTEN PLUS ETWA 20 MINUTEN AUSKÜHLZEIT
FÜR 10 „MACARONS"

VEGAN

1 kleine Süßkartoffel (250–300 g)
80 g Reismehl plus etwas zum Bestäuben
1 EL Chiasamen, im Mixer pulvrig gemahlen
2 TL gemahlener Zimt
2 TL gemahlene Vanille
5 EL Ahornsirup
50 ml Kokosmilch
1 Rezeptmenge Macadamia-Dattel-Creme (siehe Seite 59)

Die **Süßkartoffel** schälen, klein schneiden und 15–20 Minuten kochen, bis die Stücke sehr weich sind. • Inzwischen den Backofen auf 180 °C Umluft vorheizen und ein Backblech mit Backpapier auslegen. • Süßkartoffelstücke abgießen, in eine Schüssel geben und mit einer Gabel zerdrücken. **Reismehl, Chiasamen, Zimt** und **Vanille** zugeben und vermischen. **Ahornsirup** und **Kokosmilch** zugießen und alles mit den Händen zu einem Teig verarbeiten. • Die Arbeitsfläche und ein Nudelholz mit etwas **Reismehl** bestäuben und den Teig ausrollen. Mit einem Ausstecher (Ø 4,5–6 cm) 20 Kreise ausstechen. Die Teigkreise auf das vorbereitete Backblech legen und im vorgeheizten Ofen 15 Minuten backen. • In der Zwischenzeit die **Macadamia-Dattel-Creme** wie auf Seite 59 beschrieben zubereiten. • Die Kekse aus dem Ofen nehmen und auf einem Kuchengitter vollständig auskühlen lassen. • Die Macadamia-Dattel-Creme großzügig auf die Unterseite von der Hälfte der Kekse auftragen und die restlichen Kekse mit der Unterseite daraufsetzen. Süßkartoffel-„Macarons" auf einen Servierteller setzen und sofort servieren.
Tipp: Die „Macarons" möglichst frisch verzehren, da sie dann am besten schmecken. Falls du sie doch später essen möchtest, ohne Cremefüllung in eine luftdicht verschließbare Box geben und bei Zimmertemperatur aufbewahren. Vor dem Servieren mit der Creme zusammensetzen.

Pro Stück: 102 kcal (1 g EW • 2 g F • 19 g KH)

APFELKUCHEN MIT INGWER

Gibt es etwas Besseres als den Duft von frisch gebackenem Apfelkuchen? Ich gebe zu, bei diesem Rezept ist das Kleinschneiden der Äpfel etwas zeitaufwendig, aber es lohnt sich, denn dieser Kuchen schmeckt einfach fantastisch. Äpfel sind wahre Kraftpakete voller Antioxidantien. Nicht ohne Grund heißt es: „An apple a day keeps the doctor away." Da der Kuchen hauptsächlich aus Äpfeln besteht, ist er besonders leicht und saftig und damit quasi die gesunde Variante des klassischen Apfelkuchens. Die Äpfel können sich während der Kühlzeit etwas verfärben, das sollte dich aber nicht stören, denn ihr Geschmack wird dadurch nur noch intensiver.

ZUBEREITUNGSZEIT 80 MINUTEN PLUS ETWA 2½ STUNDEN AUSKÜHL- UND KÜHLZEIT
FÜR 1 KUCHEN

2 Hühnereier oder 4 Wachteleier
2 EL Kokosöl, geschmolzen
100 g Honig
200 g Macadamianüsse, im Mixer gemahlen
100 g Macadamianüsse, im Mixer fein gehackt
5 g frischer Ingwer (etwa 3-cm-Stück), gerieben
1 TL gemahlener Ingwer
1 TL Lebkuchengewürz
1 TL gemahlene Vanille
6 große rote Äpfel, entkernt und in 1 cm große Stücke geschnitten

Den Backofen auf 160 °C Umluft vorheizen. Den Boden einer runden Springform (Ø 28 cm) mit Backpapier auslegen. • **Eier, Kokosöl** und **Honig** in eine große Schüssel geben und mit dem Handrührgerät einige Minuten schaumig schlagen. Gemahlene und gehackte **Macadamianüsse,** frisch geriebenen **Ingwer, Ingwerpulver, Lebkuchengewürz** und **Vanille** mit den **Apfelstücken** dazugeben und alles gut verrühren. In die vorbereitete Springform geben, glatt streichen und im vorgeheizten Ofen etwa 60 Minuten backen, bis der Kuchen goldbraun ist. • Den Apfelkuchen aus dem Ofen nehmen und in der Springform vollständig auskühlen lassen. In den Kühlschrank stellen und mindestens 2 weitere Stunden durchkühlen lassen. Den Ring von der Form lösen und den Apfelkuchen servieren.
Tipp: In einem gut verschließbaren Behälter kann der Apfelkuchen bis zu 5 Tage im Kühlschrank aufbewahrt werden.

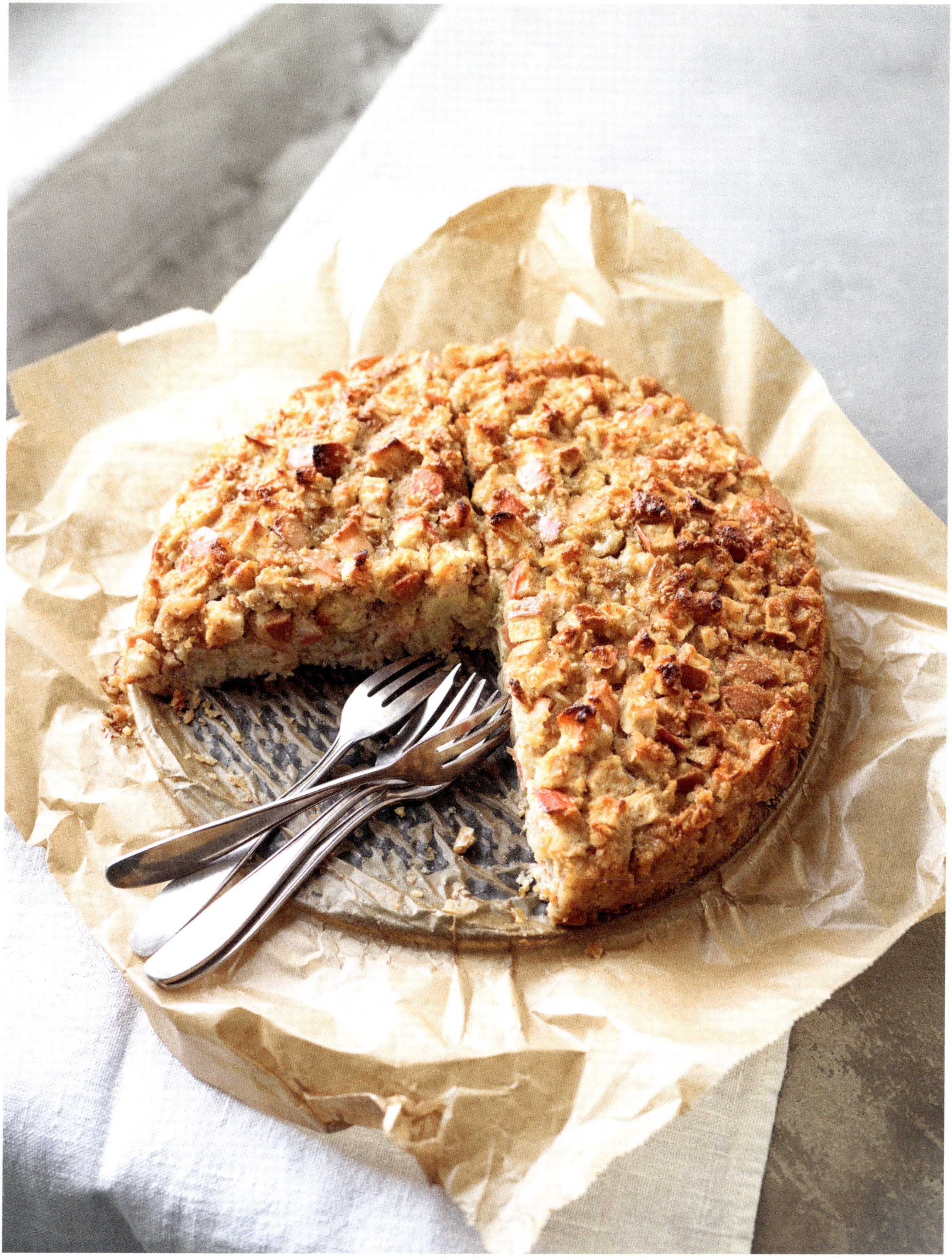

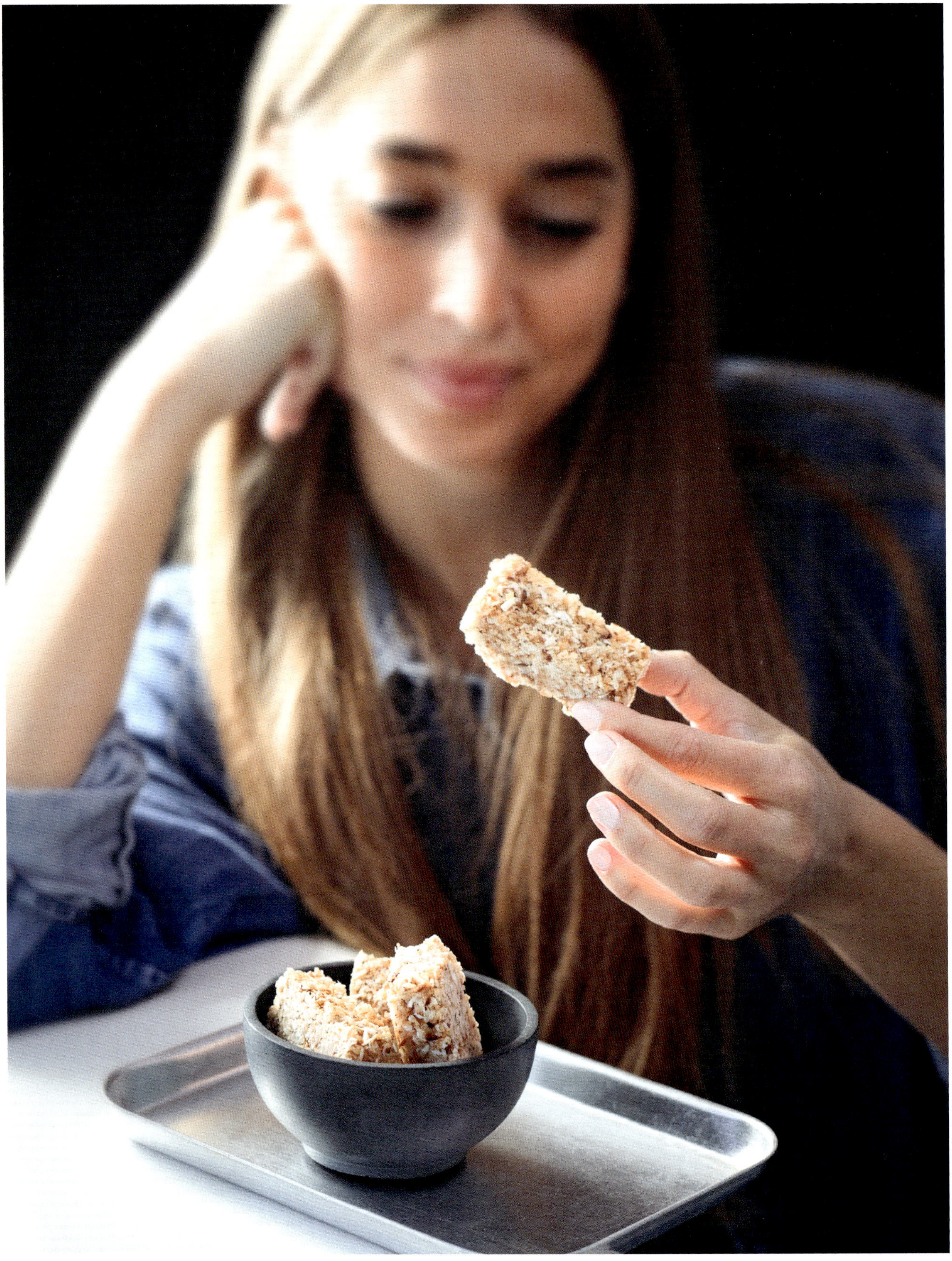

KOKOS-KNUSPERRIEGEL

Wie du bestimmt schon gemerkt hast, bin ich ganz verrückt nach Kokosnuss. Sehr viele meiner Rezepte enthalten in irgendeiner Form Kokosnuss. Besonders für diese Knusperriegel musst du den Kokosgeschmack wirklich mögen, denn sie sind sozusagen Kokos pur. Die köstlichen Riegel zergehen förmlich auf der Zunge. Ich habe sie mal meinen Freunden aufgetischt und die waren so begeistert, dass sie mir unbedingt das Rezept abknöpfen wollten. Voilà: Hier ist es! Kokos-Knusperriegel findest du übrigens ganz oft bei mir im Kühlschrank.

ZUBEREITUNGSZEIT 6–8 MINUTEN PLUS 1–2 STUNDEN KÜHLZEIT FÜR 15–20 RIEGEL

VEGAN

275 g Kokosraspel
100 ml Ahornsirup
¼ TL Salz
1 TL gemahlene Vanille
175 ml Kokosöl, geschmolzen

Die **Kokosraspel** in eine große Pfanne geben und bei geringer bis mittlerer Hitze unter Rühren rösten, bis sie goldgelb sind. In eine Schüssel geben und **Ahornsirup, Salz, Vanille** und **Kokosöl** zufügen. Mit einem Löffel alles gut vermischen und in eine Auflaufform (27 × 17 cm) füllen. • Direkt mit Frischhaltefolie abdecken und die Masse mit den Händen kräftig zu einer gleichmäßig dicken Schicht andrücken. Die Frischhaltefolie abziehen und die Auflaufform in den Kühlschrank stellen, bis die Masse ganz fest geworden ist. Das dauert etwa 1–2 Stunden. • Nach der Kühlzeit in Riegel oder Würfel schneiden und die Kokos-Knusperriegel servieren.

Pro Stück: 176 kcal (1 g EW • 17 g F • 4 g KH)

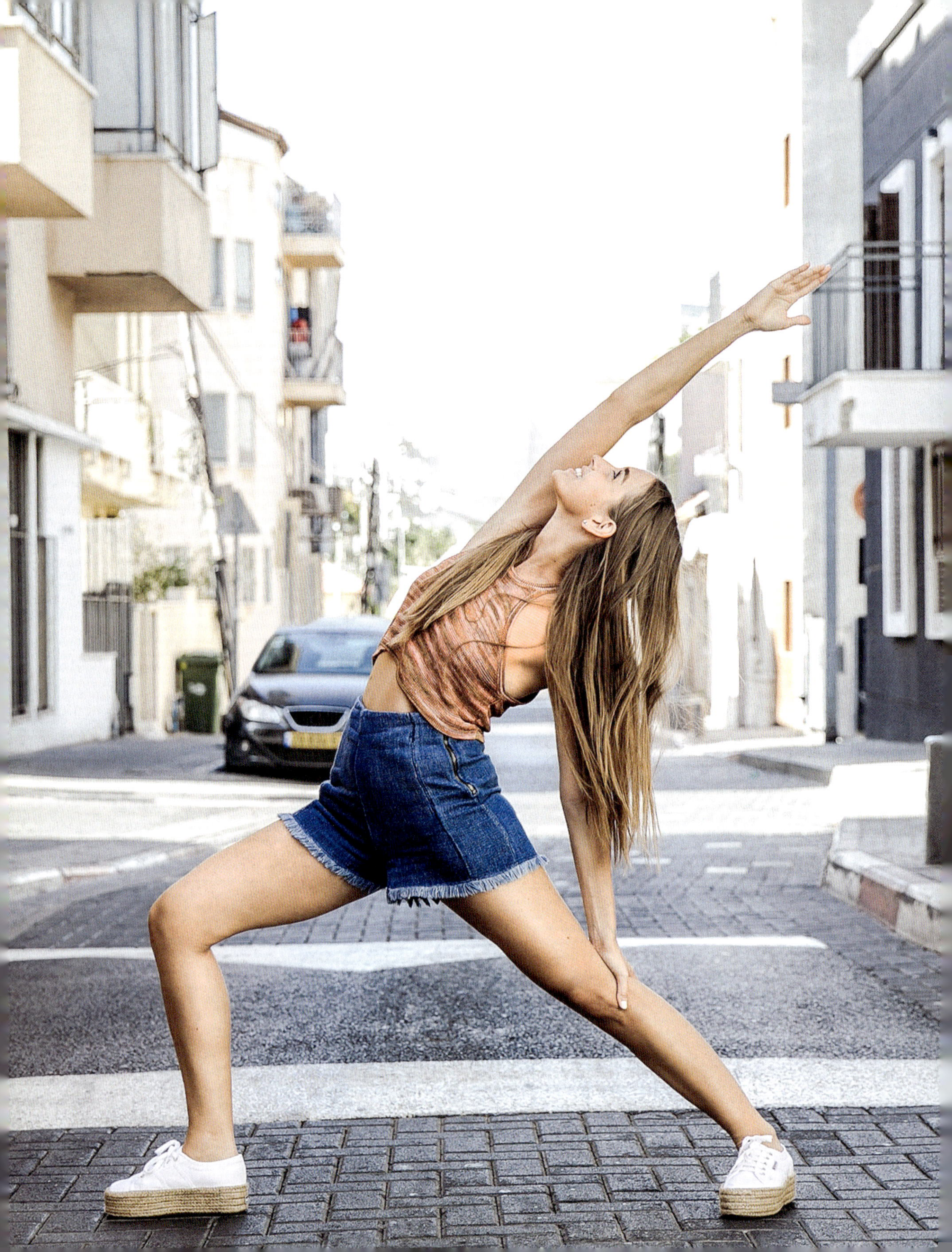

FALL IN LOVE

WITH TAKING CARE OF YOURSELF

GEBRATENE PFIRSICHE MIT VANILLEQUARK

Die Frühlings- und Sommerzeit liebe ich am meisten, denn erstens bin ich eine echte Sonnenanbeterin und zweitens finde ich das saisonale Obst dann äußerst lecker. Einer meiner Favoriten sind Pfirsiche. Diese gebratene Version mit Quark schmeckt so leicht und frisch, dass ich gar nicht genug davon bekommen kann. Besonders gern genieße ich die Pfirsiche aus der Pfanne als Dessert und freue mich immer, wenn ich sie auch für meine Freunde oder meine Familie zubereiten kann.

ZUBEREITUNGSZEIT 15–20 MINUTEN
FÜR 2 PERSONEN

VEGAN

3 Pfirsiche
2 EL Kokosblütenzucker
2 EL Macadamianüsse, gemahlen

Für den Vanillequark
100 g laktosefreier Magerquark oder veganer Kokosjoghurt
2 TL Leinöl
1 Prise gemahlene Vanille (nach Belieben)

Die **Pfirsiche** waschen, halbieren und entsteinen. Die Schnittflächen mit dem **Kokosblütenzucker** bestreuen und 5–10 Minuten ziehen lassen. • Inzwischen für den Vanillequark den **Quark** oder **Kokosjoghurt** mit dem **Leinöl** vermischen und nach Belieben **Vanille** einrühren. In eine Servierschale füllen und bis zur Verwendung im Kühlschrank kalt stellen. • Eine beschichtete Pfanne auf mittlerer bis hoher Stufe trocken erhitzen. Pfirsichhälften mit den Schnittflächen nach unten hineingeben und 2 Minuten braten. Pfirsiche wenden, mit den gemahlenen **Macadamianüssen** bestreuen und weitere 3 Minuten braten. • Die gebratenen Pfirsiche auf zwei Tellern anrichten und servieren. Dazu den Vanillequark reichen.

Pro Portion: 197 kcal (9 g EW • 8 g F • 21 g KH)

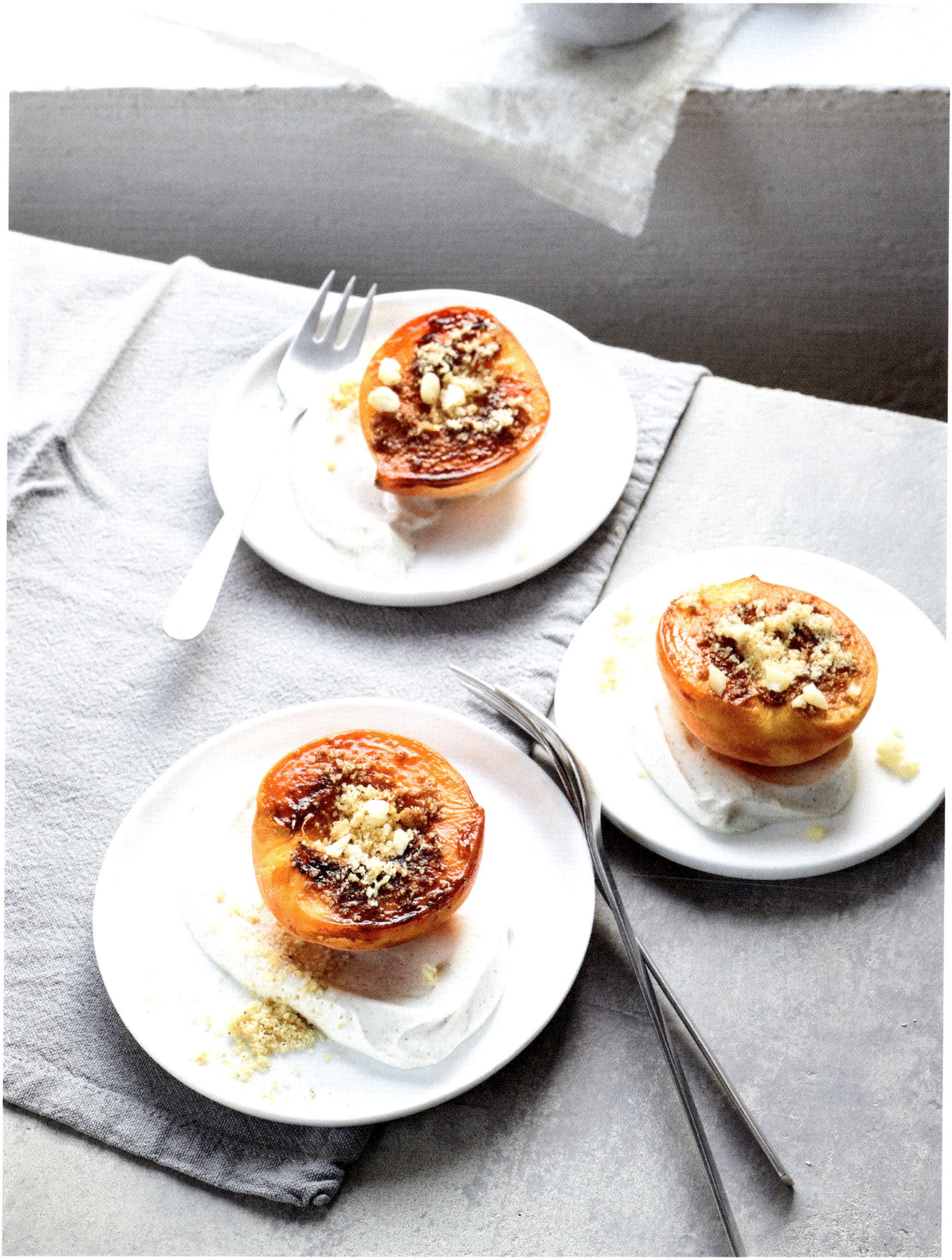

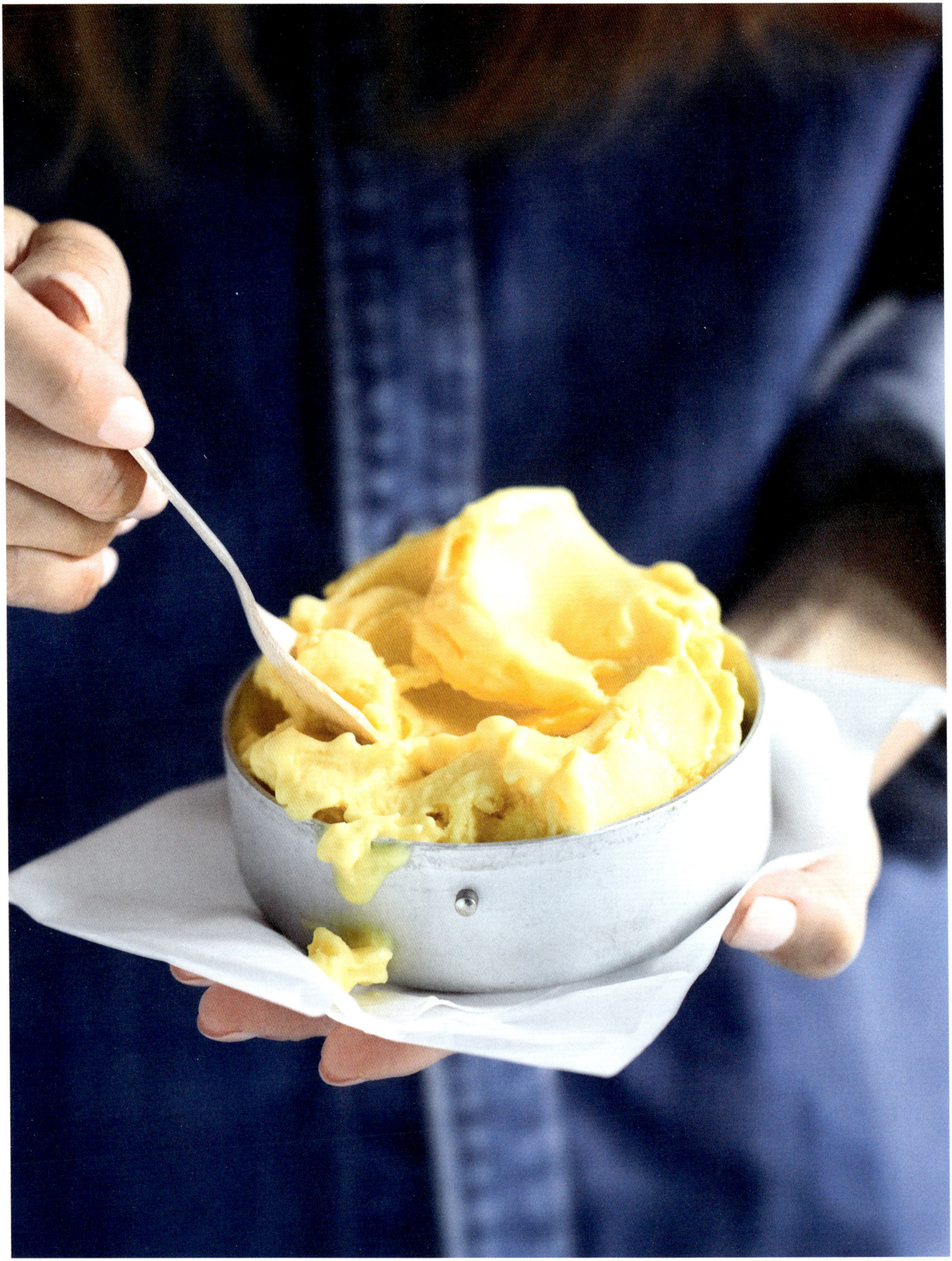

MANGO-KOKOS-EISCREMEWUNDER

Wow! Als ich diese Eiscreme das erste Mal zubereitet habe, war ich total überrascht, dass sie so unglaublich cremig und lecker geworden ist. Das Rezept ist so einfach und schnell, dass ich gar nicht verstehen kann, warum man sich noch fertiges Eis kaufen möchte. Meine sorbetartige Mango-Kokos-Eiscreme ist perfekt für heiße Sommertage oder auch für einen gemütlichen Sonntagabend auf der Couch. Endlich ein Eis, das du wirklich ganz ohne schlechtes Gewissen genießen kannst.

ZUBEREITUNGSZEIT 8–10 MINUTEN PLUS ETWA 6 STUNDEN GEFRIERZEIT
FÜR 2 PERSONEN

VEGAN

1 reife Mango
125 ml cremige Kokosmilch
50 ml Kokosmilch

Mango schälen, das Fruchtfleisch vom Stein schneiden und würfeln. • Mangowürfel und beide **Kokosmilchsorten** in den Mixer geben und glatt pürieren. Die Mango-Kokos-Mischung in eine flache, gefriergeeignete Box füllen, ins Gefrierfach stellen und etwa 6 Stunden gefrieren. Dabei in der ersten Hälfte der Gefrierzeit einmal pro Stunde die Eismasse mit einer Gabel durchmischen, um die Eiskristalle aufzubrechen. Auf diese Weise wird das Eis besonders cremig. • Die Mango-Kokos-Eiscreme vor dem Servieren am besten 15 Minuten vorher aus dem Gefrierfach nehmen und bei Zimmertemperatur leicht antauen lassen. • Alternativ die Mango-Kokos-Mischung in die Eismaschine geben und nach Herstellerangaben zu Eiscreme verarbeiten. Entweder sofort genießen oder in eine gefriergeeignete Box füllen, im Gefrierfach für den späteren Verzehr aufbewahren (die Creme muss nicht mehr durchgerührt werden) und zum Servieren ebenfalls 15 Minuten antauen lassen.
Tipp: Du kannst beim Mixen der Zutaten 1 TL Ahornsirup zugeben, wenn die Mango nicht reif genug ist, ansonsten sollte die Mischung süß genug sein.

Pro Portion: 209 kcal (3 g EW • 23 g F • 24 g KH)

CANTUCCINI

Ich bin ein großer Fan der italienischen Küche und habe mir auch immer gern Cantuccini gegönnt. Nach der Intoleranzdiagnose war es vorbei damit, ich durfte keine mehr essen. Aber da ich das nicht akzeptieren wollte, habe ich einfach meine eigene gesunde Cantuccini-Version kreiert, die noch dazu vegan ist. Einfach ins Heißgetränk tunken und auf der Zunge zergehen lassen. Mmmh!

ZUBEREITUNGSZEIT 60–70 MINUTEN
FÜR 25–30 CANTUCCINI

VEGAN

350 g Dinkelvollkornmehl oder glutenfreie Mehlmischung (siehe unten glutenfreie Variante)
1 EL Backpulver
1 Prise Salz
1 TL gemahlener Zimt
½ TL gemahlene Vanille
120 g Kokosblütenzucker
200 g ungesüßtes Apfelmus
1 EL Kokosöl, geschmolzen
60 g getrocknete Cranberrys (ungeschwefelt, ohne Zusatzstoffe)

Das Rezept ist NICHT glutenfrei! Weiter unten findest du die glutenfreie Variante.

Den Backofen auf 170 °C Umluft vorheizen und ein Backblech mit Backpapier auslegen. • **Dinkelvollkornmehl, Backpulver, Salz, Zimt** und **Vanille** in einer großen Schüssel vermischen. **Kokosblütenzucker, Apfelmus** und **Kokosöl** dazugeben und alles gut vermengen. **Cranberrys** unterrühren. Die Masse mit den Händen kräftig kneten, bis ein Teig entsteht. • Den Teig in drei gleichmäßig große Portionen teilen und diese zu drei Rollen formen (etwa 8 cm lang und 3 cm dick). Die Teigrollen auf das vorbereitete Backblech legen und im vorgeheizten Ofen 25–30 Minuten backen, bis sie goldbraun sind. • Aus dem Ofen nehmen und kurz abkühlen lassen. Den Backofen nicht ausschalten. • Die Teigrollen mit einem scharfen Messer in 2–3 cm dicke Scheiben schneiden und auf das Backblech legen. Die Cantuccini nochmals 5–10 Minuten backen, dann die Scheiben wenden und weitere 5–10 Minuten backen. • Die Cantuccini herausnehmen und auf einem Kuchengitter vollständig auskühlen lassen. In einer luftdicht verschließbaren Box lassen sie sich bis zu 2 Wochen aufbewahren.

Glutenfreie Variante: * Statt Dinkelmehl die folgende glutenfreie Mehlmischung verwenden: 245 g **Reismehl**, 80 g **Speisestärke** und 25 g **Kokosmehl**. Die Mehlmischung mit den anderen **Zutaten** wie oben beschrieben verarbeiten. Beim Formen den Teig nicht in drei Portionen teilen, sondern nur eine lange Rolle formen, da der Teig krümelig wird.

Pro Stück: 67 kcal (2 g EW • 1 g F • 13 g KH)   *Pro Stück: 67 kcal (1 g EW • 0 g F • 15 g KH)

BIS ZU 2 WOCHEN HALTBAR

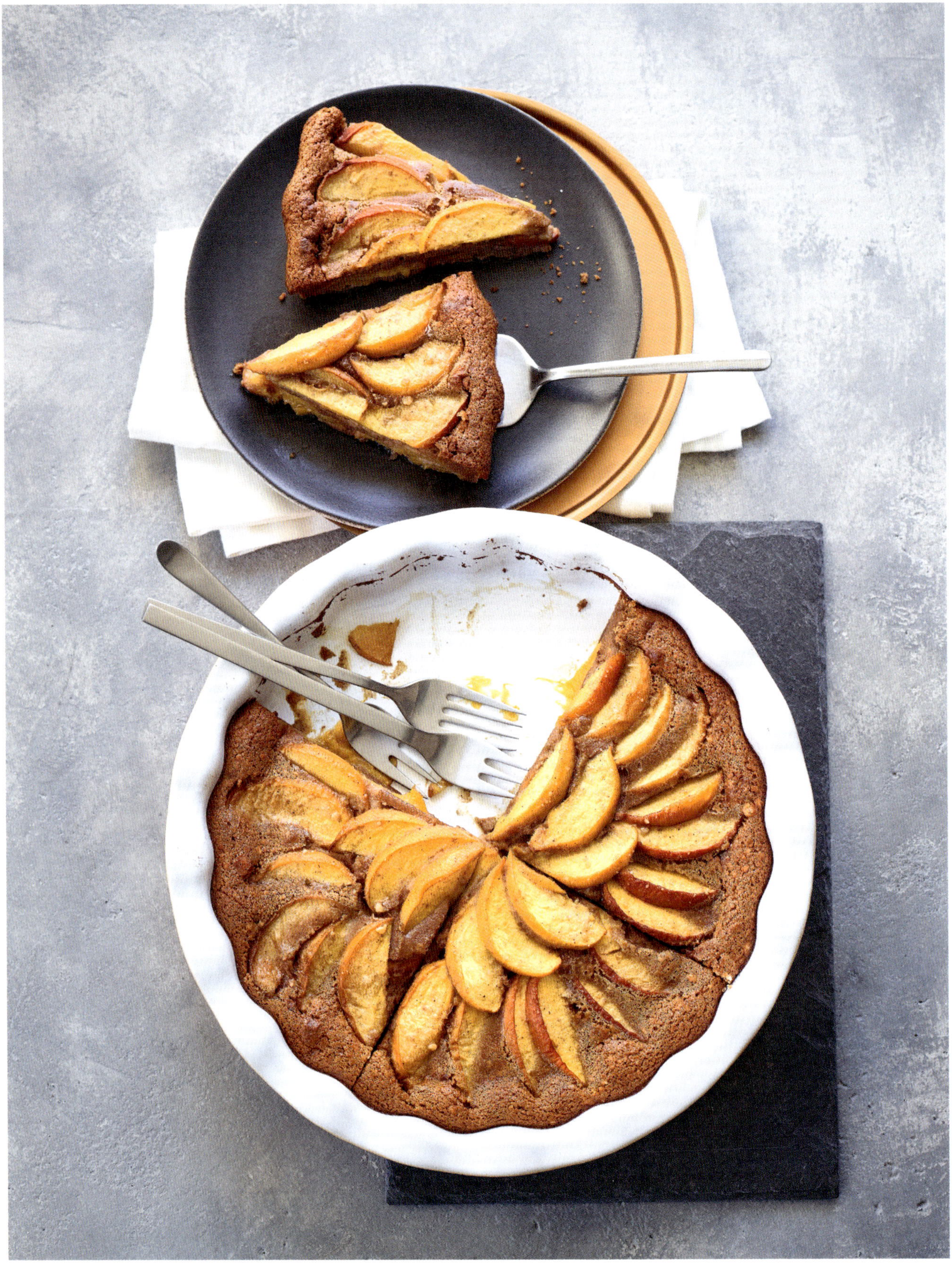

PFIRSICHKUCHEN

Für mich ist es eigentlich immer die richtige Tageszeit, um ein Stück himmlischen Kuchen zu naschen. Der perfekte Kuchen ist für mich leicht, fruchtig und superlecker. Dieser Pfirsichkuchen ist fantastisch, weil er genau diese drei Merkmale hat. Kein Wunder, dass er bei mir zu Hause den Nachmittag nicht überlebt, weil alle mit großem Appetit darüber herfallen. Alle Zutaten sind sehr gesund, sodass ich kein schlechtes Gewissen haben muss, wenn ich davon drei Stücke verschlinge. Am liebsten backe ich den Kuchen an einem Sonntag, wenn ich Freunde oder Familie einlade. Der Kuchen eignet sich auch prima als Dessert.

ZUBEREITUNGSZEIT 60–65 MINUTEN

FÜR 1 KUCHEN

Kokosöl zum Einfetten
100 g Macadamianüsse
5 Pfirsiche
2 EL Reismehl
90 g Kokosblütenzucker
1 Prise Salz
1 TL gemahlene Vanille
2 Hühnereier oder 4 Wachteleier
2 Hühnereigelb oder 4 Wachteleigelb
250 ml Kokosmilch

Den Backofen auf 180 °C Umluft vorheizen und eine runde Keramik-Obstkuchenform oder eine Springform (Ø 26–28 cm) mit **Kokosöl** einfetten, alternativ mit Backpapier auslegen. • Die **Macadamianüsse** auf einem Backblech verteilen und 10 Minuten im vorgeheizten Ofen rösten. Herausnehmen und abkühlen lassen. • Die **Pfirsiche** waschen, aufschneiden und entsteinen. Die Früchte in feine Spalten schneiden und die vorbereitete Kuchenform mit der Hälfte der Pfirsichspalten auslegen. • Die abgekühlten Macadamianüsse in den Mixer geben und zermahlen. • Gemahlene Nüsse, **Reismehl, Kokosblütenzucker, Salz, Vanille,** ganze **Eier, Eigelbe** und **Kokosmilch** in eine Schüssel geben und alles gut vermengen. Die Teigmischung über den Pfirsichspalten verteilen und glatt streichen. Die restlichen Pfirsichspalten dekorativ darauf anordnen und dabei leicht in den Teig drücken. Im vorgeheizten Ofen 40–45 Minuten backen, bis der Kuchen goldbraun ist. • Aus dem Ofen nehmen und in der Form vollständig auskühlen lassen. Den Pfirsichkuchen in Stücke schneiden und servieren.
Tipp: Diesen Kuchen kann man sehr gut am Vortag backen. Lass ihn über Nacht im Kühlschrank durchziehen (dann allerdings keine Metallbackform verwenden) und serviere den Pfirsichkuchen am nächsten Tag, zum Beispiel mit der leckeren Kokossahne (siehe Seite 138).

Pro Stück (bei 12 Stücken): 106 kcal (3 g EW • 8 g F • 5 g KH)

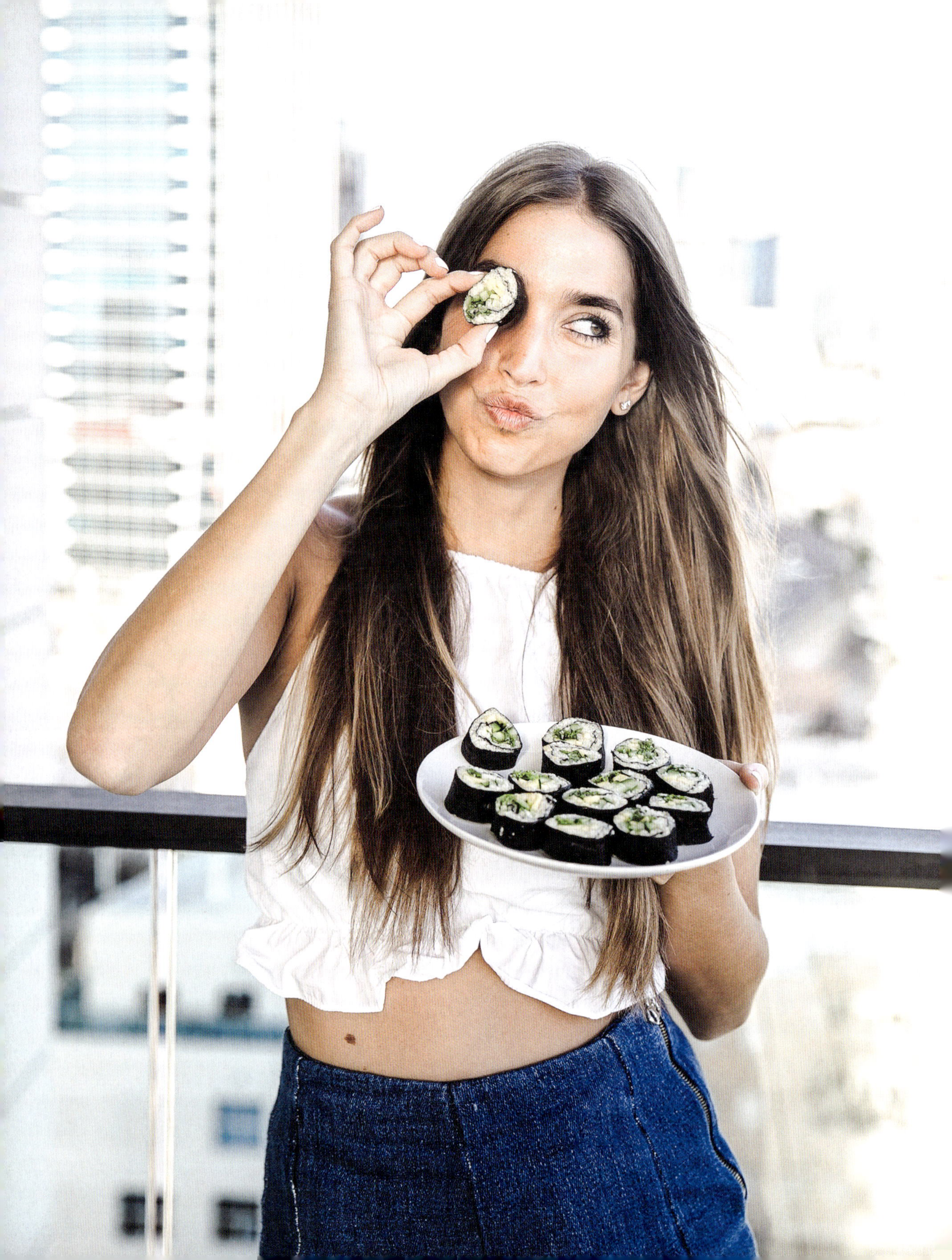

Quick and easy mains

FOR BUSY DAYS

Mein größter Horror ist, dass ich unbedingt und sofort eine warme Mahlzeit möchte und dann erst mal ewig in der Küche stehen muss, bis es etwas zu essen gibt. Deswegen haben diese Rezepte mein Leben total verändert, da ich endlich ohne großen Aufwand eine nahrhafte und leichte Mahlzeit genießen kann. Am liebsten koche ich von den Gerichten immer etwas mehr, damit ich am nächsten Tag noch davon essen kann.

ZUCCHINISPAGHETTI MIT BASILIKUMPESTO

Nachschlag, bitte! Dieses Gericht ist eine meiner To-go-Speisen, wenn alles mal wieder richtig schnell gehen muss. Es ist eines der schnellsten Rezepte in diesem Buch und gelingt einfach immer. Ich selbst esse die Spaghetti gern mit etwas Mozzarella bestreut, das ist aber kein Muss. Die Pesto-Zucchinispaghetti sind ideal als schnelles Mittagessen oder als Beilage zu Fisch- oder Fleischgerichten. Bei diesen Nudeln lade ich mir gern noch mal nach.

ZUBEREITUNGSZEIT 15–20 MINUTEN
FÜR 4 PERSONEN

4–6 Zucchini (je nach Größe)
Salz
250 g laktosefreier Mozzarella (nach Belieben), gewürfelt oder zerrupft

Für das Basilikumpesto
75 g frisches Basilikum, Blätter abgezupft
6–8 Macadamianüsse
2 EL Olivenöl
Salz

Zuerst das Pesto zubereiten: **Basilikum, Macadamianüsse, Olivenöl** und etwas **Salz** mit 50 ml Wasser in den Personal Blender geben und glatt mixen. Basilikumpesto in eine Servierschale füllen und beiseitestellen. • Die **Zucchini** waschen, putzen und mit einem Spiralschneider zu Spaghetti verarbeiten. Reichlich Wasser in einem großen Topf aufkochen, etwas **Salz** zugeben und die Zucchinispaghetti darin 5–7 Minuten kochen. In einen Durchschlag abgießen und kurz abtropfen lassen. • Zucchinispaghetti wieder in den Topf geben und das Pesto einrühren. Auf zwei Teller verteilen, falls verwendet, **Mozzarellawürfel** darauf anrichten und servieren.
Tipp: Du kannst die Zucchinispaghetti statt mit Pesto auch mit der Paprikasauce (siehe Seite 183) servieren.

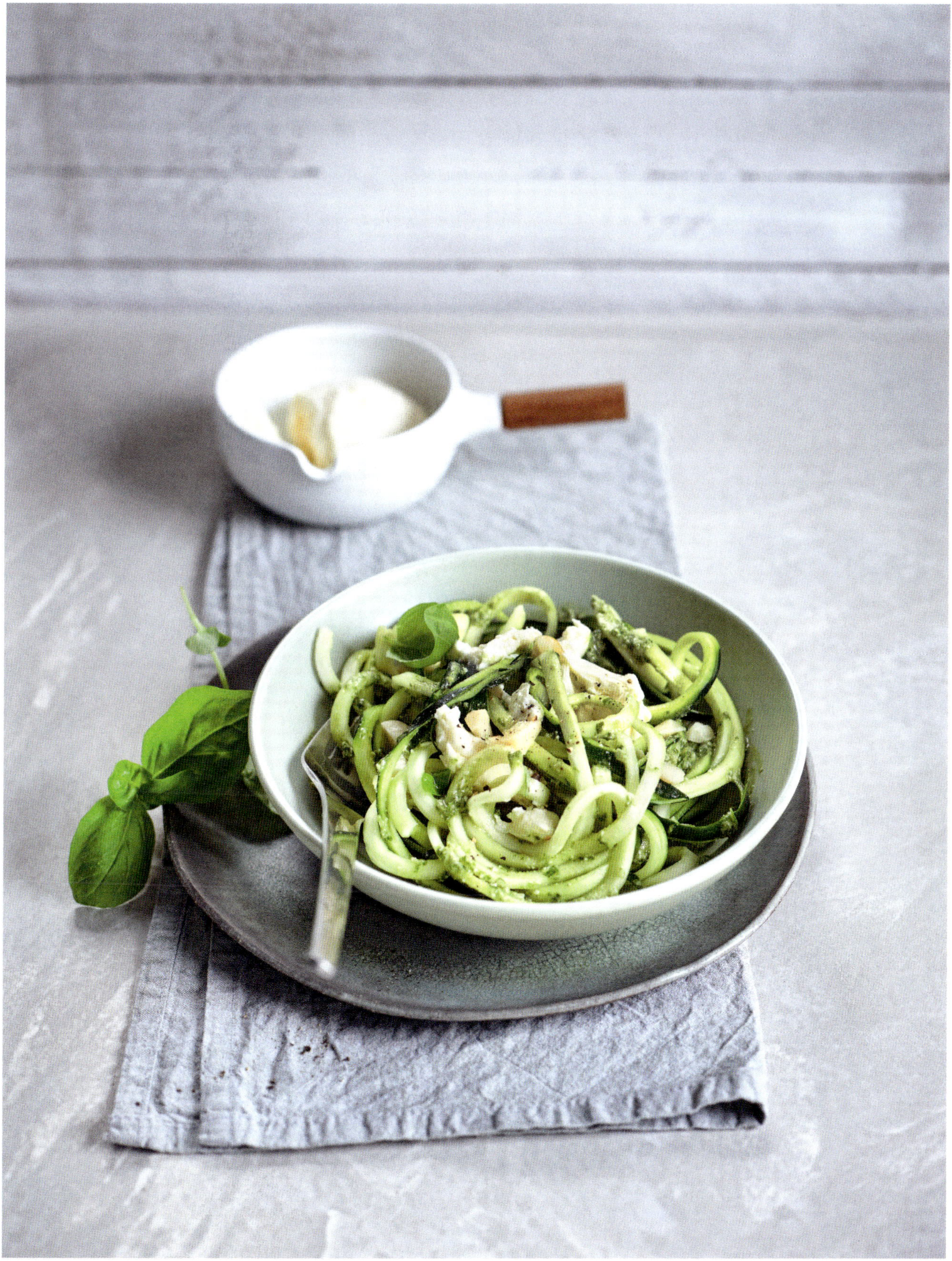

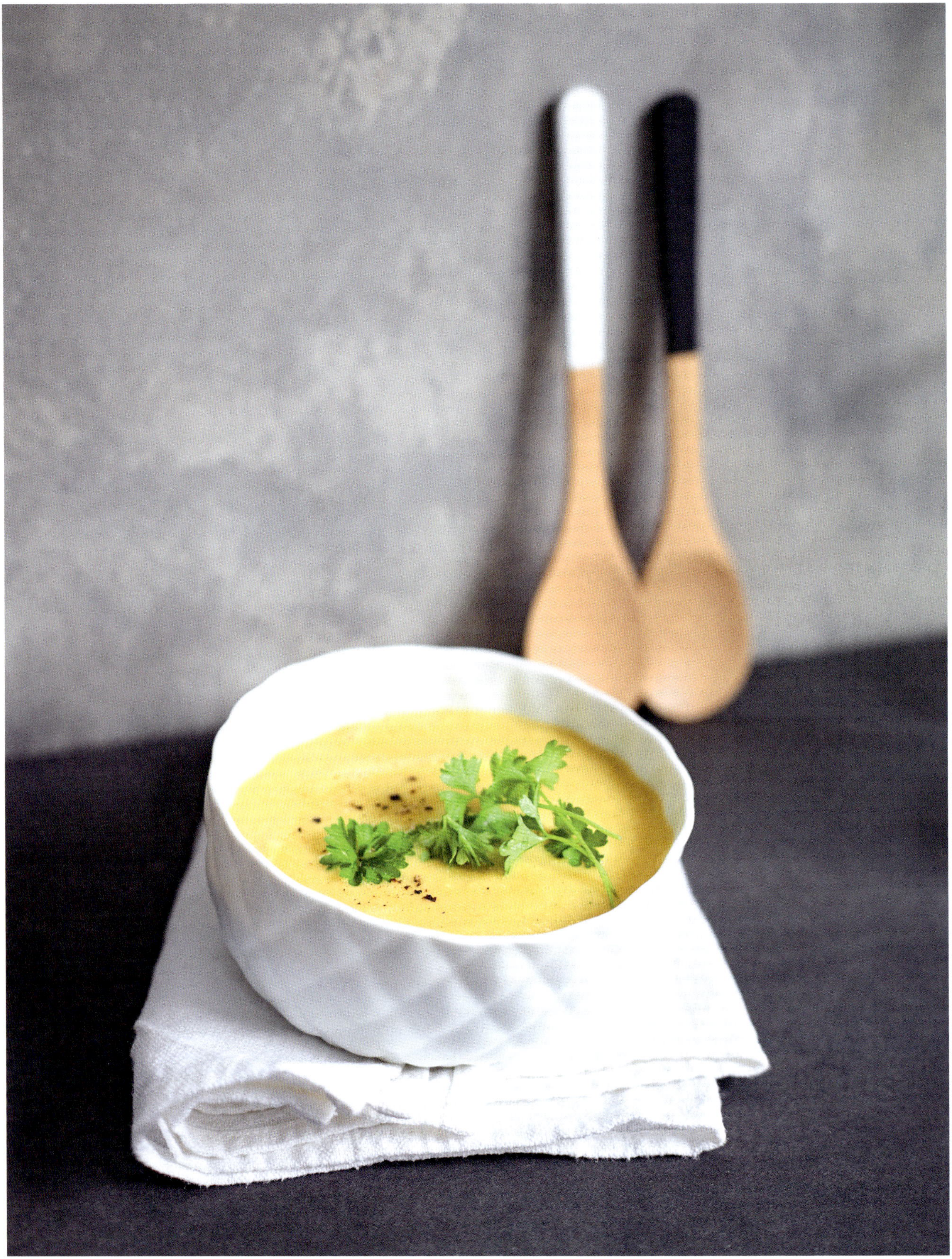

CREMIGE MAISSUPPE

Ich esse gern Mais im Salat und noch lieber esse ich Maiskolben frisch vom Grill. Damit ich auch im Winter nicht auf Mais verzichten muss und weil Kälte nicht gerade zu einem Salat oder zum Grillen einlädt, habe ich mich entschieden, eine Maissuppe zu kreieren.

ZUBEREITUNGSZEIT 30–35 MINUTEN
FÜR 2 PERSONEN

VEGAN

4 frische Maiskolben
60 g Staudensellerie
600 ml hefefreie Gemüsebrühe
1 Prise mildes Chilipulver (nach Belieben)
Salz
frisch gemahlener schwarzer Pfeffer (nach Belieben)
frische Petersilie zum Garnieren (nach Belieben)

Die Blätter von den **Maiskolben** abziehen, die Körner mit einem scharfen Messer von oben nach unten abschneiden und in einen Topf geben. Den **Staudensellerie** waschen, klein würfeln und dazugeben. • Auf mittlerer Stufe unter Rühren 2–3 Minuten anschwitzen, bis die Gemüsemischung aromatisch duftet. Mit der **Gemüsebrühe** ablöschen und, falls verwendet, das **Chilipulver** zugeben. 15–20 Minuten köcheln lassen, bis die Maiskörner sehr weich sind. • Mit **Salz** abschmecken und die Maismischung im Mixer glatt mixen. Die Suppe in Suppenschalen oder tiefe Teller füllen, nach Belieben mit **Pfeffer** übermahlen, mit **Petersilie** garnieren und genießen.
Tipp: Diese Suppe ist recht dickflüssig. Wenn du Suppen lieber flüssiger magst, kannst du einfach etwas mehr Gemüsebrühe dazugeben. Für diese Suppe empfehle ich keinen Stabmixer, da der nicht so leistungsstark ist wie ein Mixer und die Suppe dann nicht so schön glatt wird.

Pro Portion: 313 kcal (9 g EW • 5 g F • 57 g KH)

WARMER BLUMENKOHL-„REIS"

Dieses Gericht ist genau das Richtige für diejenigen, die gern Kohlenhydrate essen, aber eigentlich welche einsparen möchten. Blumenkohl-„Reis" ist der neue Foodtrend, bei dem man satt wird und lecker isst – und das ganz ohne Kohlenhydrate. Zwar sind Kohlenhydrate nicht ungesund und ich bin die Letzte, die davor zurückschreckt, trotzdem ist es ratsam, hin und wieder abends auf Kohlenhydrate zu verzichten. Da kommt dieses Rezept wie gerufen!

ZUBEREITUNGSZEIT 20 MINUTEN
FÜR 2 PERSONEN

15 g Kürbiskerne
1 Blumenkohl
100 g gefrorene Erbsen, aufgetaut
1 Handvoll frische Petersilienblätter, fein gehackt
1 Handvoll frische Basilikumblätter, fein gehackt
1 EL Olivenöl
Saft von ½ Zitrone (nach Belieben)
Salz
100 g laktosefreier Feta, zerbröselt
Sprossen (z. B. Shiso- oder Brunnenkresse, Basilikum- oder Radieschensprossen) zum Garnieren

Die **Kürbiskerne** in einer kleinen Pfanne ohne Fettzugabe bei mittlerer Hitze unter Rühren einige Minuten goldbraun rösten und vom Herd nehmen. • Eine große tiefe Pfanne zu einem Drittel mit Wasser füllen und zum Kochen bringen. • Inzwischen den **Blumenkohl** waschen und in Röschen schneiden. Im Mixer portionsweise zu einer reisartigen Konsistenz hacken. Den Blumenkohlreis mit den **Erbsen** in das kochende Wasser geben, die Hitze reduzieren und alles etwa 3 Minuten köcheln lassen. In ein großes Sieb abgießen, abtropfen lassen und in eine Schüssel geben. Kürbiskerne mit **Petersilie** und **Basilikum** zufügen und vermischen. • **Olivenöl** und, falls verwendet, **Zitronensaft** über den Blumenkohlreis träufeln, mit **Salz** würzen und alles gut vermischen. Das Gericht in Schalen füllen, den **Feta** auf die Portionen verteilen, mit **Sprossen** bestreuen und servieren.

Pro Portion: 327 kcal • 18 g EW • 21 g F • 11 g KH

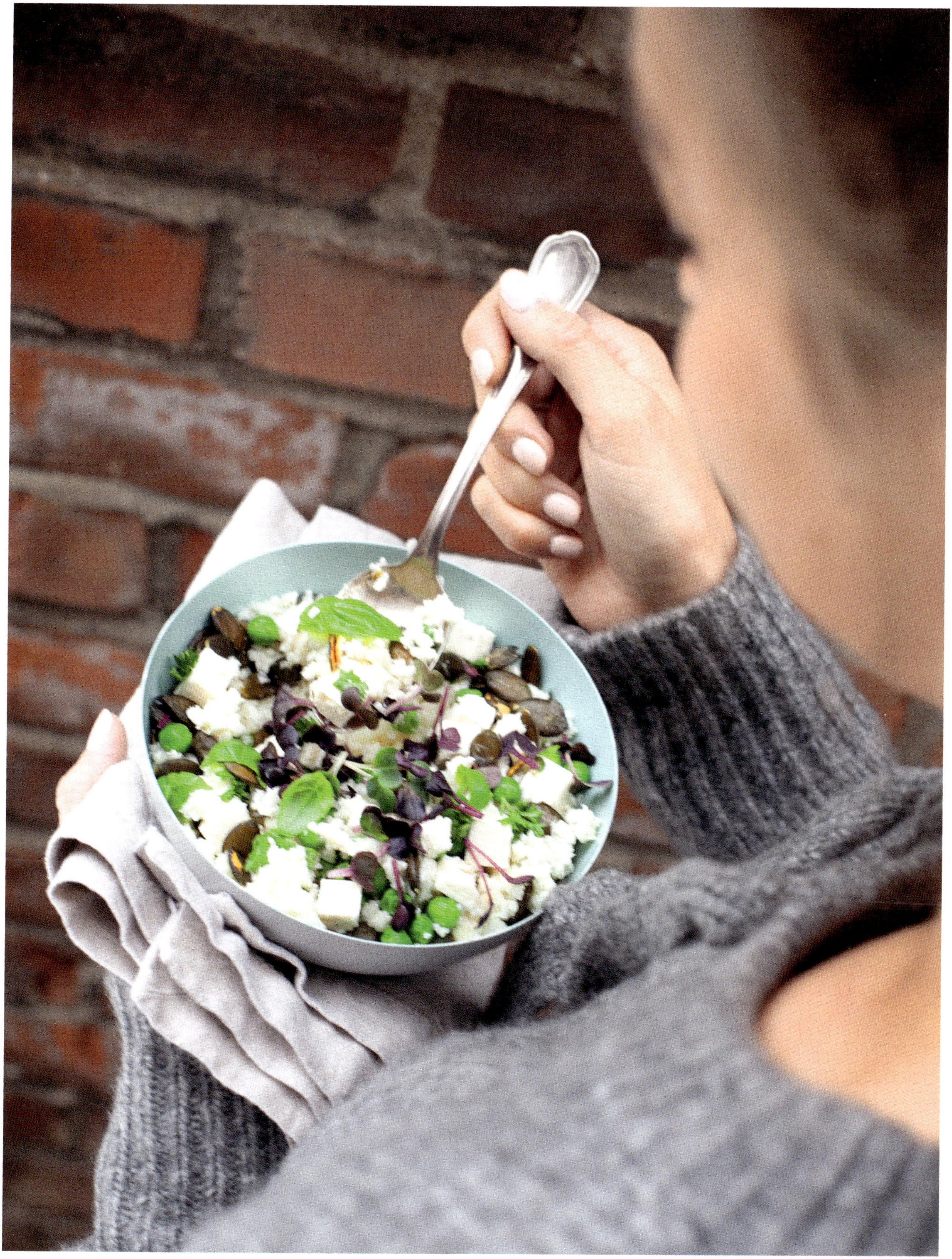

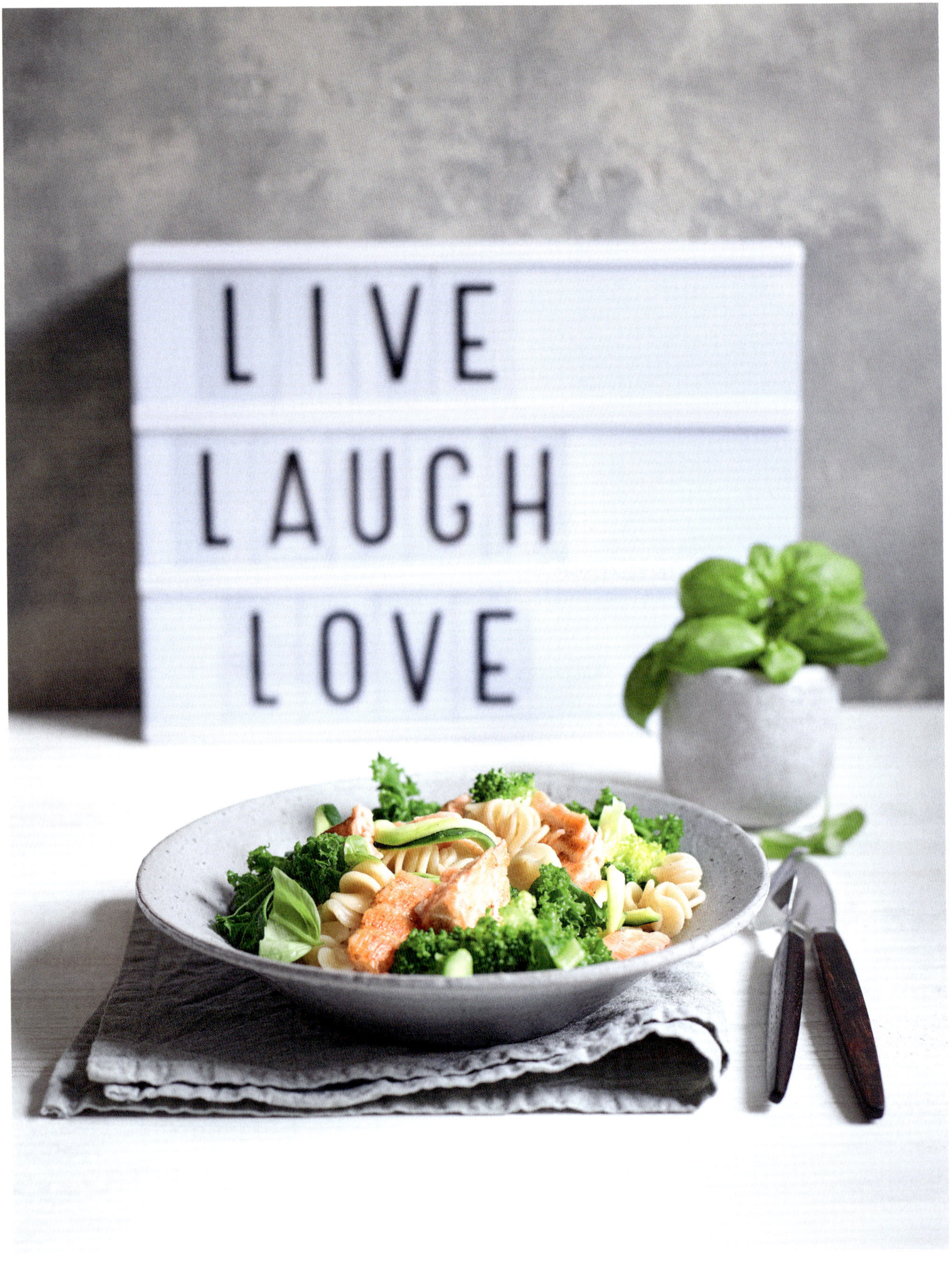
LIVE
LAUGH
LOVE

LACHS-GEMÜSE-PASTA

Dieses Nudelgericht ist perfekt für Groß und Klein – du kannst damit sogar deine Kinder dazu bekommen, Gemüse zu essen. Wenn es weniger grün aussehen soll, kannst du noch meine Paprikasauce (siehe Seite 183) dazu servieren, die super dazu passt. Diese Hauptspeise eignet sich auch prima für ein entspanntes Familienessen, das garantiert jedem schmecken wird. Die Zutaten kannst du einfach entsprechend hochrechnen. Ich habe tolle Quinoa-Fusilli gefunden, aber du kannst natürlich jede andere Nudelform verwenden.

ZUBEREITUNGSZEIT 18–20 MINUTEN
FÜR 1 PERSON

1 Zucchini
Salz
50 g Nudeln (z. B. Quinoa-, Reis- oder Dinkelnudeln)
90 g Brokkoli, in mundgerechte Röschen zerteilt
1 Handvoll Grünkohlblätter, entstielt und in mundgerechte Stücke gezupft
1 TL mildes Rapsöl oder Kokosöl
1 frisches Lachsfilet (150–200 g), Haut und restliche Gräten vollständig entfernt
1 EL Olivenöl
frisch gehackte Basilikumblätter

Zucchini waschen, putzen und mit einem Spiralschneider zu Spaghetti schneiden. • **Salzwasser** in einem Topf zum Kochen bringen und die **Nudeln** darin 5 Minuten kochen, bis sie weich werden, aber noch nicht gar sind. Dann Zucchinispaghetti, **Brokkoli** und **Grünkohl** zugeben und noch etwa 5 Minuten kochen, bis alles gar ist. • In der Zwischenzeit das **Rapsöl** in einer Pfanne auf mittlerer Stufe erhitzen und das **Lachsfilet** darin 3 Minuten braten. Den Lachs wenden und von der anderen Seite weitere 3 Minuten braten. • Die Nudelmischung in einen Durchschlag abgießen, abtropfen lassen und wieder in den Topf geben. Den gebratenen Lachs klein schneiden und zur Nudelmischung geben. Das **Olivenöl** darüberträufeln, **Basilikum** und etwas **Salz** zugeben und alles locker, aber gut vermengen. • Die Lachs-Gemüse-Pasta auf einem Teller anrichten und genießen.

Pro Portion: 578 kcal (43 g EW • 21 g F • 49 g KH)

GRÜNES QUINOA-„RISOTTO" MIT KÜRBIS

Dieses Rezept klingt kompliziert, braucht aber lediglich ein wenig Multitasking. Sobald die Quinoa gekocht und das Gemüse gar ist, muss nur noch alles mit dem Pesto in einen Topf gegeben werden. Dieses Gericht ist einer meiner Favoriten, da es nicht nur nahrhaft, sondern auch himmlisch lecker ist. Ich könnte es jeden Tag essen. Idealerweise bereite ich mir selbst eine großzügige Portion zu, so kann ich die Reste am nächsten Tag kalt oder aufgewärmt genießen.

ZUBEREITUNGSZEIT 30–35 MINUTEN
FÜR 2 PERSONEN

VEGAN

1 kleiner Hokkaido-Kürbis
1 Handvoll Grünkohlblätter, entstielt und in mundgerechte Stücke gezupft
200 g Quinoa

Für das Basilikumpesto
50 g frisches Basilikum, Blätter abgezupft
4–5 Macadamianüsse
1 ½ EL Olivenöl
Salz

Den Backofen auf 180 °C Umluft vorheizen und ein Backblech mit Backpapier auslegen. • Den **Kürbis** waschen, entkernen und würfeln. Die Kürbiswürfel auf dem vorbereiteten Backblech verteilen und etwa 20 Minuten im vorgeheizten Ofen backen, bis sie weich sind. • Währenddessen den **Grünkohl** mit etwas Wasser in einen Topf geben und ebenfalls etwa 20 Minuten dünsten. Falls nötig, Restflüssigkeit abgießen. Alternativ zum Garen einen Dämpftopf verwenden. • Parallel dazu die **Quinoa** mit 600 ml Wasser in einen Topf geben, aufkochen und auf mittlerer Stufe 15–20 Minuten köcheln lassen. In ein Sieb abgießen, mit kaltem Wasser abschrecken und abtropfen lassen. • Für das Pesto **Basilikum, Macadamianüsse, Olivenöl** und etwas **Salz** mit 50 ml Wasser in den Personal Blender geben und glatt mixen. • Pesto in einen großen Topf füllen, abgetropfte Quinoa, Grünkohl und Kürbis zugeben und auf niedriger bis mittlerer Stufe unter langsamem Rühren erhitzen. Das Quinoa-„Risotto" auf Tellern anrichten und heiß servieren.

Tipp: Dieses Gericht schmeckt auch kalt wunderbar. Reste in einer luftdicht verschließbaren Box im Kühlschrank aufbewahren und am nächsten Tag genießen. Es lohnt sich also, mehr davon zuzubereiten.

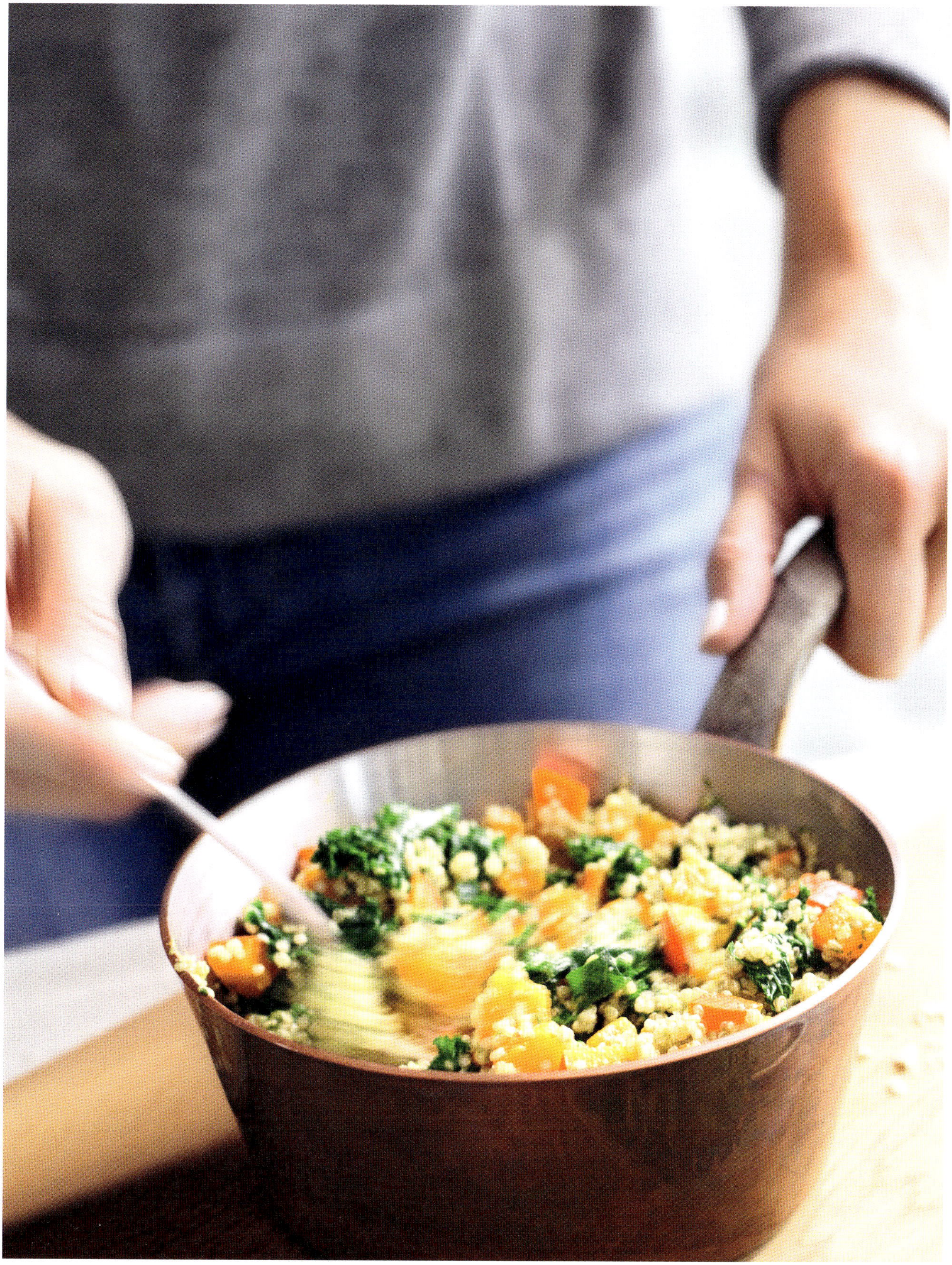

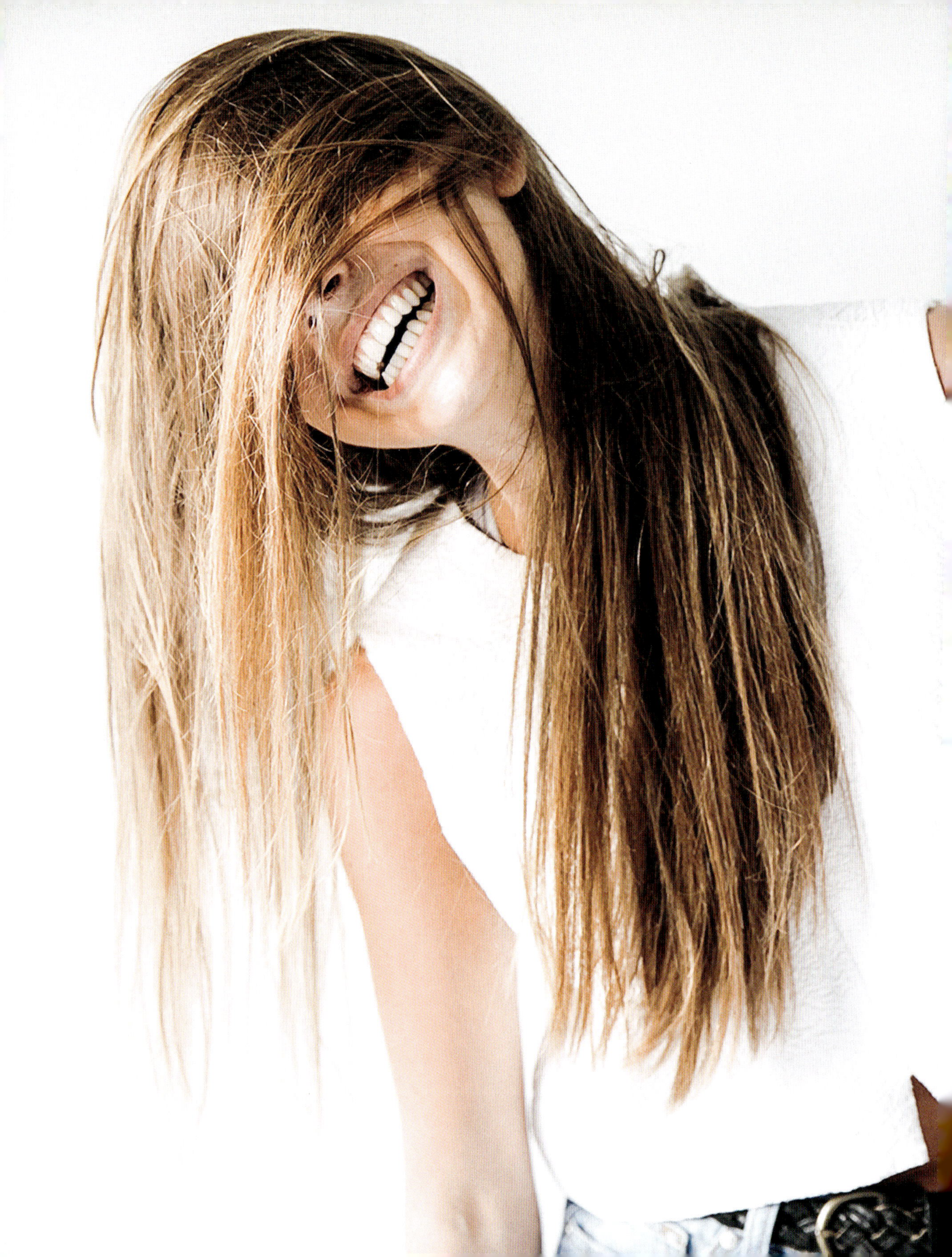

HEALTH IS NOT A DIET — IT'S A LIFESTYLE

POWER-SUPPE MIT BROKKOLI UND INGWER

Suppen sind meine Lösung, wenn es schnell gehen muss und ich etwas Warmes brauche. Viele finden Suppen eher langweilig, aber das muss nicht sein. Mit der richtigen Gemüsekombination wird aus einer Suppe ein wahres Geschmackserlebnis. Dieses Rezept mag total einfach klingen und ist es auch, aber deswegen schmeckt es nicht weniger interessant. Ich weiß nicht, wie es dir gehen wird, aber wenn ich eine große Schale von dieser grünen Power-Suppe gegessen habe, bin ich wieder fit und voller Energie.

ZUBEREITUNGSZEIT 30–35 MINUTEN
FÜR 3 PERSONEN

VEGAN

5 g frischer Ingwer (etwa 3-cm-Stück)
1 großer Brokkoli
2 Stangen Staudensellerie
1 Zucchini
½ TL Salz
frisch gemahlener schwarzer Pfeffer
750 ml hefefreie Gemüsebrühe

Den **Ingwer** schälen, klein schneiden oder raspeln und in einen Topf geben. **Brokkoli, Sellerie** und **Zucchini** waschen, putzen, klein schneiden und ebenfalls in den Topf geben. • Die Gemüsemischung auf mittlerer Stufe einige Minuten anschwitzen. Mit **Salz** und **Pfeffer** würzen und dann die **Gemüsebrühe** zugießen. Aufkochen, den Deckel halb aufsetzen und garen, bis das Gemüse sehr weich ist – das dauert etwa 20 Minuten. • Die Gemüsemischung mit dem Stabmixer im Topf cremig pürieren. Alternativ im Mixer glatt mixen. Die Power-Suppe in Suppenschalen oder tiefe Teller füllen und servieren.

Pro Portion: 89 kcal (10 g EW • 1 g F • 9 g KH)

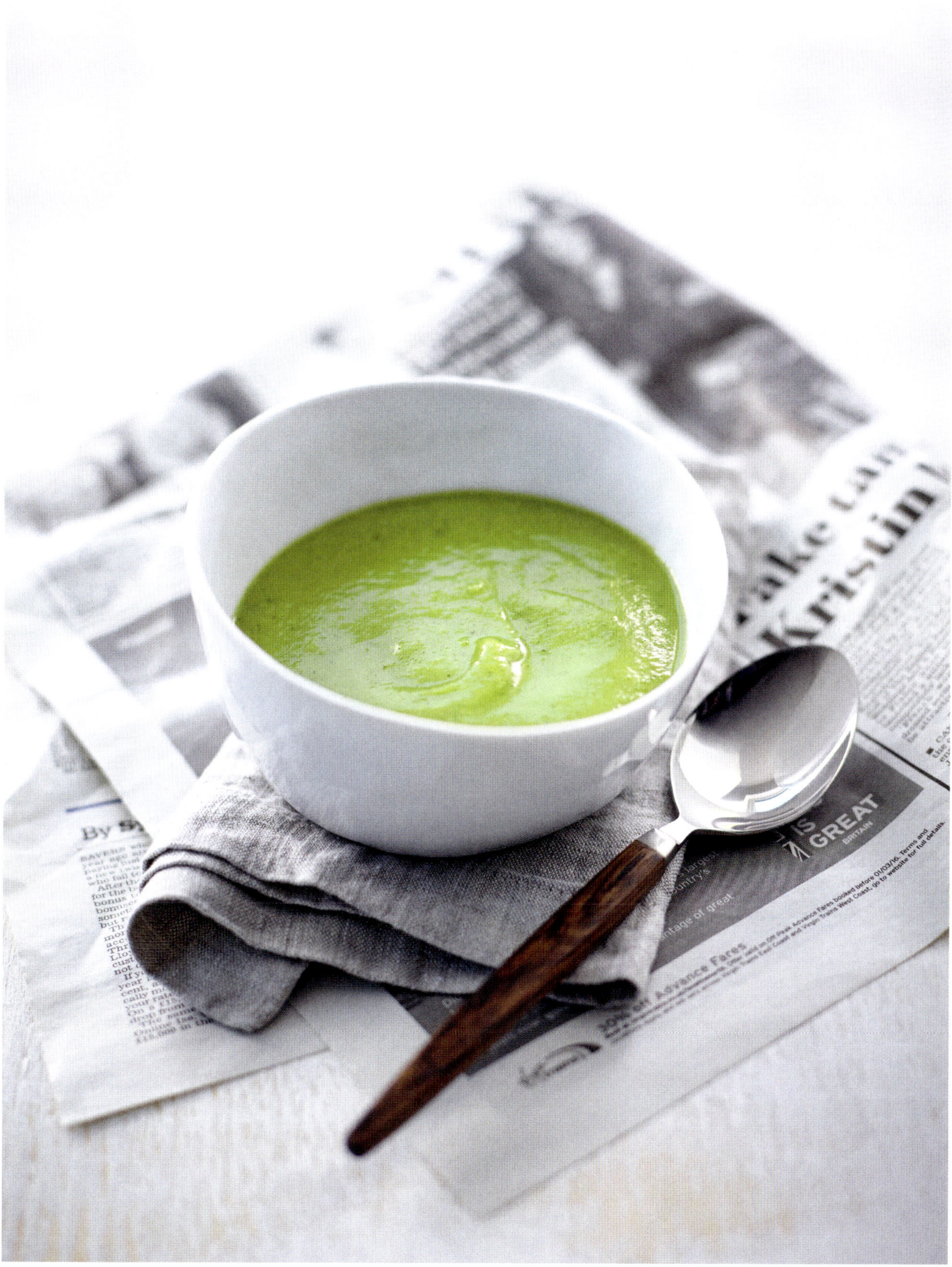
GREAT
Advance Fares

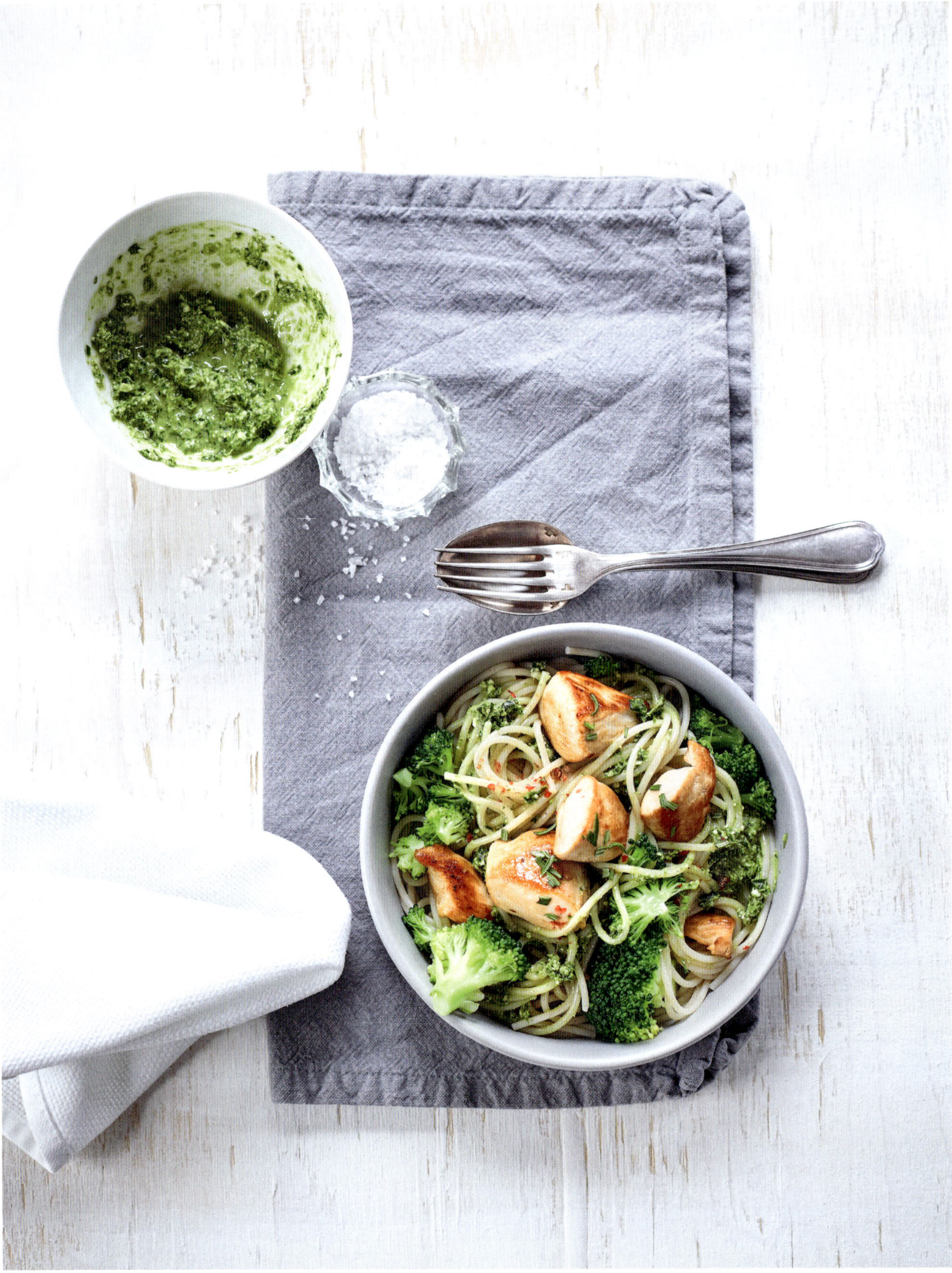

PESTO-NUDELN MIT BROKKOLI UND HUHN

Ob Groß oder Klein – diese Pasta schmeckt einfach jedem. Ich esse nur selten Nudeln, aber dieses Gericht, das aus einer optimalen Kombination von Kohlenhydraten, Proteinen und Gemüse besteht, ist so lecker, dass es nie langweilig wird, es auf den Tisch zu bringen.

ZUBEREITUNGSZEIT 25 MINUTEN
FÜR 3 PERSONEN

1 Brokkoli, in Röschen zerteilt
250 g Dinkelnudeln (alternativ glutenfreie Quinoa- oder Maisnudeln)
Salz
2 Hähnchenbrüste, in mundgerechte Stücke geschnitten
1 Zweig frischer Rosmarin, Nadeln abgezupft und gehackt
1 EL Olivenöl

Für das Basilikum-Grünkohl-Pesto
2 Handvoll frische Basilikumblätter
1 Handvoll Grünkohlblätter, entstielt und klein geschnitten
4 Macadamianüsse
1 großzügiger Schuss Olivenöl
Salz

Zuerst das Pesto zubereiten: **Basilikum, Grünkohl, Macadamianüsse, Olivenöl** und etwas **Salz** in den Mixer oder Personal Blender geben und zu einer geschmeidigen Masse mixen. Beiseitestellen. • Die **Brokkoliröschen** in einen Topf geben, etwas Wasser angießen und auf niedriger bis mittlerer Stufe 10–12 Minuten dünsten. Alternativ in einem Dämpftopf gar dämpfen. • Währenddessen die **Nudeln** nach Packungsangaben in kochendem **Salzwasser** garen. • Parallel dazu die **Hähnchenstücke** in eine Schüssel geben, **Rosmarin** und eine Prise **Salz** darüberstreuen und gut vermischen. Das **Olivenöl** in einer Pfanne auf mittlerer Stufe erhitzen. Die Hähnchenstücke darin unter gelegentlichem Rühren etwa 6–8 Minuten braten, bis sie goldbraun und durchgebraten sind. • Die gegarten Nudeln in einen Durchschlag abgießen, gut abtropfen lassen und zurück in den Topf geben. Gebratene Hähnchenstücke und gedünsteten Brokkoli zu den Nudeln geben und vermischen. Dann das Basilikum-Grünkohl-Pesto zur Nudelmischung geben und gut vermengen. • Das Pesto-Nudelgericht auf Teller verteilen und genießen.

Pro Portion: 550 kcal (48 g EW • 11 g F • 63 g KH)

TORTILLA-WRAPS

Ich esse so gern Wraps! Was ich daran so toll finde, ist, dass sie schnell zubereitet und perfekt zum Mitnehmen sind. Du kannst bei der Füllung dieser Wraps ganz kreativ werden und alles Mögliche ausprobieren oder das verwenden, was du gerade im Kühlschrank hast. Als Füllung mag ich besonders gern die beiden Varianten, die ich hier vorschlage.

ZUBEREITUNGSZEIT ETWA 35 MINUTEN
FÜR 4 PERSONEN

Für die Füllung
1 Rezeptmenge Basilikumpesto (siehe Seite 160)
1 TL Kokosöl
2 Hähnchenbrüste
Salz
frisch gemahlener schwarzer Pfeffer
5–6 frische Basilikumblätter, gehackt
400–500 g Gemüse und/oder Salat nach Wahl (z. B. Gurke, Paprika, Karotte, Zucchini, Radieschen, Salatblätter), klein geschnitten

Für die Tortillas
4 Hühnereier oder 8 Wachteleier
10 ml Kokosöl, geschmolzen
65 g Tapiokastärke
5 g Kokosmehl
¼ TL Salz

Zuerst für die Füllung das **Basilikumpesto** wie auf Seite 160 angegeben zubereiten und beiseitestellen. • Für die Tortillas die **Eier** in eine Schüssel geben, **Kokosöl** und 30 ml Wasser zugießen und mit dem Schneebesen verquirlen. **Tapiokastärke, Kokosmehl** und **Salz** zufügen und gut einarbeiten. • Eine beschichtete Pfanne ohne Fettzugabe auf mittlerer Stufe erhitzen. Mit einer kleinen Kelle Teig in die heiße Pfanne geben und mithilfe der Kelle zu einem etwa 17 cm großen Kreis ausstreichen. Von beiden Seiten jeweils 1–2 Minuten backen, bis die Tortilla gleichmäßig angebräunt ist. Die fertige Tortilla auf ein Küchengitter legen (alternativ warm halten). Den Vorgang wiederholen, bis der Teig aufgebraucht ist und vier bis sechs Tortillas gebacken sind. • Inzwischen das **Kokosöl** in einer Pfanne auf mittlerer bis hoher Stufe erhitzen und die **Hähnchenbrüste** darin von beiden Seiten jeweils 4–5 Minuten goldbraun braten. Mit **Salz** und **Pfeffer** würzen, mit dem gehackten **Basilikum** bestreuen und vom Herd nehmen. In feine Scheiben oder kleine Stücke schneiden. • Tortillas mit dem Pesto bestreichen, Hähnchenstücke darauf verteilen und das klein geschnittene **Gemüse** und/oder den **Salat** darüberstreuen. Die Tortillas einschlagen, zusammenrollen und genießen!

Tipp: Für eine vegetarische Füllung die Tortillas mit 150 g Quark oder Schmand bestreichen, leicht mit Salz würzen und mit 400–500 g klein geschnittenem Gemüse und/oder Salat nach Wahl bestreuen. Veganer können zum Bestreichen Kokosjoghurt verwenden.

Pro Portion: 356 kcal (25 g EW • 19 g F • 20 g KH)

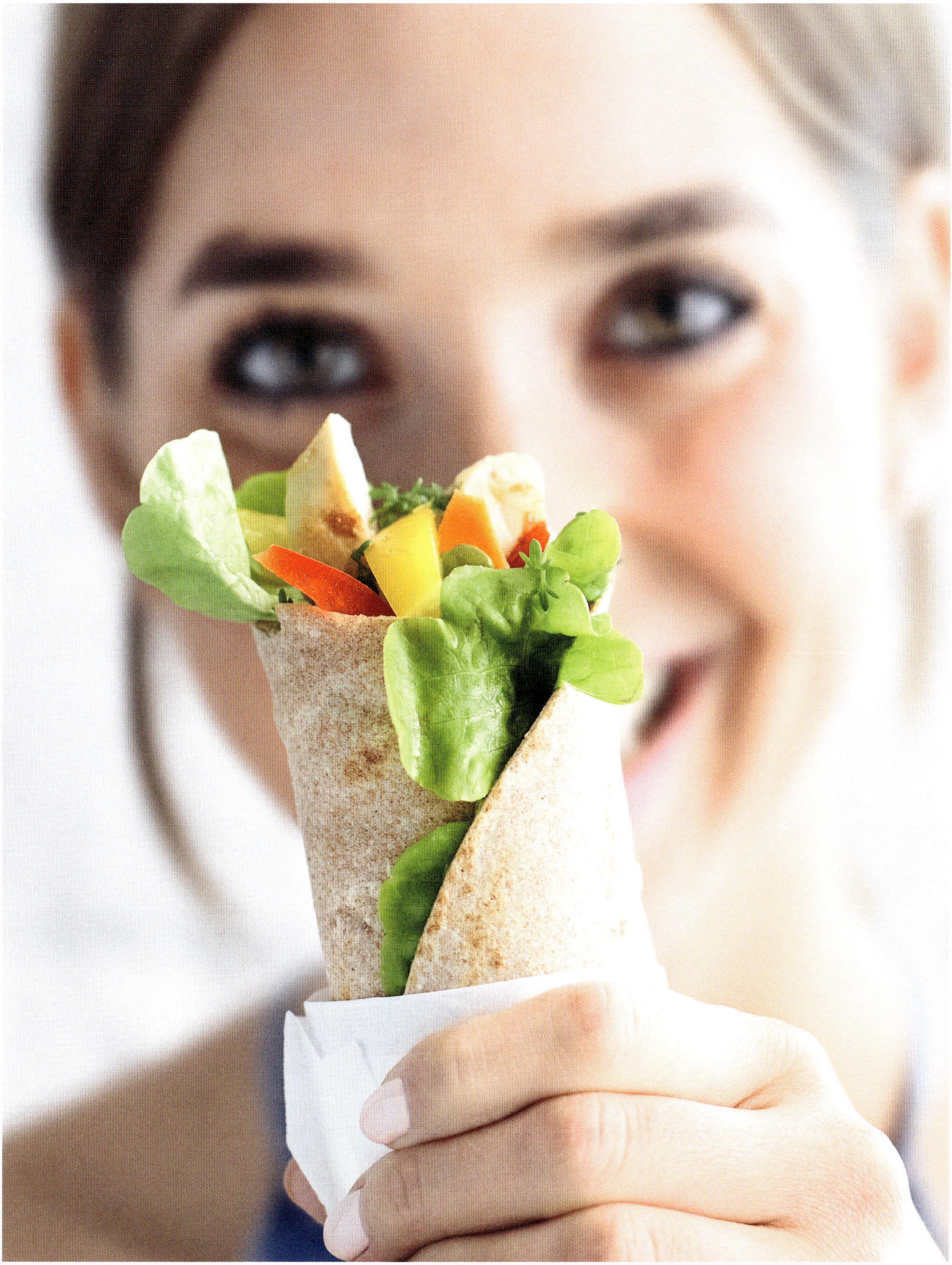

RADICCHIO-WRAP

RADICCHIO-WRAPS MIT QUINOA-FÜLLUNG

Diese Radicchio-Wraps sind supereinfach zuzubereiten und sehen auch noch sehr hübsch aus. Ich verwende liebend gern Salatblätter als Hülle oder ausgehöhltes Gemüse, in das ich noch mehr Gemüse fülle. An warmen Tagen esse ich am liebsten etwas Frisches und Leichtes, das auch gleichzeitig nahrhaft ist – da sind diese Radicchio-Wraps genau das Richtige. Die leicht bittere Note des Radicchios passt super zu Quinoa und Tahini und ergibt somit eine geschmacklich perfekt abgerundete Speise.

ZUBEREITUNGSZEIT 35 MINUTEN
FÜR 1 PERSON

50 g Quinoa
4 große Radicchioblätter
frisch gehackte Petersilie
1 kleine Salatgurke, gewürfelt
1–2 TL Olivenöl
Salz

Für die Tahini-Sauce mit Honig
25 g Tahini (Sesammus)
¼ TL Olivenöl
1 Prise Salz
¼ TL Honig
1 Prise mildes Chilipulver (nach Belieben)
¼ TL Zitronensaft (nach Belieben)

Quinoa mit 250 ml Wasser in einen Topf geben, aufkochen und bei geringer bis mittlerer Hitze etwa 15 Minuten köcheln lassen, bis die Flüssigkeit aufgenommen ist. Vom Herd nehmen, 5–10 Minuten nachquellen und abkühlen lassen. • Für die Sauce **Tahini, Olivenöl, Salz, Honig, Chilipulver** (falls verwendet) und **Zitronensaft** mit 40 ml kaltem Wasser in eine Schüssel geben und kräftig mit einer Gabel verrühren, bis eine glatte Sauce entsteht. Wenn die Konsistenz zu fest ist, einfach noch etwas kaltes Wasser einrühren. • **Radicchioblätter** waschen, trocken tupfen und auf einen Teller legen. Quinoa mit **Petersilie** und **Gurke** in eine Schüssel geben, mit dem **Olivenöl** beträufeln und mit **Salz** würzen. Gut vermengen und die Salatmischung gleichmäßig auf den Radicchioblättern verteilen. • Die Tahini-Sauce über die Quinoa-Füllung träufeln. Die Seiten leicht über die Füllung schlagen, die Salatblätter aufrollen und die Radicchio-Wraps genießen.

Pro Portion: 418 kcal (12 g EW • 20 g F • 42 g KH)

ORIENTALISCHE BULGUR-PAPRIKA-PFANNE

Bulgur ist vorgegarter, getrockneter und anschließend geschroteter Hartweizen, der besonders in der orientalischen und indischen Küche verwendet wird. Ich gebe Zimt in diese Hauptspeise, der dem Gericht ein leicht exotisches Aroma verleiht und alle Geschmackssinne weckt. Die Bulgur-Paprika-Pfanne eignet sich perfekt als schnelles und gesundes Mittagessen, das dich bis abends satt hält. Dieses Rezept ist ein schönes Beispiel, um zu zeigen, dass man nicht viele Zutaten und viel Zeit braucht, um ein geschmackvolles Essen auf den Tisch zu zaubern.

100 g Bulgur oder Quinoa (siehe unten glutenfreie Variante)
¼ TL Salz
¼ TL gemahlener Zimt
1 rote oder gelbe Paprikaschote
1 TL Kokosöl
1 Prise mildes Chilipulver (nach Belieben)
2 EL frisch gehackte Petersilienblätter plus einige Blätter zum Garnieren (nach Belieben)
2 EL laktosefreier Naturjoghurt (3,5 % Fett) zum Servieren

Das Rezept ist NICHT glutenfrei! Weiter unten findest du die glutenfreie Variante.

Bulgur mit 200 ml Wasser in einen Topf geben und aufkochen. 2–3 Minuten bei geringer bis mittlerer Hitze kochen lassen, dann den Herd ausschalten, **Salz** und **Zimt** unterrühren und den Bulgur auf der Herdplatte 15 Minuten ausquellen lassen. • In der Zwischenzeit die **Paprika** waschen, entstielen, entkernen und in kleine Würfel schneiden. Das **Kokosöl** in einer Pfanne auf mittlerer bis hoher Stufe erhitzen. Die Paprikawürfel darin unter gelegentlichem Rühren 2–3 Minuten braten. Nach Belieben mit dem **Chilipulver** bestreuen. • Den fertig gequollenen Bulgur mit der gehackten **Petersilie** in die Pfanne geben und alles gut vermengen. Die Bulgur-Paprika-Pfanne auf Teller verteilen, je einen Löffel **Joghurt** daraufsetzen und nach Belieben mit **Petersilie** garniert servieren.

Glutenfreie Variante: * Statt Bulgur 100 g **Quinoa** mit 250 ml Wasser in einen Topf geben, aufkochen und bei geringer bis mittlerer Hitze etwa 15 Minuten köcheln lassen, bis die Flüssigkeit aufgenommen ist. Vom Herd nehmen, **Salz** und **Zimt** unterrühren und 5–10 Minuten mit aufgelegtem Deckel nachquellen lassen. Dann wie oben beschrieben fortfahren.

Tipp: Wenn es noch etwas schneller gehen soll, das Wasser im Wasserkocher aufkochen und zum Bulgur oder zur Quinoa in den Topf gießen.

Pro Portion: 222 kcal (6 g EW • 2 g F • 40 g KH)   *Pro Portion: 234 kcal (8 g EW • 4 g F • 37 g KH)

ZUBEREITUNGSZEIT 20–25 MINUTEN

FÜR 2 PERSONEN

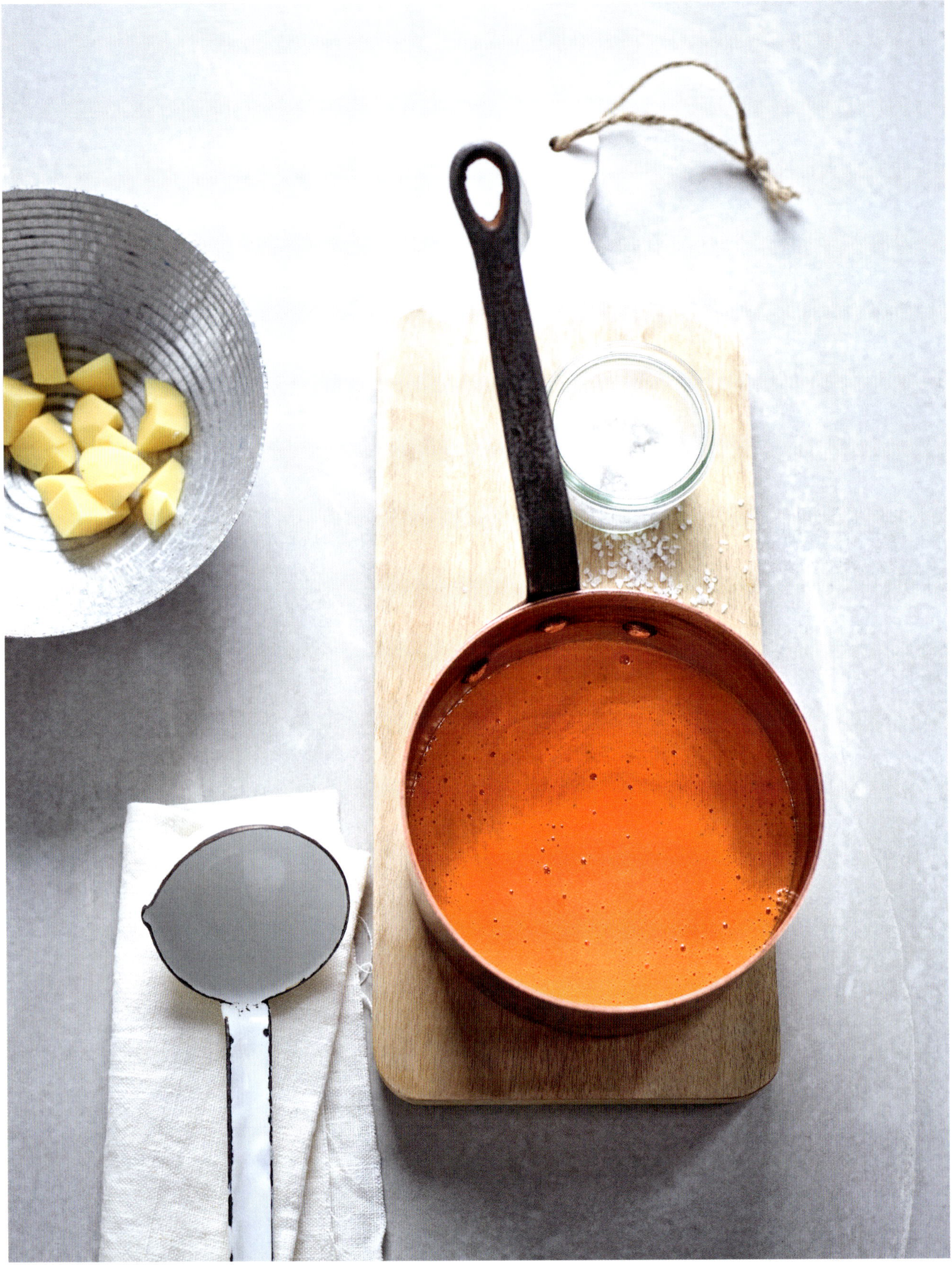

PAPRIKASAUCE

Ich liebe diese Paprikasauce, da sie sehr aromatisch und noch dazu wie Tomatensauce vielseitig einsetzbar ist. Nachdem meine Histaminintoleranz festgestellt wurde, fiel es mir sehr schwer, auf Tomaten zu verzichten, da sie ein fester Bestandteil meiner damaligen Ernährung waren. Seit ich diese Sauce kreiert habe, hat sich das aber zum Glück geändert, denn man kann sie genauso wie Tomatensauce einsetzen. Ob mit Gemüsespaghetti oder normalen Nudeln, ob pur als Suppe oder als Sauce für Pizza oder Auflauf – sie schmeckt einfach immer!

ZUBEREITUNGSZEIT 35–40 MINUTEN
FÜR 4 PERSONEN

VEGAN

4 rote oder gelbe Paprikaschoten (700–750 g)
55 g Kartoffel, geschält und klein geschnitten
etwa 550 ml heiße hefefreie Gemüsebrühe
4 TL Leinöl

Die **Paprikaschoten** waschen, entkernen und in kleine Stücke schneiden. • Eine große, tiefe, beschichtete Pfanne auf niedriger Stufe trocken erhitzen. Paprika- und **Kartoffelstücke** zugeben und 3–4 Minuten unter gelegentlichem Rühren anschwitzen, bis sie aromatisch duften. • So viel **Gemüsebrühe** zugießen, dass die Paprika gerade bedeckt ist. Bei mittlerer Hitze 20–25 Minuten köcheln lassen, bis die Paprikastücke sehr weich sind. • Die Paprika zunächst ohne Garflüssigkeit in den Mixer geben und glatt mixen. Ist die Sauce zu dickflüssig, so viel Brühe aus der Pfanne hinzugeben, bis sie die gewünschte Konsistenz hat. • Nun kann die Sauce zum Aufbewahren oder Gefrieren in luftdicht schließende Boxen gefüllt werden. Wenn sie direkt verwendet wird, das **Leinöl** zur Sauce in den Mixer geben und nochmals durchmixen. So wird die Paprikasauce besonders cremig.
Tipp: Bereite eine große Menge der Sauce zu und friere sie portioniert ein. Ansonsten lässt sie sich bis zu 3 Tage im Kühlschrank aufbewahren. Wichtig ist, das Leinöl erst direkt vor dem Verzehr einzuarbeiten. Wenn die Sauce zu einem Gericht hinzugefügt wird, das anschließend noch gegart wird, entfällt die Zugabe des Leinöls.
Serviertipps: Die Paprikasauce passt zu Nudeln, Zucchinispaghetti (siehe Seite 160), Süßkartoffel-Kürbis-Gnocchi (siehe Seite 215) sowie – statt Pesto – zu Kräuter-Gnocchi (siehe Seite 207). Sie wird für Pizza verwendet (siehe Seiten 211 und 246) und kann pur als Suppe genossen werden.

Pro Portion: 118 kcal (3 g EW • 5 g F • 14 g KH)

CREMIGE HÄHNCHEN-PASTA

Diese cremige Pasta ist einfach immer eine gute Idee und kommt auch besonders prima bei Kindern an. Viele Menschen mögen gern Sahnesaucen – ich selbst habe sie als Kind ebenfalls sehr gern gegessen. Dank diesem tollen Gericht weine ich aber keiner Sahnesauce mehr nach, da es nicht nur herrlich cremig, sondern auch viel gesünder ist.

ZUBEREITUNGSZEIT 15 MINUTEN
FÜR 2 PERSONEN

140 g Quinoa- oder Reisnudeln
Salz
100 g gefrorene Erbsen oder Brokkoliröschen oder je 50 g von beidem
2 TL Kokosöl oder mildes Rapsöl
1 Hähnchenbrust, in mundgerechte Stücke geschnitten
1 Handvoll frische Basilikumblätter, gehackt
frisch gemahlener schwarzer Pfeffer
160 g laktosefreier Naturjoghurt (3,5 % Fett)

Die **Nudeln** nach Packungsangaben in kochendem **Salzwasser** garen. Kurz bevor sie gar sind, die **Erbsen** mit ins kochende Wasser geben. • Während die Nudeln garen, das **Kokosöl** in einer Pfanne auf hoher Stufe erhitzen und die **Hähnchenstücke** darin unter gelegentlichem Rühren 6–8 Minuten braten, bis sie goldbraun und durchgebraten sind. Kurz vor Ende der Garzeit das gehackte **Basilikum** zugeben. • Die Nudeln mit den Erbsen in einen Durchschlag abgießen, kurz abtropfen lassen und wieder in den Topf geben. Die gebratenen Hähnchenstücke zufügen, mit **Salz** und **Pfeffer** würzen und dann den **Joghurt** einrühren. Die cremige Hähnchenpasta in Schalen füllen und genießen.

Pro Portion: 498 kcal (41 g EW • 6 g F • 67 g KH)

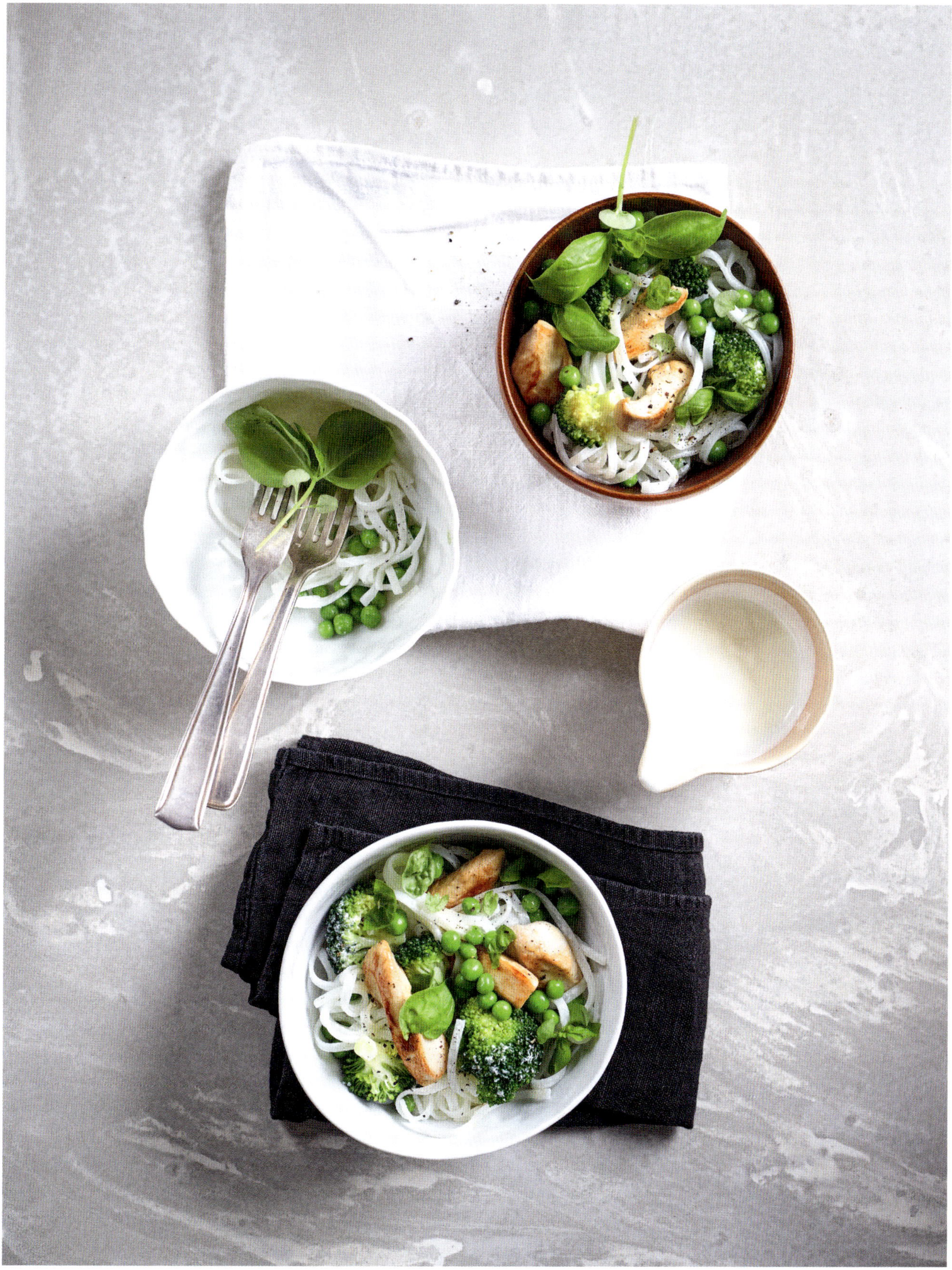

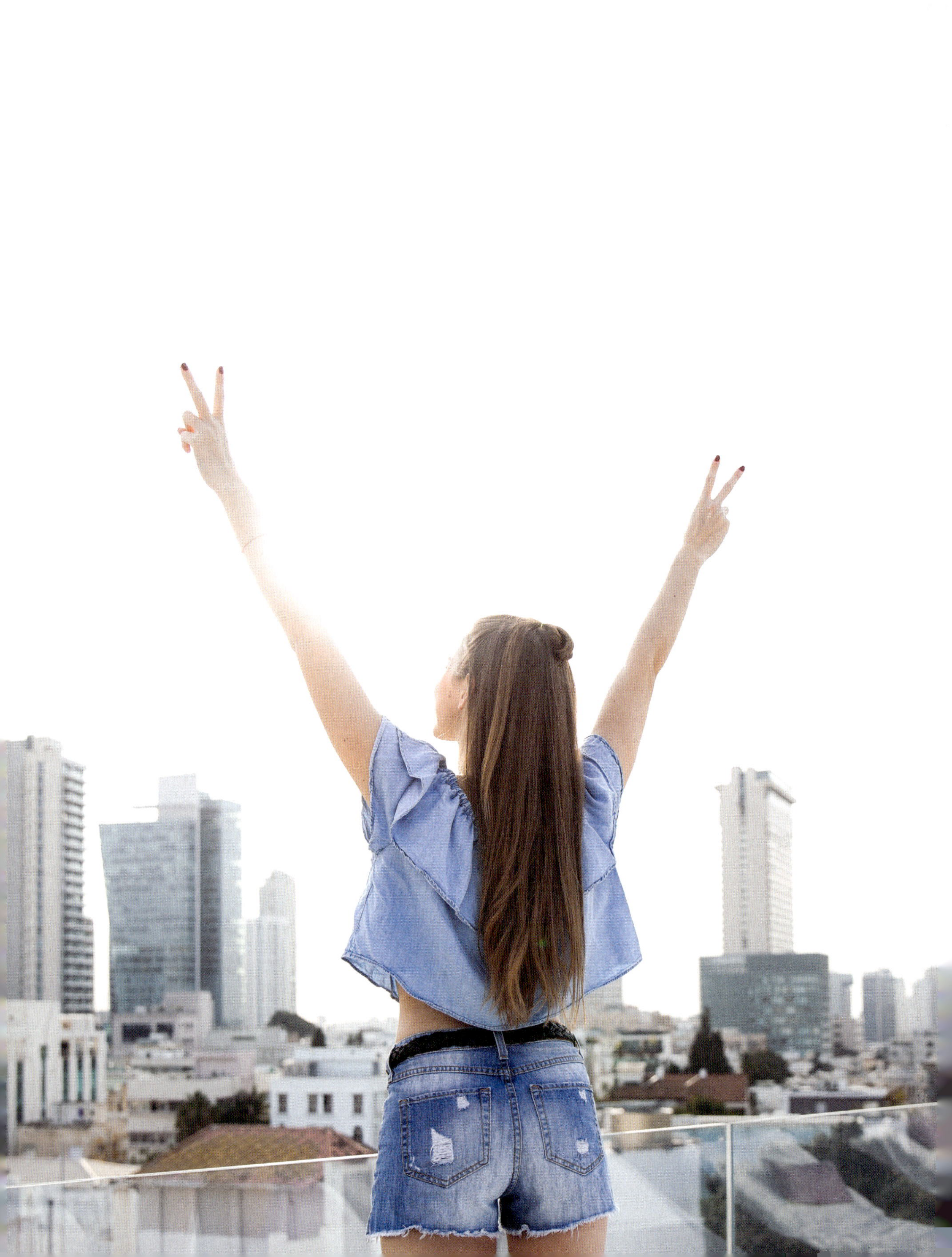

Challenges are what make life interesting and overcoming them is what makes life meaningful

FEEL-GOOD-SUPPE MIT KÜRBIS UND KOKOS

Ich bin der totale Sommermensch und der einzige Grund, warum ich mich jedes Jahr auf den Herbst freue, ist die Kürbiszeit. Ich esse dieses Gemüse wahnsinnig gern, da es so vielseitig einsetzbar und lecker ist und außerdem schön sättigt. Man kann mit Kürbis richtig viele köstliche Gerichte zaubern. Eines der einfachsten ist diese würzige Suppe, die der Seele so richtig guttut. Vor allem wenn es draußen kälter wird, koche ich gern eine Suppe am Wochenende vor und friere sie in Portionen ein. So kann ich mir immer eine Suppe warm machen, wenn ich ein schnelles Essen brauche.

ZUBEREITUNGSZEIT 25 MINUTEN
FÜR 3 PERSONEN

VEGAN

600 g Hokkaido-Kürbisfleisch
5 g frischer Ingwer (etwa 3-cm-Stück)
500 ml hefefreie Gemüsebrühe
1 Prise mildes Chilipulver (nach Belieben)
250 ml cremige Kokosmilch
Salz
1–2 EL Kürbiskerne
Kresse (z. B. Shiso- oder zarte Brunnenkresse) zum Garnieren (nach Belieben)

Den **Kürbis** klein schneiden und in einen Topf geben. Den **Ingwer** schälen, klein schneiden und ebenfalls in den Topf geben. Auf niedriger bis mittlerer Stufe etwa 5 Minuten unter gelegentlichem Rühren anschwitzen. • Mit der **Gemüsebrühe** ablöschen und, falls verwendet, das **Chilipulver** zugeben. Aufkochen, 3–4 Minuten köcheln lassen, dann die **Kokosmilch** zugießen und mit **Salz** würzen. Weitere 8–10 Minuten garen, bis die Kürbisstücke sehr weich sind. • Inzwischen eine kleine Pfanne auf mittlerer Stufe ohne Fettzugabe erhitzen und die **Kürbiskerne** darin unter Rühren rösten. Vom Herd nehmen und beiseitestellen. • Die Kürbismischung mit dem Stabmixer im Topf zu einer geschmeidig-samtigen Suppe pürieren. Alternativ im Mixer glatt mixen. Die Feel-good-Suppe in Suppenschalen oder tiefe Teller füllen, nach Belieben mit **Kresse** garnieren und servieren.

Pro Portion: 242 kcal (6 g EW • 18 g F • 12 g KH)

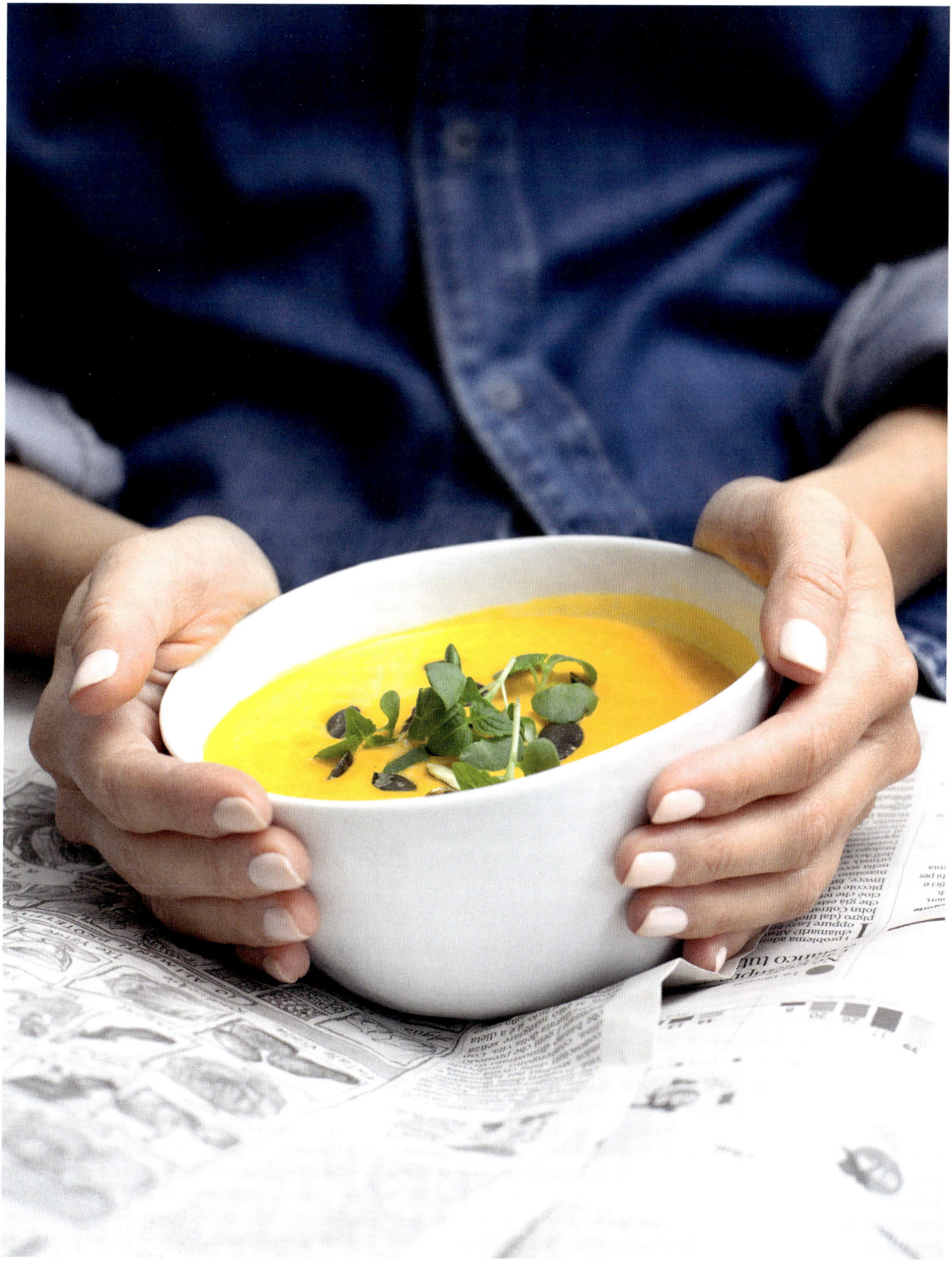

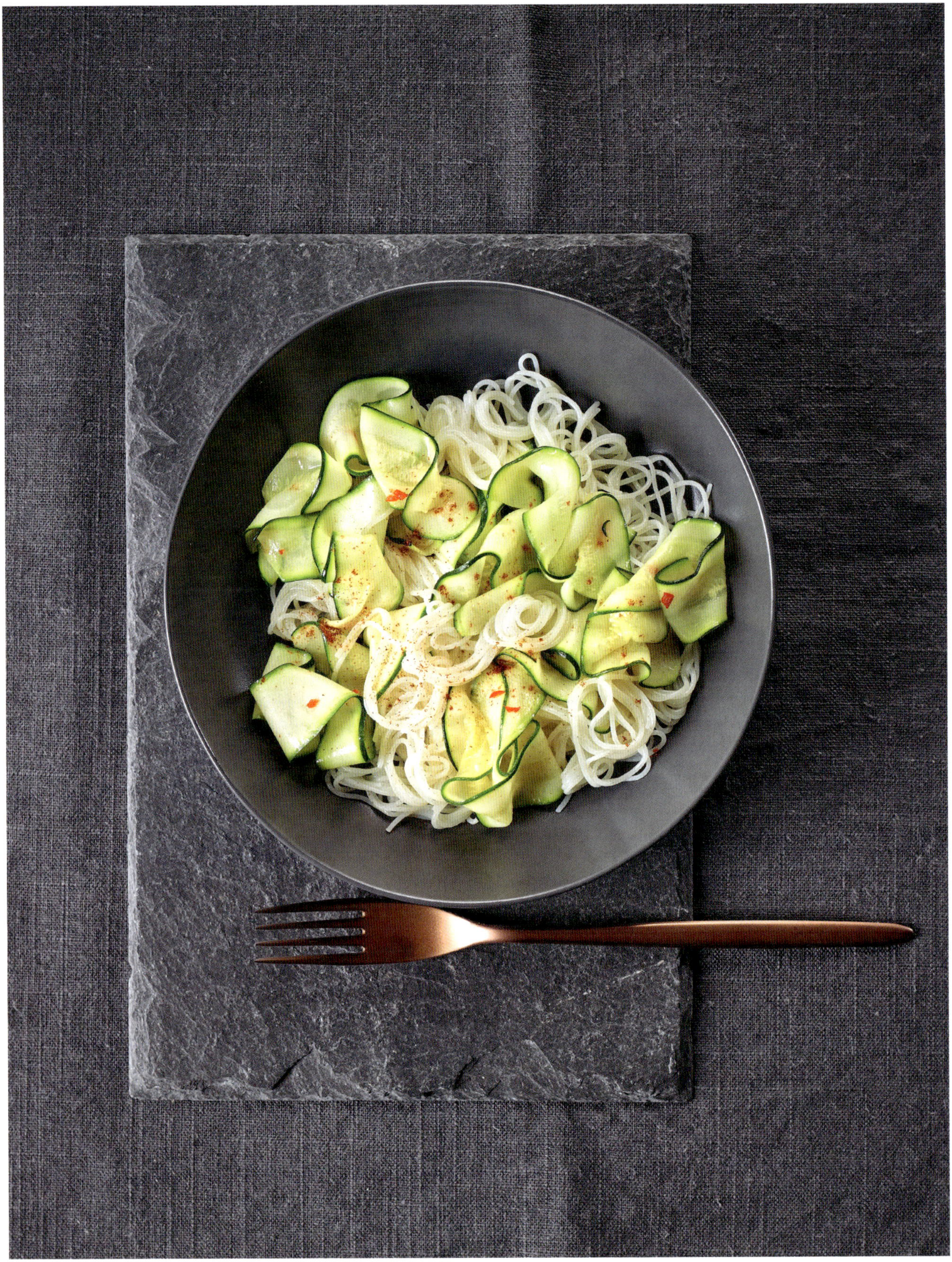

SCHNELLE REIS-NUDELPFANNE MIT ZUCCHINI

Diese Reisnudelpfanne ist ein total einfaches Gericht und gleichzeitig wahnsinnig lecker! Es macht solchen Spaß, mit nur wenigen Zutaten und ebenso wenigen Handgriffen ein schmackhaftes Essen zuzubereiten. Ich verwende qualitativ sehr hochwertiges Olivenöl, da es wertvolle Vitamine und ungesättigte Fettsäuren enthält und jedem Gericht superviel Aroma gibt. Es lohnt sich, in dieses Grundnahrungsmittel mehr Geld zu investieren. Dieses Pfannengericht gehört definitiv zu meinen Favoriten, weil es einfach immer lecker schmeckt und ich jederzeit darauf zurückgreifen kann, wenn es mal schnell gehen muss.

ZUBEREITUNGSZEIT 10–12 MINUTEN
FÜR 1 PERSON

VEGAN

100 g Reisnudeln
Salz
1 Zucchini
1–2 EL Olivenöl
1 Prise milde Chiliflocken (nach Belieben)

Reisnudeln nach Packungsangaben in kochendem **Salzwasser** garen. • In der Zwischenzeit die **Zucchini** waschen, putzen und mit einem Sparschäler längs in feine, lange Streifen schneiden. Das **Olivenöl** in einer großen Pfanne auf mittlerer Stufe erhitzen. Die Zucchinistreifen hineingeben, mit **Salz** und, falls verwendet, **Chiliflocken** würzen und unter gelegentlichem Rühren 4–5 Minuten braten. • Die fertig gegarten Reisnudeln in einen Durchschlag abgießen, kurz abtropfen lassen und zu den Zucchinistreifen in die Pfanne geben. Gut vermengen, das Gericht in eine Schale füllen und heiß genießen.

Pro Portion: 462 kcal (12 g EW • 6 g F • 87 g KH)

GEFÜLLTE ZUCCHINI AUS DEM OFEN

Ich nutze gern die Form von Gemüse und integriere sie in meine Rezepte. Diese gefüllten Zucchini sehen aus wie kleine Bälle voll mit leckerem Gemüse oder wie Boote, wenn man die längliche Sorte nimmt. Das ist auch eines der Gerichte, die einfach zauberhaft aussehen und wo das Verspeisen richtig Spaß macht. Vor allem sieht es nach einem sehr aufwendigen Rezept aus, dabei geht es recht schnell und ist überhaupt nicht kompliziert. Man braucht nur ein wenig Geduld, bis der Ofen sein Werk vollbracht hat und die Zucchini gar gebacken sind.

ZUBEREITUNGSZEIT 50–55 MINUTEN
FÜR 2 PERSONEN

VEGAN

2 runde Zucchini (alternativ 2 große oder 4 kleine längliche Zucchini)
350 g gegarte Quinoa (siehe Tipp)
1 rote oder gelbe Paprikaschote, entkernt und gewürfelt
1 Handvoll frische Petersilienblätter, gehackt
1 EL histaminfreier Apfelessig
1 EL Olivenöl
Salz
1 TL Kokosblütenzucker
1 Prise mildes Chilipulver (nach Belieben)

Den Backofen auf 200 °C Umluft vorheizen und ein Backblech mit Backpapier auslegen. • Die runden **Zucchini** waschen, vom Stielansatz einen „Deckel" abschneiden und die Zucchini mit einem Löffel aushöhlen. Die Samen sowie etwas Fruchtfleisch auskratzen, um Platz für die Füllung zu schaffen. Die ausgekratzte Masse entsorgen. • Die gegarte **Quinoa** in eine Schüssel geben. **Paprika, Petersilie, Apfelessig, Olivenöl,** etwas **Salz, Kokosblütenzucker** und, falls verwendet, **Chilipulver** zufügen und vermengen. Die Mischung in die ausgehöhlten Zucchinihälften füllen. • Die gefüllten Zucchini auf das vorbereitete Backblech setzen, die abgeschnittenen „Deckel" danebenlegen, mit Alufolie abdecken und 30 Minuten im vorgeheizten Ofen backen. Folie abnehmen und weitere 5–10 Minuten backen. • Die gebackenen Zucchini aus dem Ofen nehmen und auf Tellern anrichten. Die „Deckel" nach Belieben wieder aufsetzen und servieren.
Tipps: Koche die Quinoa am besten am Vorabend. Dazu 150 g Quinoa mit 375 ml Wasser etwa 15 Minuten köcheln und dann nachquellen lassen. Wenn du längliche Zucchini verwendest, diese längs aufschneiden und die Samen sowie etwas Fruchtfleisch auskratzen. Dann wie im Rezept beschrieben fortfahren.

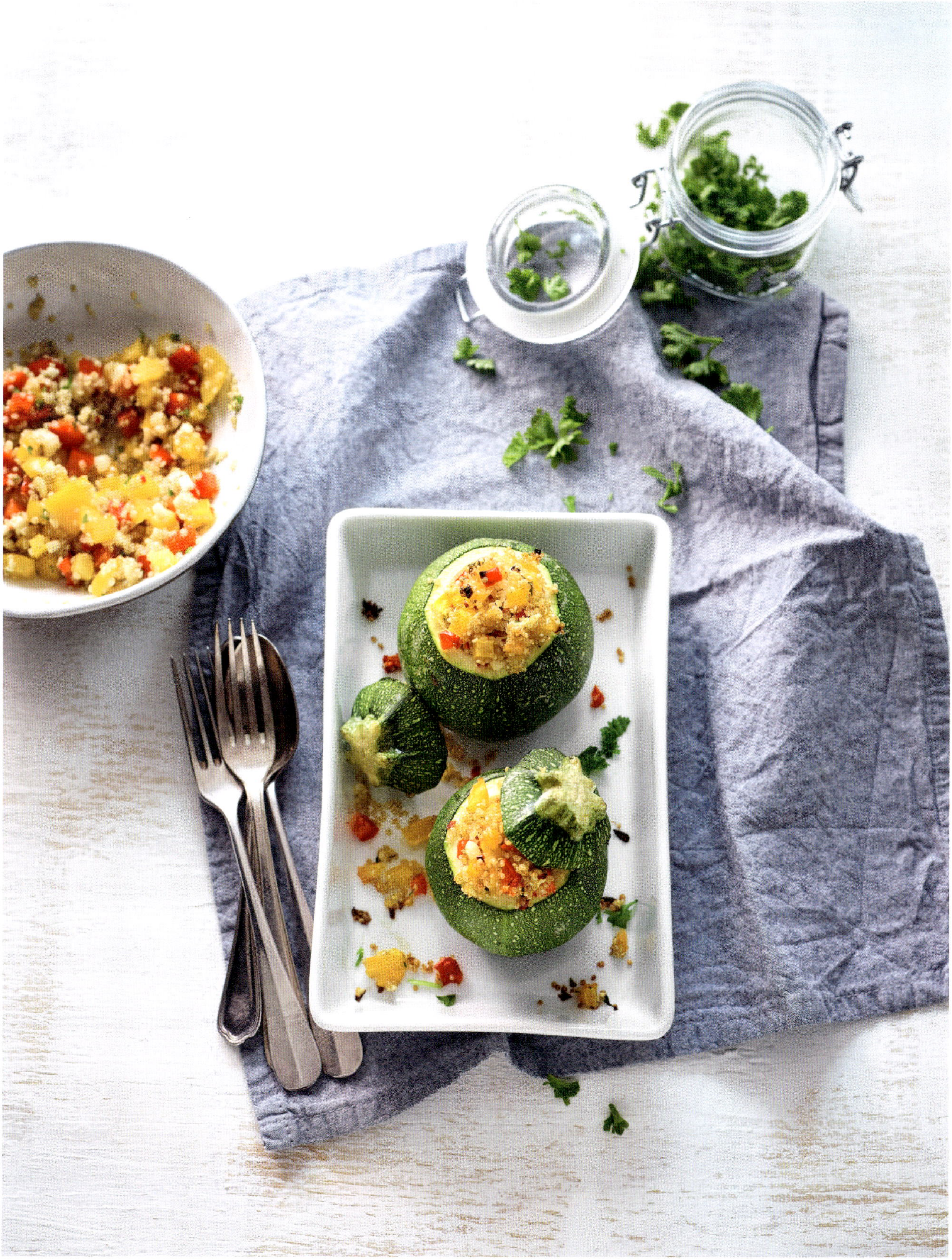

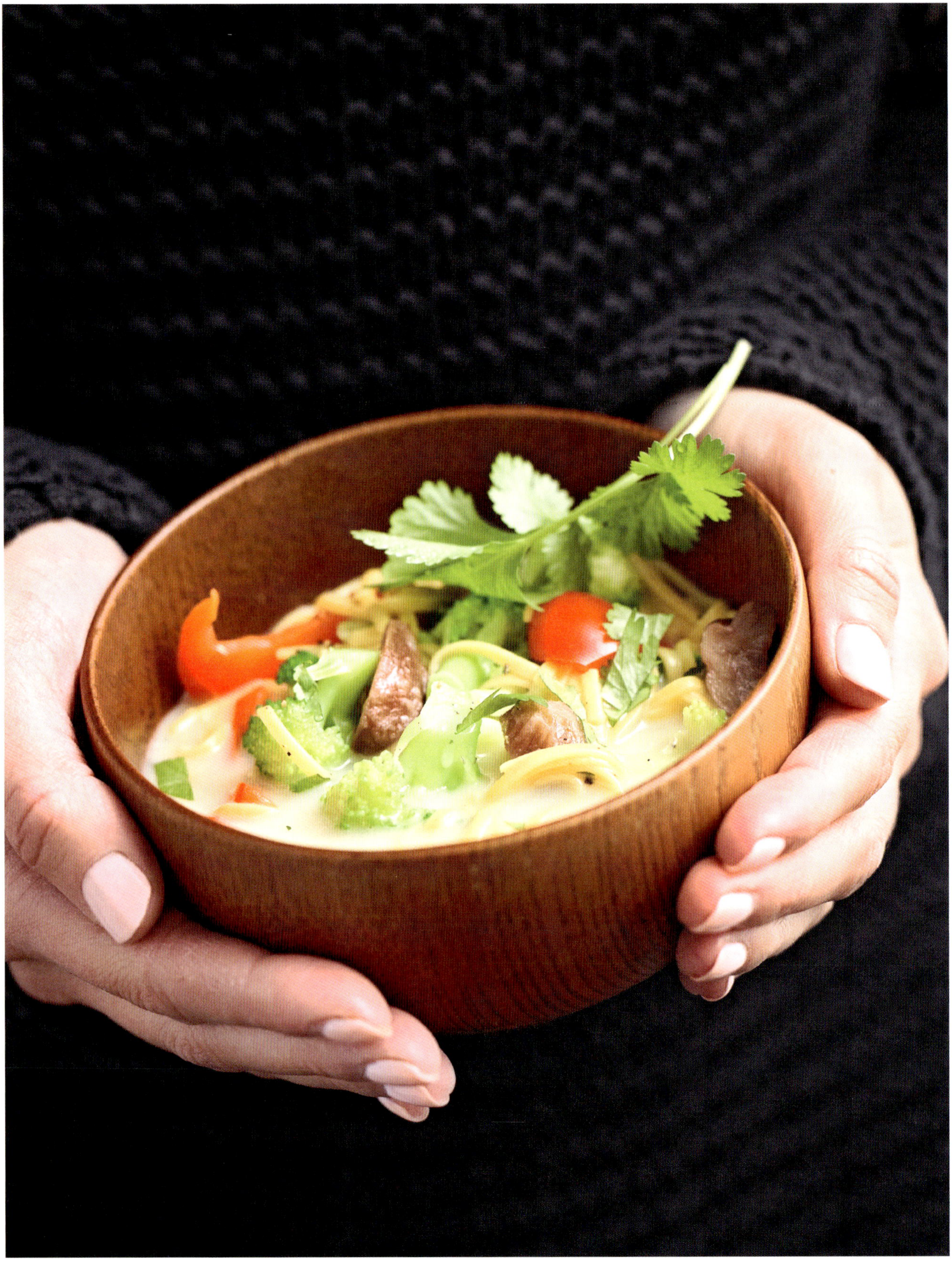

THAI-KOKOSSUPPE MIT MARONEN

Diese Suppe ist meine neueste Obsession. Ich war schon oft in Südostasien und liebe die Kultur und das Essen dort. Diese Kokossuppe gibt es bei mir bestimmt jede Woche, da ihre Zubereitung nur 15 Minuten dauert und sie einfach so unglaublich lecker ist. Als meine Lebensmittelintoleranzen diagnostiziert wurden, war ich traurig, Sushi und viele asiatische Gerichte wegen Soja meiden zu müssen, doch diese Suppe bringt mich endlich wieder dem asiatischen Essen näher. Du kannst selbst entscheiden, ob du die Suppe scharf möchtest und inwiefern du Chilipulver verträgst. Chili kann den Magen reizen und ist deswegen nicht für alle verträglich. Ich liebe jedoch scharfes Essen und kann auf eine kleine Prise einfach nicht verzichten.

ZUBEREITUNGSZEIT 15 MINUTEN
FÜR 4 PERSONEN

VEGAN

- 1 Brokkoli
- ½ rote Paprikaschote
- 250 ml cremige Kokosmilch
- 1 l hefefreie Gemüsebrühe
- 2 TL Kokosblütenzucker
- 100 g vakuumverpackte gegarte Maronen
- 100 g braune Reisnudeln
- 1 Msp. gemahlener Schwarzkümmel
- 1 Prise mildes Chilipulver (nach Belieben)
- frischer Koriander zum Garnieren, fein gehackt

Brokkoli waschen und in mundgerechte Röschen zerteilen. Die **Paprika** entkernen, waschen und klein schneiden. Brokkoli und Paprika mit der **Kokosmilch** in einen Topf geben und aufkochen. **Gemüsebrühe** und **Zucker** zufügen und bei mittlerer Hitze etwa 5 Minuten garen. • Die **Maronen** halbieren und mit den Reisnudeln zur Suppe geben. **Schwarzkümmel** und, falls verwendet, **Chilipulver** darüberstreuen und kochen, bis die Nudeln gar sind. • Thai-Kokossuppe auf Suppenschalen verteilen, mit frisch gehacktem **Koriander** garnieren und heiß servieren.

Pro Portion: 291 kcal (8 g EW • 13 g F • 36 g KH)

ORIENTALISCHE KÜRBISSPAGHETTI

Genau wie Zucchini lässt sich auch Butternut-Kürbis mit dem Spiralschneider zu Spaghetti verarbeiten. Diese Gemüsealternativen zu gewöhnlichen Getreidenudeln sind immer super, wenn du Kohlenhydrate einsparen willst, aber trotzdem das Gefühl genießen möchtest, Spaghetti zu essen. Zusammen mit den Cranberrys verleiht das Currypulver dem Gericht einen orientalischen Touch – dadurch schmeckt es besonders interessant und lecker.

ZUBEREITUNGSZEIT ETWA 25 MINUTEN
FÜR 2 PERSONEN

VEGAN

- 1 EL Kürbiskerne
- 1 mittelgroßer Butternut-Kürbis
- 1 EL Olivenöl
- 1 TL Zitronensaft (nach Belieben)
- 2 TL getrocknete Cranberrys (ungeschwefelt, ohne Zusatzstoffe)
- ½ TL Currypulver
- Salz

Die **Kürbiskerne** in einer kleinen Pfanne bei mittlerer Hitze unter Rühren kurz anrösten und vom Herd nehmen. • Den **Butternut-Kürbis** halbieren, entkernen und schälen. Dann mit einem Spiralschneider in Spaghetti schneiden. Reichlich Wasser in einem großen Topf aufkochen. Die Kürbisspaghetti zugeben und 3–4 Minuten garen. • Kürbisspaghetti in einen Durchschlag abgießen und kurz abtropfen lassen. Zurück in den Topf geben, **Olivenöl, Zitronensaft, Cranberrys, Currypulver** und etwas **Salz** zugeben und alles locker, aber gut vermengen. • Kürbisspaghetti auf Tellern anrichten, mit den gerösteten Kürbiskernen bestreuen und servieren.

Pro Portion: 197 kcal (4 g EW • 8 g F • 33 g KH)

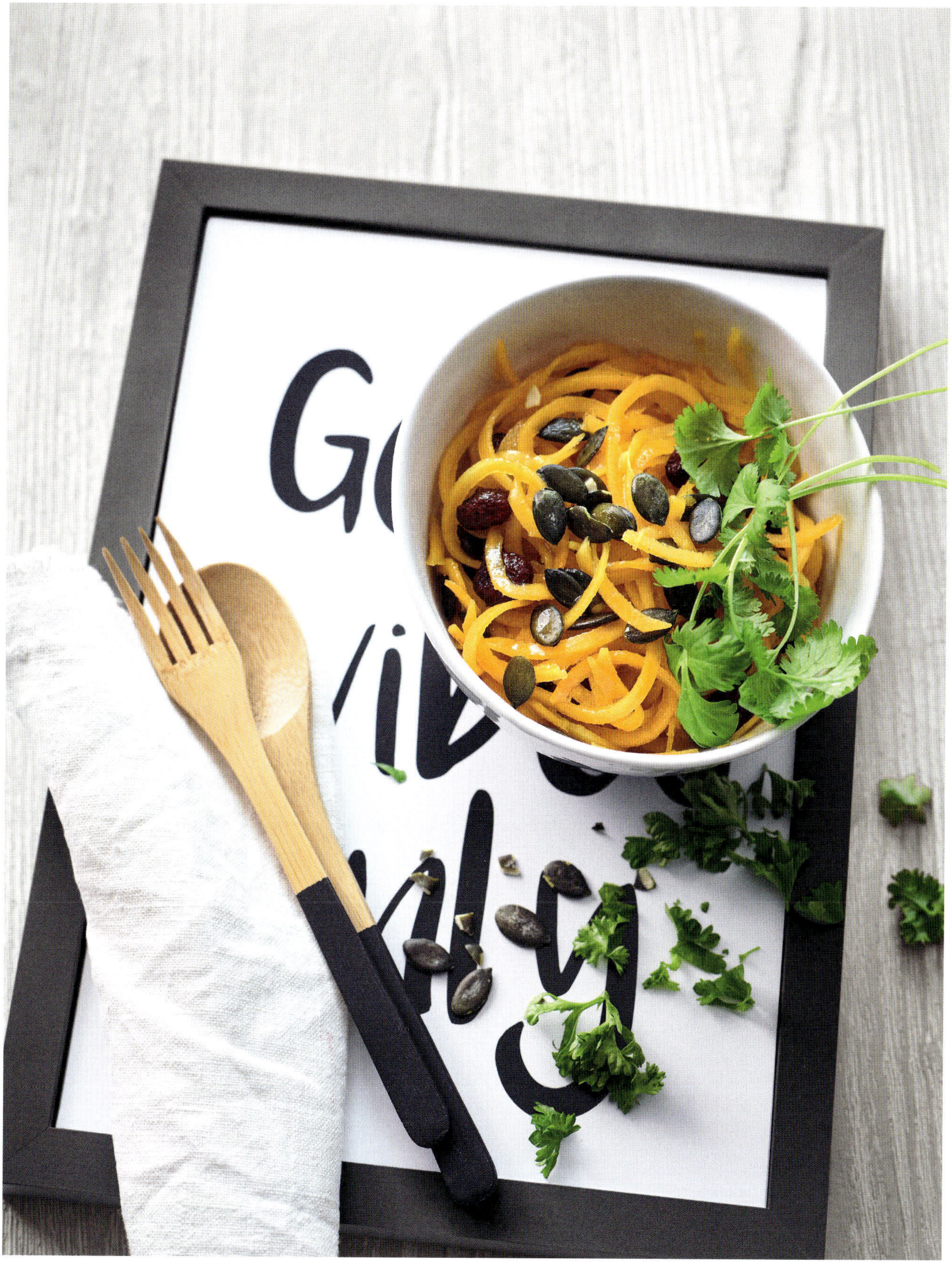

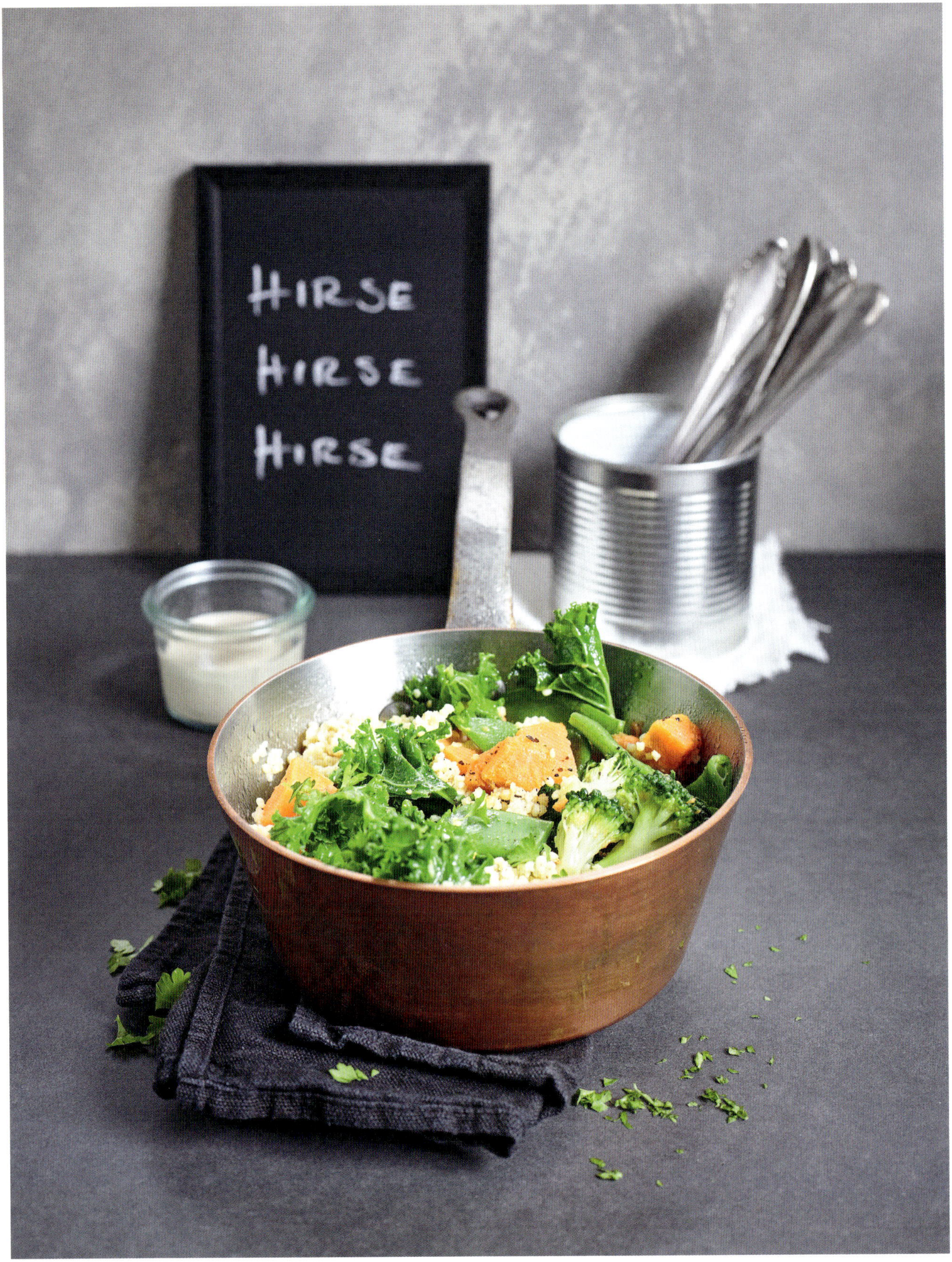
HIRSE
HIRSE
HIRSE

HIRSE-GEMÜSE MIT SÜSSKARTOFFELN

Nahrhafte Gemüsegerichte mag ich besonders gern – und dieses ist einfach unschlagbar gut, sodass ich es jeden Tag essen könnte. Vor allem die spezielle Kombination der Gemüsesorten finde ich persönlich besonders gelungen. Aber das Tolle an dem Rezept ist, dass du jedes Gemüse dafür verwenden kannst. Das Hirse-Gemüse ist außerdem sehr leicht verdaulich und eignet sich deshalb besonders gut zum Abendessen. Und wenn du es schaffst, etwas übrig zu lassen, hast du gleich ein tolles Mittagessen für den nächsten Tag.

ZUBEREITUNGSZEIT 25–30 MINUTEN
FÜR 2 PERSONEN

VEGAN

6 EL Hirse
1 Süßkartoffel (350–400 g)
150 g Brokkoli
150 g grüne Bohnen
2 Handvoll Grünkohlblätter, entstielt
1 EL Olivenöl
Salz

Die **Hirse** in einen Topf geben, 250 ml kochendes Wasser zugießen und bei geringer bis mittlerer Hitze 20–25 Minuten köcheln lassen, bis die Flüssigkeit aufgenommen ist. Die Herdplatte ausschalten, den Deckel auflegen und nachquellen lassen. • In der Zwischenzeit die **Süßkartoffel** schälen und in Würfel schneiden. Den **Brokkoli** waschen und in Röschen zerteilen. Die **Bohnen** waschen, putzen und halbieren. • Ausreichend Wasser in einen Dämpftopf füllen, Süßkartoffelwürfel, Brokkoli und Bohnen in den Einsatz geben, in den Topf setzen und je nach Größe der Stücke 20–25 Minuten dämpfen, bis sie weich sind. Alternativ das Gemüse in einen Topf geben, etwas Wasser angießen und 15–20 Minuten dünsten. • Die **Grünkohlblätter** waschen, in mundgerechte Stücke schneiden und 10 Minuten vor Ende der Garzeit zum Gemüse in den Dämpftopf geben. • Das gegarte Gemüse zur Hirse in den Topf geben, mit dem **Olivenöl** beträufeln, mit **Salz** würzen und vermengen. Das Gericht auf einen Teller geben und genießen.
Tipp: Zum Hirse-Gemüse passt die Tahini-Sauce (siehe Seite 131) sehr gut.

Pro Portion: 398 kcal (13 g EW • 8 g F • 64 g KH)

WÜRZIGES KÜRBIS-„RISOTTO"

Manchmal habe ich Lust auf ein würziges Gericht – dann ist dieses „Risotto" genau das Richtige. Es ist ganz einfach zuzubereiten und schmeckt mit den wenigen Zutaten absolut klasse. Ich koche mir gern noch eine Portion Quinoa-Nudeln dazu, damit ich länger satt bleibe, vor allem, wenn ich mir dieses „Risotto" als Mittagessen koche. Kürbis enthält viel Beta-Carotin – mit dem Effekt, dass der Teint eine rosige Farbe bekommt, wenn man regelmäßig und viel davon isst. Ich habe mal in einer Herbstsaison so viel Kürbis verputzt, dass man glatt hätte denken können, ich sei gerade vom Strandurlaub zurückgekommen.

ZUBEREITUNGSZEIT ETWA 30 MINUTEN
FÜR 2 PERSONEN

VEGAN

2 Handvoll Grünkohlblätter, entstielt und in mundgerechte Stücke geschnitten
600 g Hokkaido-Kürbisfleisch
2 TL Kokosöl
1 TL Currypulver
170 ml hefefreie Gemüsebrühe
80 ml cremige Kokosmilch
1–2 EL frisch gehackte Korianderblätter

Wasser in einem Topf zum Kochen bringen und den **Grünkohl** darin 2–3 Minuten garen. In einen Durchschlag abgießen, mit kaltem Wasser kurz abschrecken, dann abtropfen lassen und aus dem Kohl überschüssiges Wasser herausdrücken. • **Kürbis** grob raspeln. **Kokosöl** in einer großen Pfanne auf mittlerer Stufe erhitzen. Den geraspelten Kürbis zugeben, mit dem **Currypulver** bestreuen und 4–5 Minuten unter gelegentlichem Rühren braten. • Die **Gemüsebrühe** zugießen, den Deckel aufsetzen, die Hitze etwas reduzieren und 2–3 Minuten köcheln lassen. Dann die **Kokosmilch** zugießen, gut verrühren und weitere 4–5 Minuten garen. Den vorgegarten Grünkohl zugeben und noch 1–2 Minuten köcheln lassen, bis das Gericht schön cremig und der Kürbis weich ist. • Das Kürbis-„Risotto" mit dem gehackten **Koriander** bestreuen und aus der Pfanne heiß servieren.
Tipp: Wenn das Gericht reichhaltiger werden soll, kannst du zum Kürbis-„Risotto" noch gegarten Reis oder gekochte Quinoa-Nudeln servieren.

Pro Portion: 197 kcal (5 g EW • 11 g F • 16 g KH)

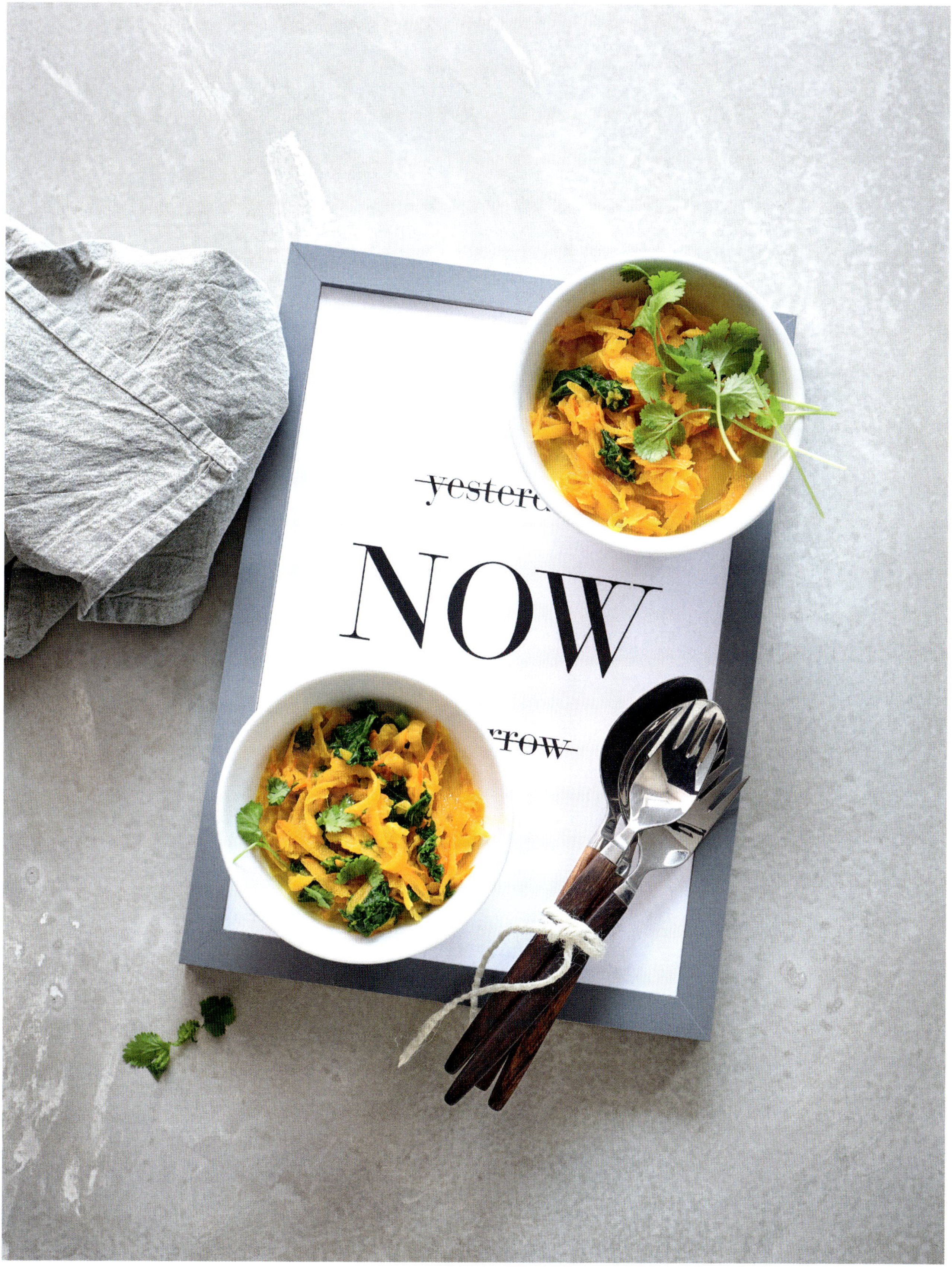
NOW

POTTERS SH

Cooking
for friends and family

BECAUSE SHARING
IS CARING

Ich liebe es, am Wochenende meine Familie einzuladen und für alle zu kochen. Zwar bin ich nicht mehr so oft zu Hause bei meinen Eltern in München, aber ich freue mich immer riesig auf unsere Familienabende. Wichtig ist für mich dabei, dass ich den Abend auch selbst genießen kann und nicht Stunden davor und zwischendurch in der Küche stehen muss. Diese Rezepte sind ganz einfach für eine größere Runde vorzubereiten und darauf abgestimmt, dass sie jedem schmecken. Bei neuen Freunden und Gästen teste ich immer, ob sie merken, dass alle Gerichte ohne Laktose, Gluten und Histamin zubereitet sind – es ist noch nie jemandem aufgefallen, da am Geschmack nichts fehlt. Lustigerweise hat in meinem Freundeskreis fast jeder etwas, was er nicht so gut verträgt. Somit wird das Essen eine richtige Bereicherung für alle, wenn man erkennt, dass man trotz Intoleranzen nicht auf Genuss verzichten muss. Bei mir geht nie jemand hungrig wieder nach Hause!

BIKINI-BURGER

Die leckerste Alternative zu herkömmlichen Burgern, die so leicht ist, dass sich einfach jeder im Bikini oder in der Badehose wohlfühlen kann.

Für die Brötchen
200 g laktosefreier Magerquark
2 Wachteleier
250 g braunes Teffmehl
1 TL Backpulver
1 Prise Salz

Für die Pommes
3 Süßkartoffeln (à 350–400 g; ungeschält, falls Bioware)
2 EL Kokosöl, geschmolzen
4 EL Polenta (Maisgrieß)
½ TL Salz

Für die Füllung
½ Rezeptmenge Basilikumpesto (siehe Seite 160)
1 Hähnchenbrust
1 TL Kokosöl
Salz
frisch gemahlener schwarzer Pfeffer
6 Salatblätter
1 kleine Salatgurke
½ rote Paprikaschote

Für den Dip
150 g laktosefreier Magerquark
1 TL Leinöl
½–1 TL mildes Paprikapulver
1 Prise Salz

Den Backofen auf 180 °C Umluft vorheizen und zwei Backbleche mit Backpapier auslegen. • Für die Brötchen **Magerquark, Wachteleier, Teffmehl, Backpulver** und **Salz** mit 50 ml warmem Wasser in eine Schüssel geben und gut verrühren. Den Teig zu sechs gleich großen Brötchen formen und auf eines der vorbereiteten Backbleche setzen. Im Ofen 20–25 Minuten backen. Aus dem Ofen nehmen, auf ein Kuchengitter setzen und auskühlen lassen. • Inzwischen für die Pommes die **Süßkartoffeln** in 1 cm dicke, lange Stifte schneiden und in einen großen Gefrierbeutel geben. **Kokosöl, Polenta** und **Salz** zugeben, den Beutel verschließen und gut schütteln, bis die Kartoffelstifte mit der Mischung überzogen sind. Die Pommes gleichmäßig auf dem zweiten Backblech verteilen, gegen Ende der Brötchenbackzeit mit in den Ofen geben und 30–40 Minuten backen. • Inzwischen für die Füllung die halbe Menge **Basilikumpesto** wie auf Seite 160 beschrieben zubereiten und beiseitestellen. • Die **Hähnchenbrust** abspülen, trocken tupfen und in Scheiben schneiden. Das **Kokosöl** in einer beschichteten Pfanne auf hoher Stufe erhitzen. Fleischscheiben darin von beiden Seiten jeweils 2–3 Minuten braten. Mit **Salz** und **Pfeffer** würzen und vom Herd nehmen. • Die **Salatblätter** waschen und trocken schleudern. Die **Gurke** waschen und in dünne Scheiben schneiden. Die **Paprikahälfte** entkernen, waschen und in Streifen schneiden. • Für den Dip **Magerquark, Leinöl, Paprikapulver** und **Salz** verrühren und in eine Servierschale füllen. • Kurz vor Ende der Pommesbackzeit die Brötchen aufschneiden und die Schnittflächen mit dem Pesto bestreichen. Je ein Salatblatt auf die unteren Hälften legen und die Hähnchenscheiben darauf anrichten. Dann mit Gurkenscheiben und Paprikastreifen belegen und die oberen Brötchenhälften aufsetzen. • Die Süßkartoffelpommes aus dem Ofen nehmen und mit den Burgern und dem Dip servieren.
Tipp: Die Schale der Süßkartoffeln nur mitessen, wenn die Süßkartoffeln im Bioladen gekauft wurden, sonst die Kartoffeln geschält verwenden.

ZUBEREITUNGSZEIT 60–65 MINUTEN

FÜR 6 PERSONEN

ZUBEREITUNGSZEIT 50–60 MINUTEN
FÜR 4 PERSONEN

KRÄUTER-GNOCCHI MIT PESTO

Ich liebe simple Gerichte, die superlecker und noch dazu gesund sind. Ich esse diese Gnocchi am liebsten mit frischem, selbst gemachtem Basilikumpesto oder mit meiner leckeren Paprikasauce. Dieses Gnocchi-Rezept ist auch für Kinder sehr gut geeignet und außerdem eine viel gesündere Alternative zu Fertigprodukten. Das Beste ist, dass die Kräuter-Gnocchi so einfach zu machen sind, dass man es auch nach einem langen Arbeitstag noch schafft, sie zuzubereiten.

VEGAN

1,2 kg Kartoffeln
100 g Reismehl
5 leicht gehäufte EL Speisestärke
2 Prisen gemischte getrocknete italienische Kräuter
¼–½ TL Salz
frische Basilikumblätter zum Garnieren

Für das Basilikumpesto
110 g frisches Basilikum, Blätter abgezupft
10–12 Macadamianüsse
3 EL Olivenöl
Salz

Die **Kartoffeln** schälen und in Stücke schneiden. Ausreichend Wasser in einen Dämpftopf füllen, die Kartoffelstücke in den Einsatz geben, in den Topf setzen und je nach Größe der Stücke 20–25 Minuten dämpfen, bis sie sehr weich sind. Oder die Kartoffelstücke in einen Topf geben, knapp mit Wasser bedecken und je nach Größe 15–20 Minuten sehr weich kochen. • Für das Pesto **Basilikum, Macadamianüsse, Olivenöl** und etwas **Salz** mit 75 ml Wasser in den Personal Blender geben und glatt mixen. Basilikumpesto in eine Schale füllen und beiseitestellen. • Die Kartoffeln aus dem Dämpftopf nehmen (oder gegebenenfalls abgießen) und kurz abkühlen lassen. In eine große Schüssel geben und mit einer Gabel zerdrücken. **Reismehl, Speisestärke, Kräuter** und **Salz** zugeben und gut mit den Händen verkneten, bis ein Teig entsteht. • Den Gnocchiteig zu zwei oder drei langen und 3–4 cm dicken Rollen formen, diese in 2 cm dicke Scheiben schneiden und mit der Gabel zu Gnocchi formen. • Reichlich Wasser in einem großen Topf zum Kochen bringen. Die Gnocchi zugeben, die Hitze auf niedrige Stufe reduzieren und etwa 2–3 Minuten gar ziehen lassen, bis die Gnocchi an die Oberfläche steigen. Dann sind sie fertig gegart. • Die Gnocchi mit einem Schaumlöffel aus dem Wasser heben, dabei abtropfen lassen. Kräuter-Gnocchi auf Schalen oder Teller verteilen, mit **Basilikum** garnieren und mit dem Basilikumpesto servieren.
Tipp: Statt Pesto kannst du auch eine Rezeptmenge von meiner leckeren Paprikasauce (siehe Seite 183) zu den Gnocchi servieren.

Pro Portion: 458 kcal (8 g EW • 14 g F • 73 g KH)

POLENTA-GEMÜSE-LASAGNE

Wer braucht Fleisch, wenn man eine sowohl köstliche als auch nahrhafte vegane Lasagne essen kann? Das Rezept nimmt etwas mehr Zeit in Anspruch, aber ich verspreche dir, es lohnt sich!

ZUBEREITUNGSZEIT 60–65 MINUTEN
FÜR 4 PERSONEN

VEGAN

2 TL hefefreies Gemüsebrühepulver
200 g Polenta (Maisgrieß)
6 Zucchini
2 rote Paprikaschoten
Salz
2 EL mildes Rapsöl
frische Basilikumblätter zum Garnieren

Das **Gemüsebrühepulver** mit 700 ml Wasser in einen Topf geben und zum Kochen bringen. Die Hitze reduzieren, die **Polenta** langsam einrieseln lassen und unter ständigem Rühren mit einem Schneebesen gut einarbeiten. 5 Minuten weiterrühren, bis die Polentamasse geschmeidig ist. Den Herd ausschalten und noch 5 Minuten nachgaren lassen. • Zwei Backbleche mit Backpapier auslegen. Die Polentamasse je zur Hälfte auf die Bleche geben und etwa 1 cm gleichmäßig dünn zu Rechtecken ausstreichen. 30 Minuten ruhen und fest werden lassen. Dann die Polentarechtecke in 16 bis 20 quadratische oder rechteckige Stücke schneiden. • In der Zwischenzeit die **Zucchini** waschen und putzen. Eine Zucchini beiseitelegen, die restlichen fünf würfeln. Die **Paprika** waschen, entkernen und würfeln. Zucchini- und Paprikawürfel in eine große beschichtete Pfanne geben und auf mittlerer Stufe einige Minuten anschwitzen lassen. Mit etwas Wasser ablöschen und bei geringer Hitze 5–8 Minuten abgedeckt dünsten, bis das Gemüse gar ist. Mit **Salz** abschmecken. • Inzwischen die übrige Zucchini quer halbieren und längs in feine Scheiben schneiden. Je 1 EL **Rapsöl** in zwei großen Pfannen auf mittlerer Stufe erhitzen. Die Polentastücke in eine der Pfannen geben und im heißen Öl von beiden Seiten jeweils 2–3 Minuten knusprig braten. Die Zucchinischeiben in die andere Pfanne geben und von beiden Seiten jeweils 1–2 Minuten braten. • Je ein bis zwei Polentastücke auf vier Teller legen, jeweils etwa 1 EL Gemüsewürfel auf ein Stück setzen und je einen Zucchinistreifen darüberlegen. Dann zum Schichten wieder jeweils ein Polentastück, 1 EL Gemüse und einen Zucchinistreifen daraufgeben und auf diese Weise kleine Türme schichten. Wie viele es werden und wie hoch du die Türmchen werden lässt, ist ganz dir überlassen. Mit **Basilikum** garnieren und servieren.

Pro Portion: 188 kcal (8 g EW • 7 g F • 19 g KH)

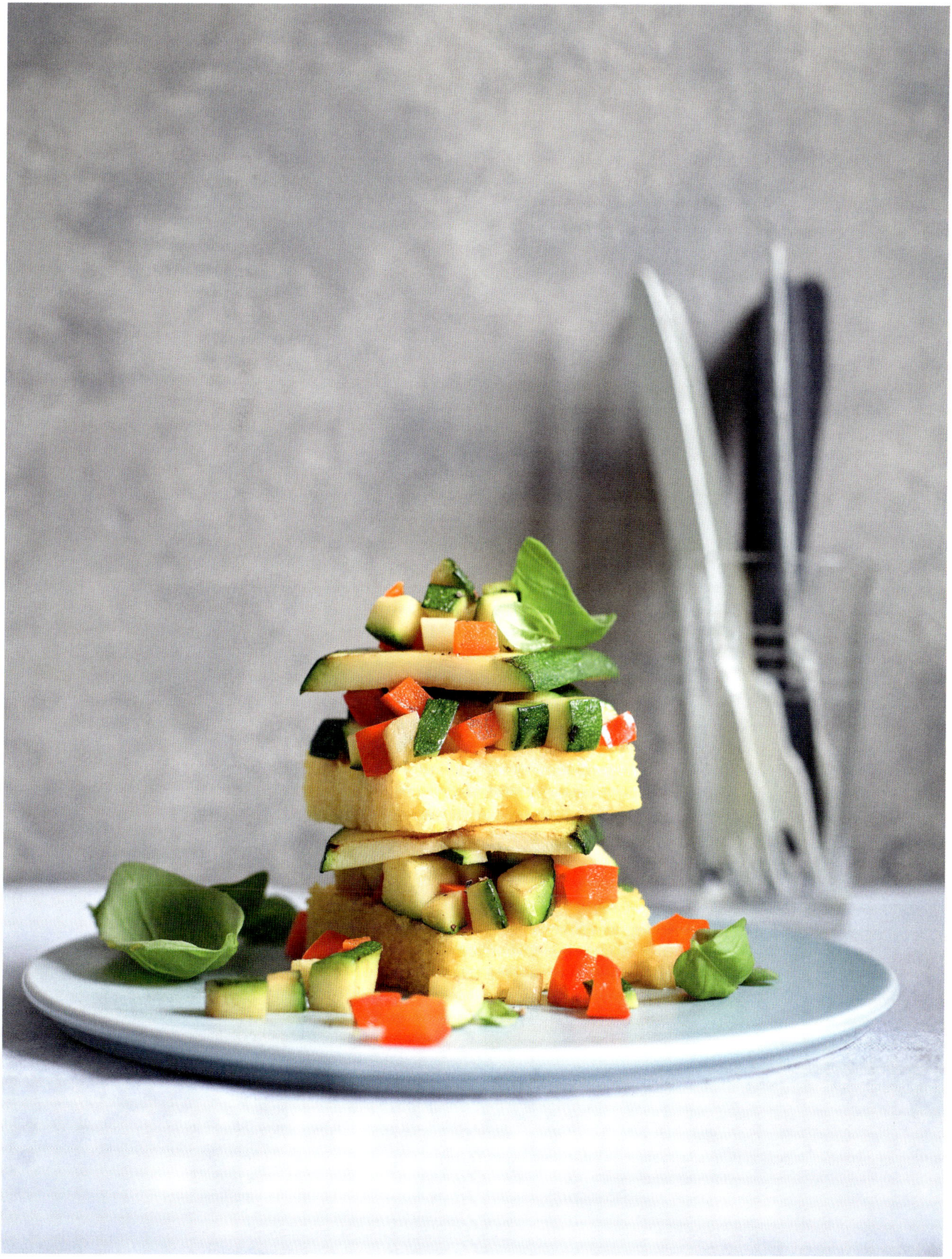

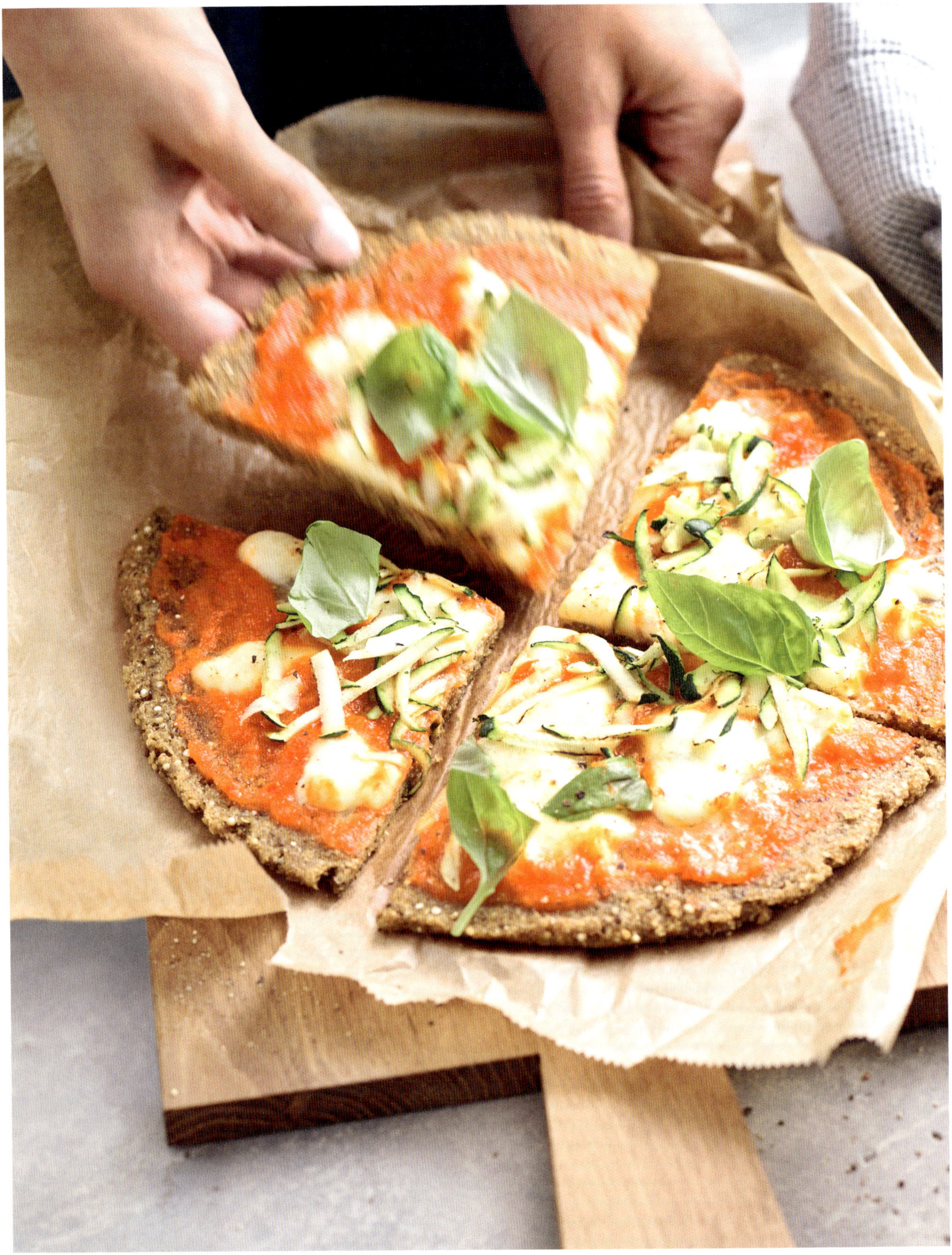

QUINOA-PIZZA

Pizza trotz Lebensmittelintoleranzen? Aber klar doch! Du fragst dich bestimmt, ob die Quinoa-Alternative schmeckt, und ich gebe zu, dass ich vom Resultat wahrscheinlich am meisten überrascht war: Diese Quinoa-Pizza ist einfach köstlich! Bei diesem Rezept ist das Timing der Zubereitungsschritte besonders wichtig, damit man nicht stundenlang in der Küche steht.

ZUBEREITUNGSZEIT 90–95 MINUTEN
FÜR 4 PIZZEN

Für die Pizzaböden
25 g Chiasamen
300 g Quinoa
1 Prise Salz
¼ TL Natron
60 ml Olivenöl

Für den Belag
½ Rezeptmenge Paprikasauce ohne Leinöl (siehe Seite 183)
250 g laktosefreier Mozzarella
1 Zucchini
Salz
1 TL getrockneter Thymian
1 Handvoll frische Basilikumblätter

Für die Pizzaböden die **Chiasamen** mit 75 ml Wasser in eine Schüssel geben, verrühren und 20–25 Minuten quellen lassen. • In der Zwischenzeit den Backofen auf 180 °C Umluft vorheizen und zwei Backbleche mit Backpapier auslegen. • **Quinoa** in einen Topf geben, 900 ml kaltes Wasser zugeben und aufkochen. Bei mittlerer Hitze 3 Minuten garen, dann die Quinoa in ein Sieb abgießen und mit kaltem Wasser abschrecken. Sehr gut abtropfen lassen. • Chiasamen, Quinoa, **Salz, Natron** und **Olivenöl** mit 150 ml Wasser in den Mixer geben und gut mixen, bis die Masse dickflüssig ist. Den Teig in vier gleichmäßig großen Portionen auf die beiden vorbereiteten Backbleche geben und mit einer Kelle zu 1 cm dicken und 22–25 cm großen Kreisen formen. Die Pizzaböden im vorgeheizten Ofen 40 Minuten backen. • Inzwischen für den Belag wie auf Seite 183 beschrieben die halbe Menge **Paprikasauce** zubereiten (das Leinöl nicht zufügen). • Während der Saucengarzeit den **Mozzarella** in dünne Scheiben schneiden. Die **Zucchini** waschen, putzen und raspeln. • Die Backbleche aus dem Ofen nehmen und die Pizzaböden gleichmäßig mit der Paprikasauce bestreichen. Die Zucchiniraspel darauf verteilen, mit den Mozzarellascheiben belegen, mit **Salz** und **Thymian** bestreuen und die Pizzen weitere 15 Minuten im Ofen backen. • Die Backbleche herausnehmen, die Quinoa-Pizzen mit den **Basilikumblättern** bestreuen und frisch servieren.
Tipp: Bereite die Paprikasauce am Vortag zu, am besten gleich die ganze Rezeptmenge, dann kannst du die Hälfte davon für ein anderes Gericht am nächsten Tag verwenden.

Pro Pizza: 652 kcal (25 g EW • 34 g F • 55 g KH)

KNUSPRIGE QUINOA-PATTIES AUS DEM OFEN

Wer hätte gedacht, dass du im Grunde genommen nur zwei Zutaten brauchst, um einige leckere und knusprige Patties zuzubereiten? Die gekochte Quinoa ist bereits schön klebrig und die Süßkartoffel gibt dem Gericht nicht nur etwas Süße, sondern auch noch den letzten Schub Klebstoff. Die Quinoa-Patties werden im Backofen herrlich knusprig, was ich ganz besonders gern mag.

VEGAN

315 g Quinoa
1 Süßkartoffel (350–400 g)
Salz
1 EL Kokosöl

Quinoa mit 800 ml Wasser in einen Topf geben, aufkochen und bei geringer bis mittlerer Hitze 15–20 Minuten köcheln lassen, bis die Flüssigkeit aufgenommen ist. Vom Herd nehmen und 5–10 Minuten nachquellen und abkühlen lassen. • Parallel dazu die **Süßkartoffel** schälen und würfeln. In einen Topf geben, bis zur Hälfte mit Wasser bedecken und etwa 20 Minuten kochen, bis die Süßkartoffelwürfel sehr weich sind. Abgießen und leicht abkühlen lassen. • Inzwischen den Backofen auf 190 °C Umluft vorheizen und ein Backblech mit Backpapier auslegen. • Die Quinoa in eine Schüssel füllen und mit einem Löffelrücken zerdrücken, bis eine Paste entsteht. Die Süßkartoffelwürfel zur Quinoa geben, etwas **Salz** darüberstreuen und mit einer Gabel zerdrücken, dabei alles gut vermischen. • Die Masse zu acht bis zwölf Bratlingen formen. Das **Kokosöl** in einer großen Pfanne auf mittlerer bis hoher Stufe erhitzen und die Patties darin von beiden Seiten 2–3 Minuten braten. • Die Patties auf das vorbereitete Backblech setzen und im vorgeheizten Ofen 20 Minuten backen, bis sie schön knusprig sind. Herausnehmen und die Quinoa-Patties heiß servieren.

Tipp: Die Quinoa darf in diesem Fall gern etwas überkocht sein, da die Körner dann noch klebriger werden, was gut ist, um aus der Mischung Bratlinge zu formen. Zu den knusprigen Patties passt ein grüner Salat sehr gut.

Pro Portion: 424 kcal (11 g EW • 7 g F • 73 g KH)

ZUBEREITUNGSZEIT 60–65 MINUTEN

FÜR 4 PERSONEN

ZUBEREITUNGSZEIT 55–60 MINUTEN
PLUS MIND. 20 MINUTEN KÜHLZEIT
FÜR 5 PERSONEN

Tipp: Du kannst die rohen Gnocchi bis zu 2 Tage im Kühlschrank aufbewahren. Dann solltest du sie aber zusätzlich mit Frischhaltefolie abdecken, damit sie nicht austrocknen.

SÜSSKARTOFFEL-KÜRBIS-GNOCCHI

VEGAN

500 g Süßkartoffeln, geschält und in Stücke geschnitten
850 g Hokkaido-Kürbisfleisch, in Stücke geschnitten
1 Rezeptmenge Paprikasauce (siehe Seite 183)
350 g Dinkelmehl oder glutenfreie Mehlmischung (siehe unten glutenfreie Variante) plus etwas mehr Mehl bei Bedarf und zum Bestäuben
1 Prise frisch geriebene Muskatnuss
Salz
frische Basilikumblätter zum Garnieren

Das Rezept ist NICHT glutenfrei! Weiter unten findest du die glutenfreie Variante.

Ausreichend Wasser in einen Dämpftopf füllen. **Süßkartoffel-** und **Kürbisstücke** in den Einsatz geben, in den Topf setzen und je nach Größe der Stücke 25–30 Minuten dämpfen, bis sie sehr weich sind. • **Paprikasauce** wie auf Seite 183 beschrieben zubereiten und warm halten. • Das Gemüse in eine große Schüssel geben, etwas abkühlen lassen und mit einer Gabel zerdrücken. **Dinkelmehl, Muskatnuss** und etwas **Salz** dazugeben und gut zu einem Teig vermischen. Wenn die Konsistenz zu feucht ist, noch etwas **Mehl** dazugeben. • Die Arbeitsfläche mit **Mehl** bestäuben, den Gnocchiteig in acht Portionen teilen und zu etwa 3 cm dicken Strängen rollen. In mundgerechte Stücke schneiden, mit einer Gabel zu Gnocchi formen und in einer Lage auf ein mit Backpapier ausgelegtes Backblech geben. Die Gnocchi dürfen sich nicht berühren, sonst kleben sie aneinander. Mit einem Küchentuch abdecken, damit sie nicht austrocknen. Die Gnocchi mindestens 20 Minuten kalt stellen. • Zwei große Töpfe zur Hälfte mit Wasser füllen und zum Kochen bringen. Temperatur reduzieren, Gnocchi einzeln nacheinander vorsichtig in das kochende Wasser geben und etwa 4 Minuten gar ziehen lassen. Wenn die Gnocchi an die Oberfläche steigen, sind sie fertig. • Mit einem Schaumlöffel aus dem Wasser heben und auf einem Kuchengitter kurz abtropfen lassen. Süßkartoffel-Kürbis-Gnocchi auf Teller verteilen, mit **Basilikum** garnieren und mit der Paprikasauce servieren.

Glutenfreie Variante: * Wie oben beschrieben **Süßkartoffeln** und **Kürbis** garen und zerdrücken. Dann aber statt Dinkelmehl folgende glutenfreie Mehlmischung verwenden: 240 g **Reismehl,** 80 g **Maisstärke** und 30 g **Kokosmehl. Muskat** und **Salz** einarbeiten und wie oben beschrieben fortfahren. Die Gnocchi allerdings in drei bis vier Durchgängen garen, also die Töpfe nicht überfüllen! Nur kurz gar ziehen lassen, etwa 1–2 Minuten, sonst werden sie matschig.

Pro Portion: 450 kcal (13 g EW • 5 g F • 82 g KH)   * Pro Portion: 448 kcal (9 g EW • 5 g F • 88 g KH)

PANIERTES KOKOSHUHN MIT MANGO-COUSCOUS

Warum nicht einfach Kokosraspel als gesunde Panade nehmen? Das habe ich mir gedacht und direkt umgesetzt. Und tatsächlich sind sie nicht nur gesünder als Paniermehl, sondern schmecken auch noch viel interessanter. Ich bin mir sicher, dass keiner deiner Gäste die Kombination von Hähnchen mit Mango und Couscous vorher schon probiert hat. Bisher hat dieses Gericht in der Familie und bei meinen Freunden stets Begeisterung ausgelöst.

4 Hähnchenbrüste
4–5 EL Olivenöl
4 EL frisch gehackte Korianderblätter
6 EL Kokosraspel
Salz
160 g Couscous oder Quinoa (siehe unten glutenfreie Variante)
2 Mangos, in Würfel geschnitten
4 Stängel frische Minze, Blätter abgezupft und gehackt

Das Rezept ist NICHT glutenfrei! Weiter unten findest du die glutenfreie Variante.
Den Backofen auf 180 °C Umluft vorheizen und ein Backblech mit Backpapier auslegen. • Die **Hähnchenbrüste** abspülen und trocken tupfen. 2 EL **Olivenöl, Koriander** und **Kokosraspel** mit etwas **Salz** vermischen. Die Panade auf die Hähnchenbrüste streichen und mit den Fingern einmassieren, bis die Kokosraspel am Fleisch festkleben. • Die panierten Hähnchenbrüste auf das vorbereitete Backblech legen und im vorgeheizten Ofen 20 Minuten backen, bis das Fleisch durchgegart ist. • In der Zwischenzeit in einem Topf 400 ml Wasser aufkochen, etwas **Salz** zufügen und den **Couscous** ins kochende Wasser geben. 4–5 Minuten unter Rühren garen. Dann vom Herd nehmen, den Deckel aufsetzen und den Couscous einige Minuten ziehen lassen. • Den noch warmen gegarten Couscous in eine Schüssel geben. **Mango** und gehackte **Minze** zugeben, restliches **Olivenöl** darüberträufeln und vermengen. Mit **Salz** abschmecken. • Das Kokoshuhn aus dem Ofen nehmen und auf Teller verteilen. Mit dem Mango-Couscous anrichten und genießen.

Glutenfreie Variante: *Statt Couscous 160 g **Quinoa** verwenden und diese zuerst garen, da sie länger braucht als Couscous. Dazu die Quinoa mit 400 ml Wasser in einen Topf geben, aufkochen und bei mittlerer Hitze etwa 15 Minuten garen. Vom Herd nehmen und noch 5–10 Minuten nachquellen und abkühlen lassen. Während der Quinoa-Garzeit die **Hähnchenbrust** zubereiten und wie oben beschrieben fortfahren.

Pro Portion: 499 kcal (42 g EW • 16 g F • 41 g KH)   *Pro Portion: 506 kcal (43 g EW • 18 g F • 38 g KH)

ZUBEREITUNGSZEIT 30 MINUTEN
FÜR 4 PERSONEN

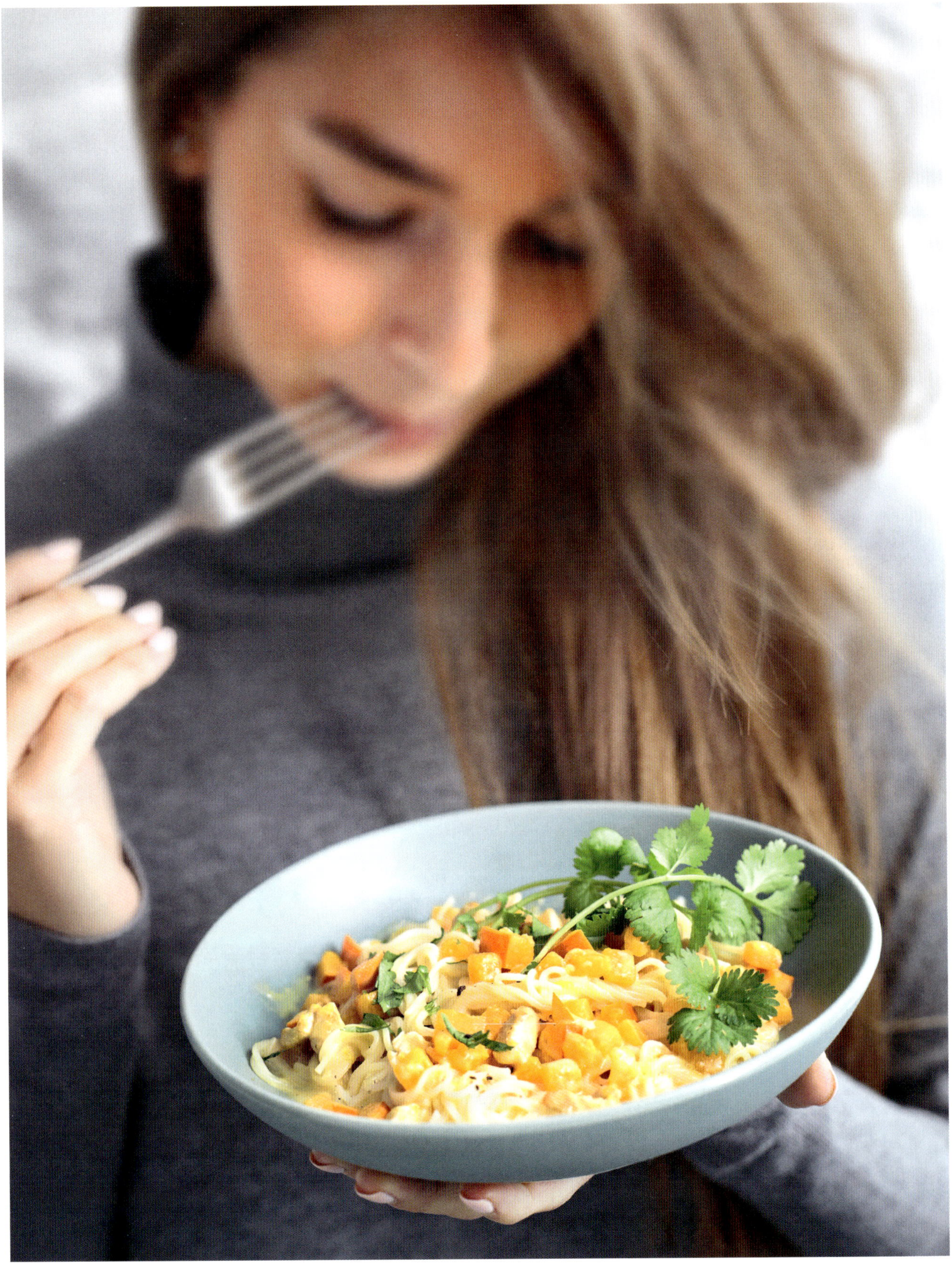

„SPAGHETTI BOLOGNESE" MIT KÜRBIS UND HUHN

Als Kind habe ich gern Spaghetti bolognese gegessen, aber wegen der Tomaten und Zwiebeln konnte ich das jahrelang nicht mehr. Endlich habe ich ein Gericht entwickelt, das mich voll und ganz trösten kann. Zwar ist es nicht das Original, schmeckt aber trotzdem total lecker und ist noch dazu viel gesünder. Der Kürbis wird beim Garen richtig schön cremig und durch die Kokosmilch sogar noch cremiger. Du kannst statt Hähnchen auch gern Hackfleisch verwenden. Ich esse lieber helles Fleisch.

ZUBEREITUNGSZEIT 35 MINUTEN
FÜR 5 PERSONEN

2 Hähnchenbrüste
1,4 kg Hokkaido-Kürbisfleisch
6 g frischer Ingwer (etwa 4-cm-Stück)
4 TL Kokosöl
½ TL mildes Chilipulver (nach Belieben)
75 ml cremige Kokosmilch
Salz
500 g Reisspaghetti
2 Handvoll frische Korianderblätter, gehackt
frische Korianderstängel zum Garnieren (nach Belieben)

Die **Hähnchenbrüste** abspülen, trocken tupfen und mit einem scharfen Messer in sehr kleine Würfel schneiden. Den **Kürbis** ebenfalls sehr klein würfeln und in eine Schüssel geben. • Den **Ingwer** schälen, fein reiben und mit dem **Kokosöl** in eine große Pfanne geben. Auf mittlerer Stufe erhitzen und den Ingwer 2–3 Minuten garen, bis er leicht angeröstet ist und duftet – er soll nicht braun werden. Dann, falls verwendet, das **Chilipulver** einrühren. • Die Hähnchenwürfel in die Pfanne geben und 2–3 Minuten unter gelegentlichem Rühren braten. Dann die Kürbiswürfel zugeben und gut vermengen. Die Hitze reduzieren, den Deckel auf die Pfanne setzen und 5–7 Minuten dünsten, dabei zwischendurch immer wieder umrühren. Kurz bevor der Kürbis weich ist, die **Kokosmilch** einrühren. Mit **Salz** würzen, noch 2–3 Minuten köcheln lassen und dann vom Herd nehmen. • Parallel zur Garzeit der Kürbismischung die **Reisspaghetti** nach Packungsangaben in **Salzwasser** gar kochen. Dann in einen Durchschlag abgießen und kurz abtropfen lassen. Die Spaghetti am Ende der Kürbis-Hähnchen-Garzeit mit in die Pfanne geben und alles gut vermengen. • Gehackten **Koriander** über das Gericht streuen und aus der Pfanne heiß servieren. Nach Belieben zusätzlich mit **Korianderstängeln** garnieren.
Tipp: Ich verwende am liebsten Hokkaido-Kürbis. Du kannst aber auch eine andere Sorte Winterkürbis nehmen.

Pro Portion: 522 kcal (30 g EW • 5 g F • 86 g KH)

LACHS AUF GEMÜSEBETT

Dieses Rezept stammt von meiner Mama. Schon von klein auf kenne ich es nicht anders, als dass am Freitag meine Familie zusammenkommt und wir gemeinsam dieses herrliche Ofengericht genießen. Deswegen ist es für mich mit vielen Kindheitserinnerungen verbunden. Ich führe die Tradition fort und bereite das Gericht oft für meine Freunde zu. Es eignet sich wunderbar für eine größere Personenzahl, aber auch für einen Abend zu zweit.

ZUBEREITUNGSZEIT 40 MINUTEN
FÜR 2 PERSONEN

1 Karotte
1 Zucchini
½ Sellerieknolle
100 ml hefefreie Gemüsebrühe
1 EL Sherry (nach Belieben)
2 frische Lachsfilets (à 150 g), Haut und restliche Gräten vollständig entfernt
Salz
frisch gemahlener schwarzer Pfeffer
2 Stängel frischer Dill

Den Backofen auf 180 °C Umluft vorheizen. • Die **Karotte** putzen und schälen, die **Zucchini** waschen und den Stielansatz abschneiden. Den **Sellerie** schälen und abspülen. Das Gemüse grob in eine Schüssel raspeln und alles vermengen. Dann die Mischung in eine ausreichend große Auflaufform füllen und mit der **Gemüsebrühe** sowie nach Belieben mit dem **Sherry** beträufeln. • Die **Lachsfilets** abspülen, trocken tupfen und mit **Salz** und **Pfeffer** würzen. Auf das Gemüse setzen und je einen **Dillstängel** auf die Fischstücke legen. Die Auflaufform in den vorgeheizten Ofen geben und 30 Minuten backen. • Herausnehmen und das Gericht heiß aus der Auflaufform servieren.

Tipps: Dieses Rezept lässt sich auf eine beliebige Personenzahl hochrechnen. Dazu einfach die Zutatenmengen addieren beziehungsweise multiplizieren und in eine entsprechend größere Auflaufform füllen. Du kannst es auch für acht Personen zubereiten, wenn du ein tiefes Backblech dafür nimmst. Zum Lachs auf Gemüsebett passt gegarter brauner Reis sehr gut, der den leckeren Garsud aufnimmt.

Pro Portion: 391 kcal (35 g EW • 21 g F • 10 g KH)

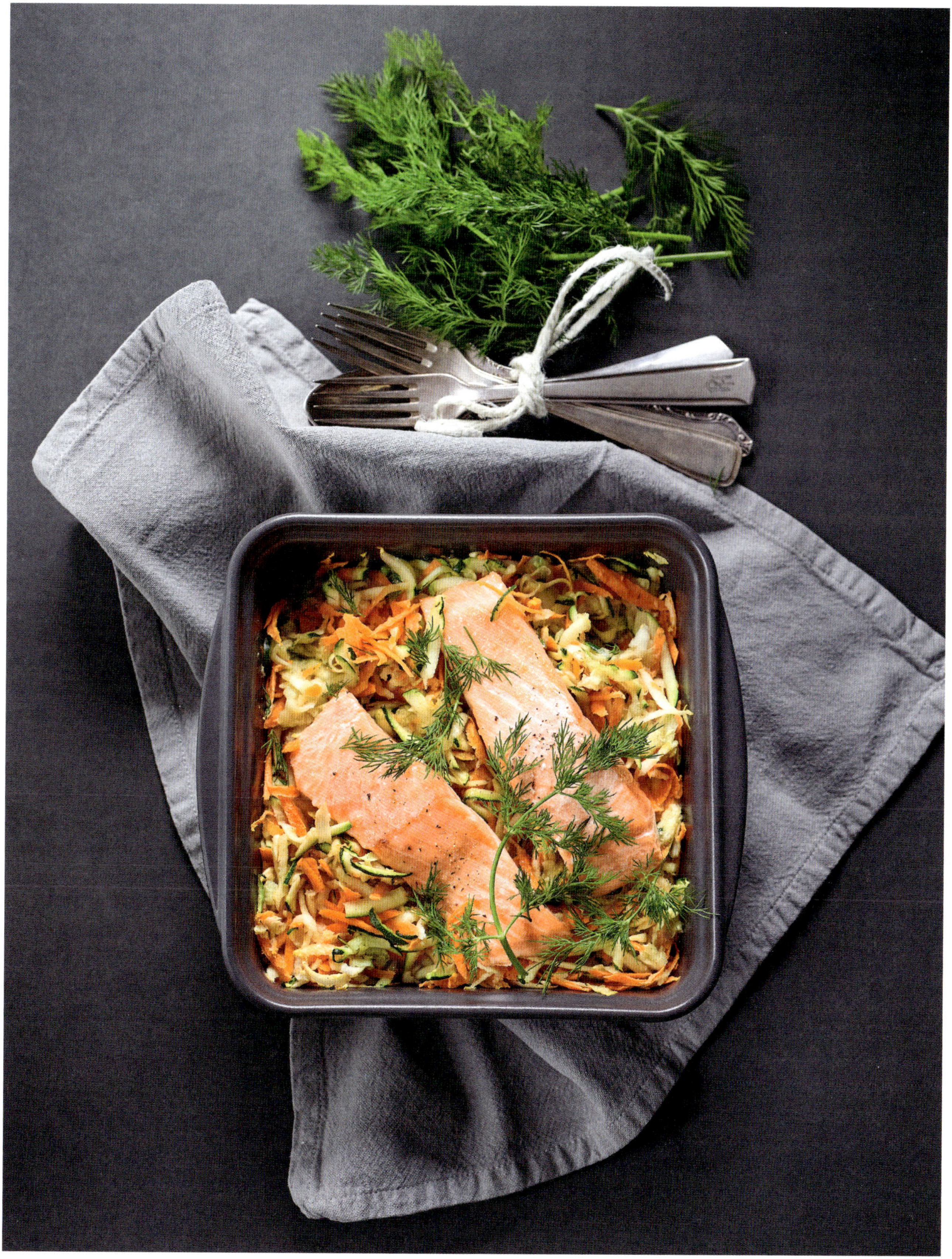

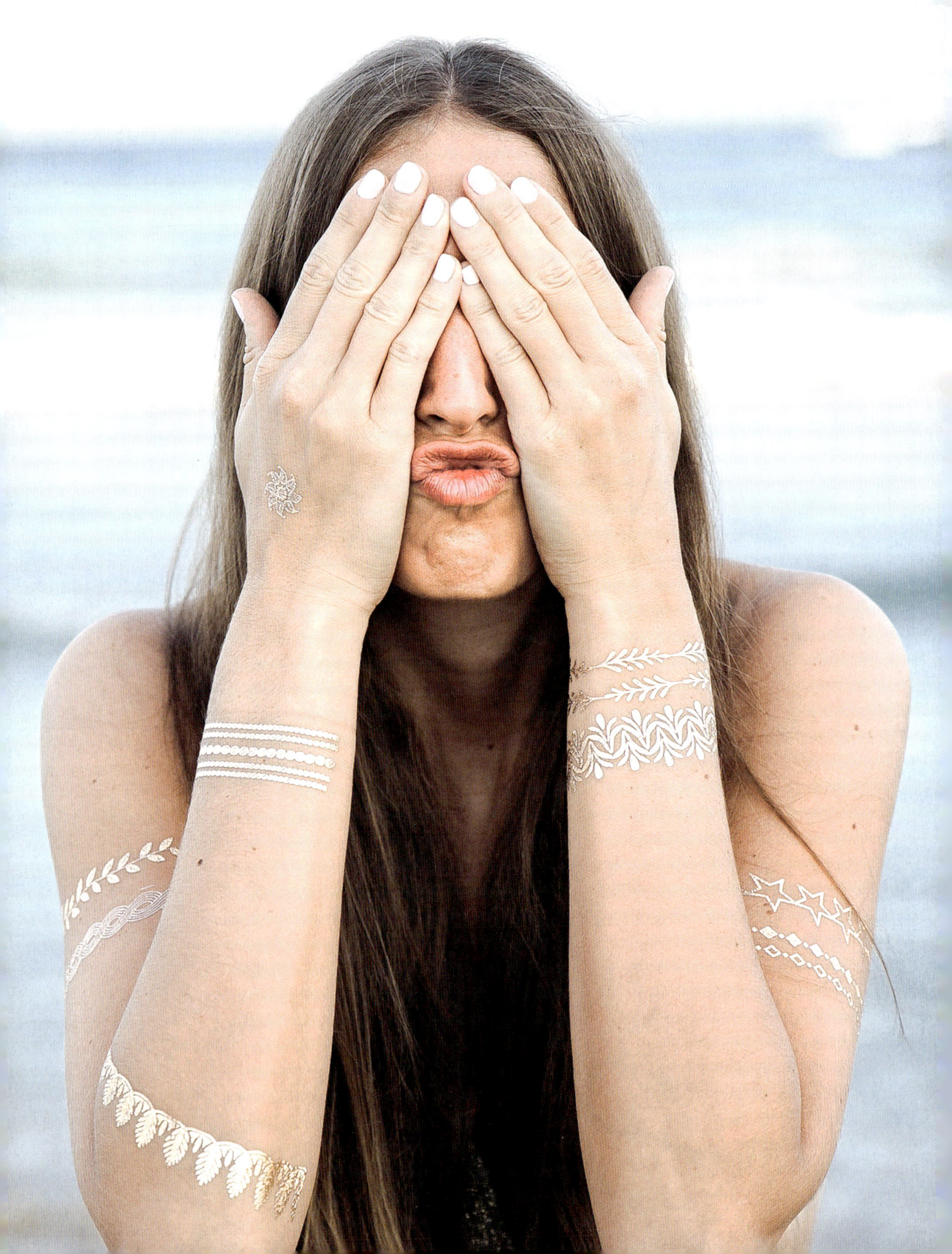

IF YOU CAN *dream it,* YOU CAN DO IT

GRÜNES THAI-CURRY MIT HÄHNCHEN

Ich war schon sehr oft in Südostasien und habe mich direkt in das traditionelle thailändische grüne Hähnchencurry verliebt. Weil ich so gern Thai-Curry esse, war mir klar, dass ich ein Curryrezept in meinem Buch vorstellen werde. Dieses Rezept ist wie ein One-Pot-Gericht, wo alles in einem Topf zubereitet werden kann, ohne ein größeres Durcheinander in der Küche zu veranstalten. Außerdem kannst du gleich eine große Menge davon zubereiten und alle deine Freunde zum Essen einladen.

ZUBEREITUNGSZEIT 35 MINUTEN
FÜR 5 PERSONEN

4 Zucchini
2 Brokkoli
6 g frischer Ingwer (etwa 4-cm-Stück)
150 g gefrorene grüne Bohnen oder 4 Stangen grüner Spargel, in mundgerechte Stücke geschnitten
6 TL Currypulver
Salz
2 Prisen mildes Chilipulver (nach Belieben)
2 TL Zitronensaft (nach Belieben)
800 ml cremige Kokosmilch
2 Hähnchenbrüste (nach Belieben)
frisch gehackter Koriander

Die **Zucchini** waschen, putzen und in Würfel schneiden. Den **Brokkoli** waschen und in Röschen zerteilen. **Ingwer** schälen und fein würfeln. • Zucchini, Brokkoli, Ingwer und **Bohnen** in einen großen Topf geben. Mit **Currypulver** bestreuen, mit **Salz** würzen und, falls verwendet, mit **Chilipulver** würzen und mit **Zitronensaft** beträufeln. Die Gemüsemischung auf mittlerer Stufe 3–4 Minuten anschwitzen, dann mit der **Kokosmilch** ablöschen und etwa 20 Minuten köcheln lassen. • Inzwischen die **Hähnchenbrüste** abspülen, trocken tupfen und in mundgerechte Stücke schneiden. Nach der Hälfte der Garzeit zur Gemüsemischung in den Topf geben, einrühren und die letzten 10 Minuten mitköcheln lassen. • Das grüne Thai-Curry auf Schalen verteilen, mit frisch gehacktem **Koriander** garnieren und servieren.

Pro Portion: 441 kcal (30 g EW • 29 g F • 12 g KH)

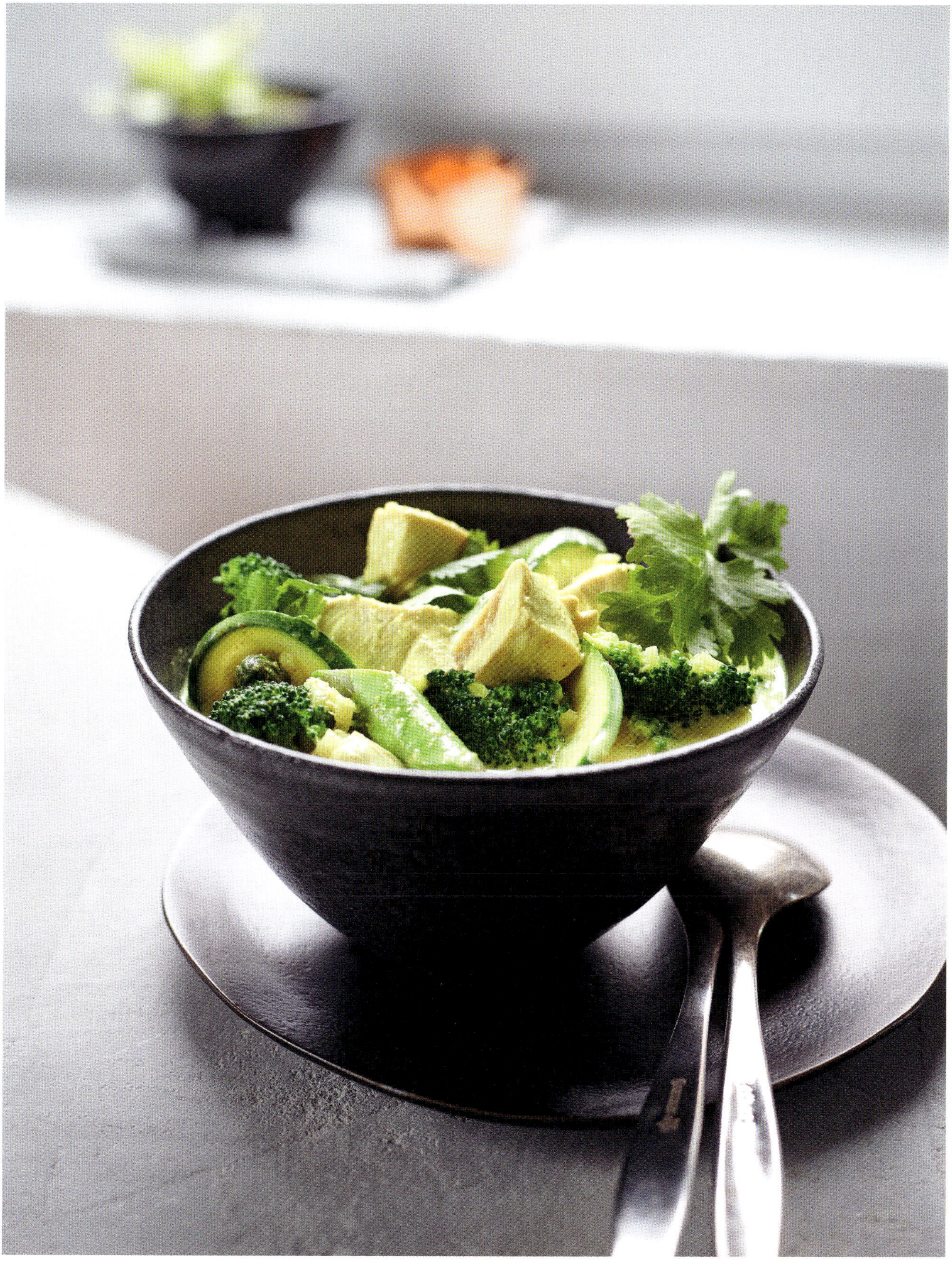

ZUBEREITUNGSZEIT 60–70 MINUTEN

FÜR 4 PERSONEN

VEGGIE-BURGER MIT ROTER BETE

In den Burgern ist bereits Quinoa enthalten, aber wenn du starke Männer zu Hause hast, denen das nicht reicht, kannst du meine Brötchen dazu backen, die ich für die Hähnchen-Burger (siehe Seite 204) kreiert habe, und dann mit Süßkartoffelpommes einen „richtigen" Burger servieren.

180 g Quinoa
250 g vakuumverpackte gegarte Rote Beten (essigfrei)
6 EL Dinkelsemmelbrösel
2 Prisen mildes Chilipulver (nach Belieben)
2 EL geschrotete Leinsamen
4 Wachteleier oder 2 Hühnereier
4 EL Kokosöl, geschmolzen
Salz

Für die Tahini-Sauce
100 g Tahini (Sesammus)
1 TL Olivenöl
½ TL Salz
1 TL Zitronensaft (nach Belieben)

Das Rezept ist NICHT glutenfrei! Weiter unten findest du die glutenfreie Variante.

Quinoa mit 475 ml Wasser in einen Topf geben, aufkochen und bei geringer bis mittlerer Hitze 15–20 Minuten köcheln lassen, bis die Flüssigkeit aufgenommen ist. Vom Herd nehmen und 5–10 Minuten nachquellen und abkühlen lassen. • Für die Sauce **Tahini, Olivenöl, Salz** und, falls verwendet, **Zitronensaft** mit 120–125 ml kaltem Wasser in eine Schale geben und kräftig mit einer Gabel verrühren, bis eine glatte und cremige Konsistenz entsteht. In eine Servierschale füllen und kalt stellen. • Den Backofen auf 180 °C Umluft vorheizen und ein Backblech mit Backpapier auslegen. • Die **Roten Beten** fein raspeln und in eine große Schüssel geben. Mit den Händen die restliche Flüssigkeit ausdrücken und abgießen. • Quinoa, **Dinkelsemmelbrösel, Chilipulver, Leinsamen, Wachteleier, Kokosöl** und etwas **Salz** in die Schüssel mit den geraspelten Beten geben und gut mischen. Die Hände mit Wasser anfeuchten, aus der Masse acht bis zehn kleine Burger formen und auf das vorbereitete Backblech legen. • Im vorgeheizten Ofen 15 Minuten backen, dann die Burger wenden und weitere 15 Minuten backen. • Das Backblech aus dem Ofen nehmen, die Burger auf eine Platte setzen und mit der Tahini-Sauce servieren.

Tipp: Die Quinoa darf in diesem Fall gern etwas überkocht sein, da die Körner dann noch klebriger werden, was gut ist, um aus der Quinoa-Mischung die Burger zu formen. Serviere die Burger für ein leichtes Essen mit einem frischen grünen Salat.

Glutenfreie Variante:[*] Statt der Dinkelsemmelbrösel 3 EL **Flohsamenschalen** verwenden und wie oben beschrieben fortfahren.

GRÜNES RISOTTO

Ich bin ein großer Fan von diesem cremigen und geschmackvollen Risotto. Du kannst es als vollständige Hauptspeise, aber auch für mehr Personen als Beilage servieren. Ich hätte nie gedacht, dass es so einfach ist, ein leckeres Risotto zuzubereiten, das einem buchstäblich auf der Zunge zergeht. Der Spargel harmoniert dabei toll mit der Zucchini. Es schmeckt so gut, dass ich hier locker über meinen Appetit essen kann.

ZUBEREITUNGSZEIT 45–50 MINUTEN
FÜR 4 PERSONEN

VEGAN

14 Stangen dünner grüner Spargel
2 Zucchini
2 EL hefefreies Gemüsebrühepulver
300 g brauner Risottoreis oder rundkörniger brauner Reis
2 EL frisch gehackte Petersilienblätter

Die Enden der **Spargelstangen** schälen, die Stangen waschen und schräg in Stücke schneiden. **Zucchini** waschen, putzen und klein schneiden. • Das **Gemüsebrühepulver** in einen großen hitzebeständigen Messbecher geben, 1,2 l kochendes Wasser zugießen und gut verrühren. • Den **Reis** in einen Topf geben, 300 ml heiße Gemüsebrühe zugießen und bei mittlerer Hitze köcheln lassen, bis die Flüssigkeit verkocht ist. Erneut 300 ml Gemüsebrühe zugießen und unter gelegentlichem Rühren garen, bis die Brühe aufgenommen ist. Nach und nach die restliche Brühe zugießen und unter Rühren köcheln lassen, bis der Reis gar und cremig ist – das dauert insgesamt 35–40 Minuten. • 10 Minuten, bevor der Reis fertig gegart ist, die Spargel- und Zucchinistücke zugeben und mitköcheln lassen. Falls der Reis nach der Kochzeit noch nicht gar sein sollte, etwas heißes Wasser nachgießen und köcheln lassen, bis er die richtige Konsistenz hat. • Das grüne Risotto auf Teller oder Schalen verteilen, mit der gehackten **Petersilie** garnieren und heiß servieren.

Pro Portion: 325 kcal (10 g EW • 0 g F • 67 g KH)

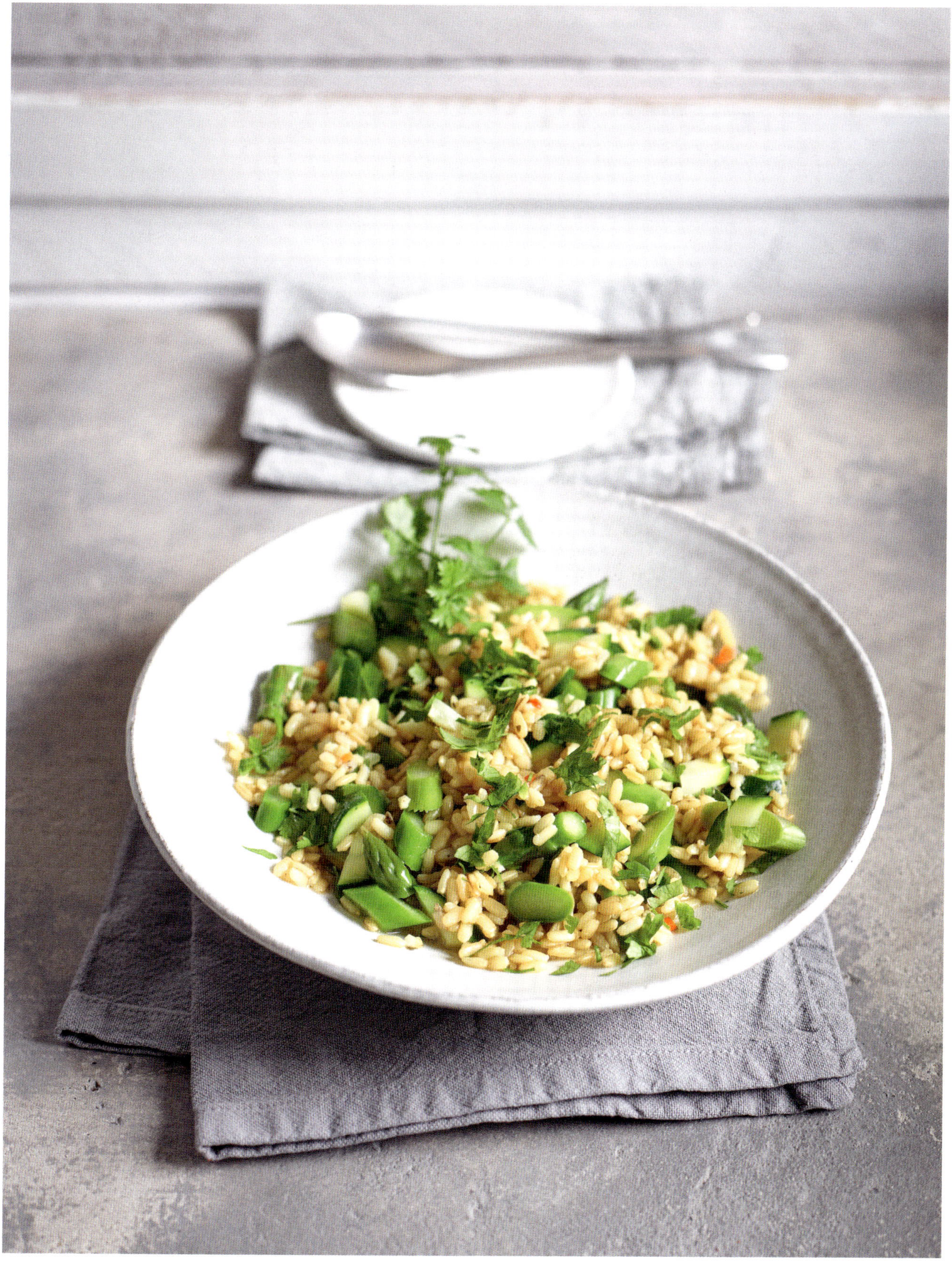

Bulgur
Safran
Gemüse

SAFRAN-BULGUR MIT GEMÜSE UND KORIANDER

Dieses einfache, aber geschmackvolle Gericht ist das perfekte Essen, wenn du nach der Arbeit noch schnell eine gesunde Mahlzeit für die Familie zaubern möchtest. Falls ein Kind mitisst, würde ich das Chilipulver weglassen, da es vielleicht sonst zu scharf ist. Ob für Groß oder Klein: Chili kann einen empfindlichen Magen reizen, sollte also in solch einem Fall weggelassen werden.

ZUBEREITUNGSZEIT 35 MINUTEN

FÜR 3 PERSONEN

150 g Bulgur oder Quinoa (siehe unten glutenfreie Variante)
300 ml hefefreie Gemüsebrühe
½ g Safranfäden
1 TL Kokosöl
1 rote Paprikaschote, in Streifen geschnitten
1 Zucchini, gewürfelt
1 Prise mildes Chilipulver (nach Belieben)
Saft von ½ Zitrone (nach Belieben)
1 Handvoll frische Korianderblätter, gehackt
Salz
frisch gemahlener schwarzer Pfeffer
200 g laktosefreier Feta, zerbröselt (nach Belieben)
½ Handvoll Mandeln (falls verträglich)

Das Rezept ist NICHT glutenfrei! Weiter unten findest du die glutenfreie Variante.

Bulgur und **Gemüsebrühe** in einen Topf geben, aufkochen und auf mittlerer Stufe etwa 10 Minuten garen. **Safran** zugeben und bei geringer Hitze 5–10 Minuten köcheln lassen, bis die Brühe aufgenommen ist. Den Deckel aufsetzen, vom Herd nehmen und nachquellen lassen. • Inzwischen das **Kokosöl** in einer Pfanne auf mittlerer bis hoher Stufe erhitzen. **Paprikastreifen** und **Zucchiniwürfel** zugeben, nach Belieben **Chilipulver** und **Zitronensaft** darübergeben und etwa 10 Minuten unter gelegentlichem Rühren braten. • Die Hälfte des gehackten **Korianders** hinzufügen, mit **Salz** und **Pfeffer** würzen und weiterbraten, bis das Gemüse fast weich ist. Den gegarten Bulgur zugeben, mit dem Gemüse vermengen und kurz durcherhitzen. • Das Gericht auf Teller oder Schalen verteilen, nach Belieben mit dem zerbröselten **Feta** bestreuen und mit restlichem **Koriander** garnieren. Falls verträglich, mit **Mandeln** bestreuen und servieren.

Glutenfreie Variante:* Statt Bulgur 150 g **Quinoa** mit 375 ml Wasser in einen Topf geben, aufkochen und bei geringer bis mittlerer Hitze etwa 15 Minuten köcheln lassen, bis die Flüssigkeit aufgenommen ist. Vom Herd nehmen und 5–10 Minuten mit aufgelegtem Deckel nachquellen lassen. Dann wie oben beschrieben fortfahren.

Pro Portion: 421 kcal (18 g EW • 19 g F • 40 g KH)   *Pro Portion: 433 kcal (20 g EW • 21 g F • 37 g KH)

KOKOS-KARTOFFEL-GRATIN

Dieses Rezept ruft einen richtigen Wow-Effekt hervor. Man würde niemals meinen, dass man mit drei, vier Zutaten so ein wundervolles und nahrhaftes Gericht zaubern kann, aber so ist es. Wenn du mir nicht glaubst, teste es am besten selbst! Ich konnte jedenfalls gar nicht genug davon bekommen und hätte am liebsten die ganze Auflaufform allein leergeputzt. Jetzt ist das Gratin ein fester Bestandteil meiner Ernährung geworden. Du kannst es pur genießen und satt werden, es passt aber auch super als Beilage zu jedem Fisch- oder Fleischgericht, vor allem wenn du mal viele Leute eingeladen hast.

ZUBEREITUNGSZEIT 65–70 MINUTEN
FÜR 4 PERSONEN

VEGAN

12 Kartoffeln
2 EL Kokosöl
320 ml hefefreie Gemüsebrühe
160 ml cremige Kokosmilch

Den Backofen auf 190 °C Umluft vorheizen. • **Kartoffeln** schälen und in feine Scheiben hobeln oder schneiden. 1 EL **Kokosöl** in einem großen Topf auf mittlerer Stufe erhitzen und die Hälfte der Kartoffelscheiben darin braten, bis sie weich zu werden beginnen. In eine Schüssel geben. Das restliche **Kokosöl** im Topf erhitzen und die restlichen Kartoffelscheiben darin ebenso anbraten. Die gebratenen Kartoffelscheiben aus der Schüssel wieder in den Topf geben. • **Gemüsebrühe** und **Kokosmilch** zugießen, verrühren und weitere 5 Minuten köcheln lassen. Dann alles in eine runde oder rechteckige Auflaufform (Ø 26–28 cm oder 30–35 cm Länge) füllen, mit Alufolie abdecken und im vorgeheizten Ofen 20 Minuten backen. Die Folie entfernen und weitere 15–20 Minuten backen, bis die Oberfläche schön knusprig ist. • Das Kokos-Kartoffelgratin herausnehmen und aus der Auflaufform servieren.

Pro Portion: 319 kcal (7 g EW • 9 g F • 48 g KH)

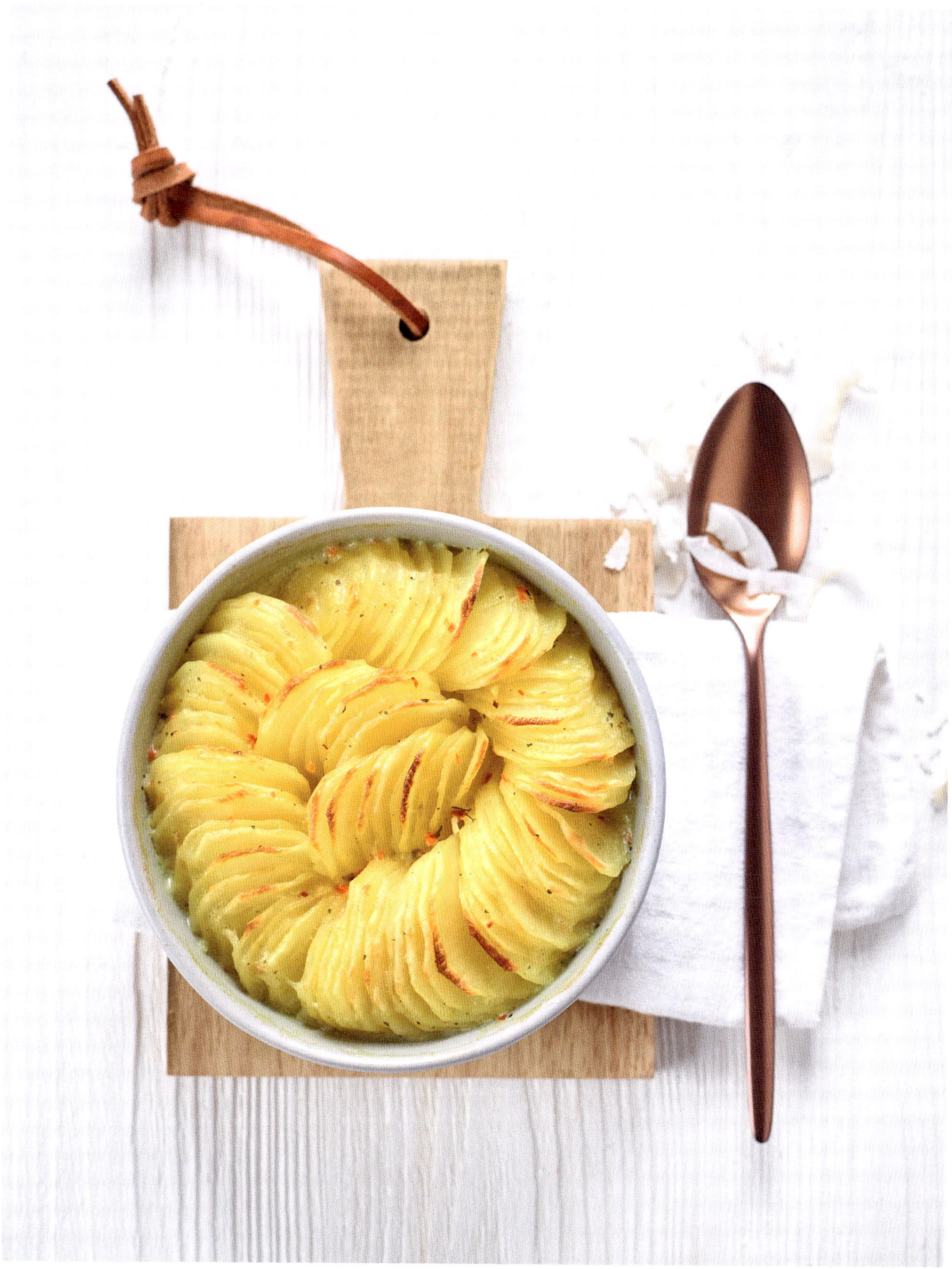

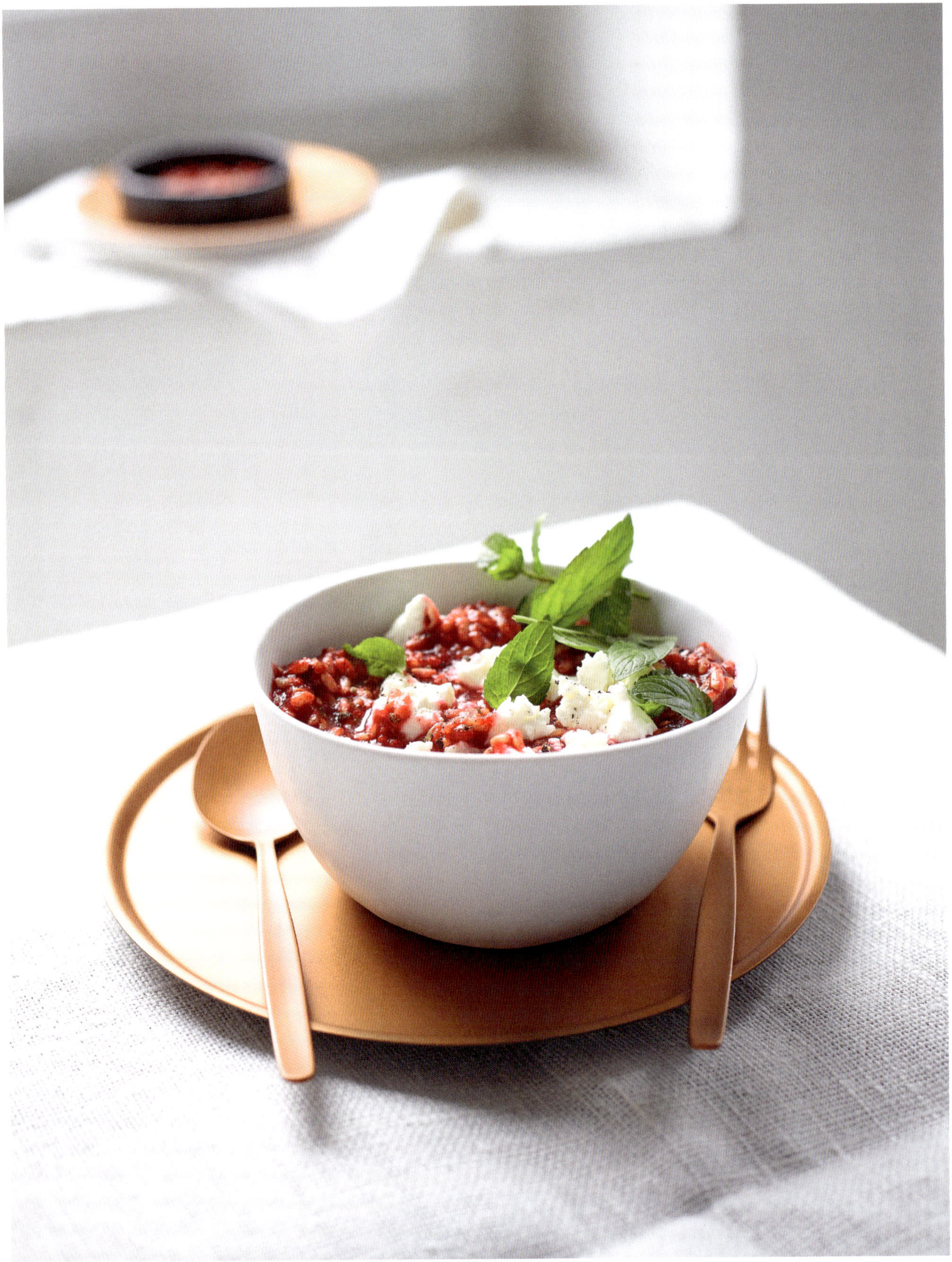

ROTE-BETE-RISOTTO MIT FETA UND MINZE

Rote Bete ist so ein gesundes Gemüse und die Kombination aus süßlicher Roter Bete, nussigem braunem Reis und salzigem Käse ist einfach himmlisch. Früher mochte ich Rote Bete überhaupt nicht, da sie so einen intensiven „erdigen" Eigengeschmack hat. Heute bin ich ein großer Rote-Bete-Fan – solch leckere Rezepte wie dieses machen es einem aber auch sehr leicht, das Gemüse lieben zu lernen.

ZUBEREITUNGSZEIT 40–45 MINUTEN

FÜR 4 PERSONEN

300 g rundkörniger brauner Reis
2 Zweige frischer Rosmarin, Nadeln abgezupft
1 l heiße hefefreie Gemüsebrühe
400 g vakuumverpackte gegarte Rote Beten (essigfrei)
Salz
frisch gemahlener schwarzer Pfeffer
100 g laktosefreier Feta
2–3 EL frisch gehackte Minzblätter

Reis und **Rosmarinnadeln** in eine große Pfanne geben und 250 ml heiße **Gemüsebrühe** zugießen. Bei geringer bis mittlerer Hitze so lange unter gelegentlichem Rühren kochen, bis die Flüssigkeit aufgenommen ist. Dann wieder 250 ml heiße **Brühe** zugießen und unter häufigem Rühren köcheln lassen. Den Vorgang wiederholen, bis die Brühe aufgebraucht ist – das dauert etwa 35–40 Minuten. • In der Zwischenzeit die **Roten Beten** in Stücke schneiden, in den Mixer geben und zu einer geschmeidigen Masse mixen. Wenn der Reis fertig gekocht ist, die Rote-Bete-Masse unterrühren, mit **Salz** und **Pfeffer** abschmecken und kurz durcherhitzen. • Das Risotto auf Teller verteilen und den **Feta** darüberbröseln. Mit der frisch gehackten **Minze** garnieren und servieren.

Pro Portion: 397 kcal (13 g EW • 9 g F • 64 g KH)

GEBRATENER FISCH MIT KOKOSGEMÜSE-PÜREE

In Kokosmilch gebratenes Fischfilet schmeckt absolut himmlisch! Das Gericht ist außerdem wegen der Farbkombination ein regelrechter Eyecatcher. Ich liebe Gerichte, die nicht nur toll schmecken, sondern auch super aussehen, weil das Auge ja schließlich mitisst. Du solltest das unbedingt für deine Freunde und Familie kochen, ich bin mir sicher, sie haben so etwas noch nie probiert. Das Beste ist, dass die Zubereitung überhaupt kein großer Aufwand ist und man auch nicht viele Zutaten braucht.

ZUBEREITUNGSZEIT 40–45 MINUTEN

FÜR 4 PERSONEN

600 g violette Kartoffeln oder violette Süßkartoffeln
400 g Karotten
4 frische Lachsfilets (à 150 g), Haut und restliche Gräten vollständig entfernt
400 ml cremige Kokosmilch
Salz
2 Prisen frisch geriebene Muskatnuss
Shisokresse oder zarte Brunnenkresse zum Garnieren (nach Belieben)

Die **Kartoffeln** schälen, waschen und würfeln. Die **Karotten** putzen, schälen und in Stücke schneiden. Die Gemüsestücke in den Einsatz eines Dämpftopfs geben, ausreichend Wasser einfüllen und etwa 25 Minuten dämpfen, bis sie sehr weich sind. Alternativ das Gemüse in einen Topf geben, knapp mit Wasser bedecken und etwa 20 Minuten weich köcheln lassen. • Die **Lachsfilets** waschen und trocken tupfen. 4 EL **Kokosmilch** in eine große Pfanne geben und auf mittlerer bis hoher Stufe erhitzen. Die Fischfilets darin von beiden Seiten jeweils etwa 3 Minuten braten, bis der Lachs gar ist. Nach Belieben mit **Salz** würzen. • Während der Bratzeit das fertig gedämpfte Gemüse in eine Schüssel geben (falls gekocht wird, vorher abgießen) und mit einer Gabel zerdrücken. Die restliche **Kokosmilch** in einen Topf gießen und erhitzen. Das Gemüsepüree zugeben, mit **Muskatnuss** und etwas **Salz** bestreuen und einrühren. Unter Rühren kurz durcherhitzen. • Das Gemüsepüree auf Teller verteilen, die fertig gebratenen Lachsstücke darauf anrichten, nach Belieben mit etwas **Kresse** garnieren und sofort servieren.

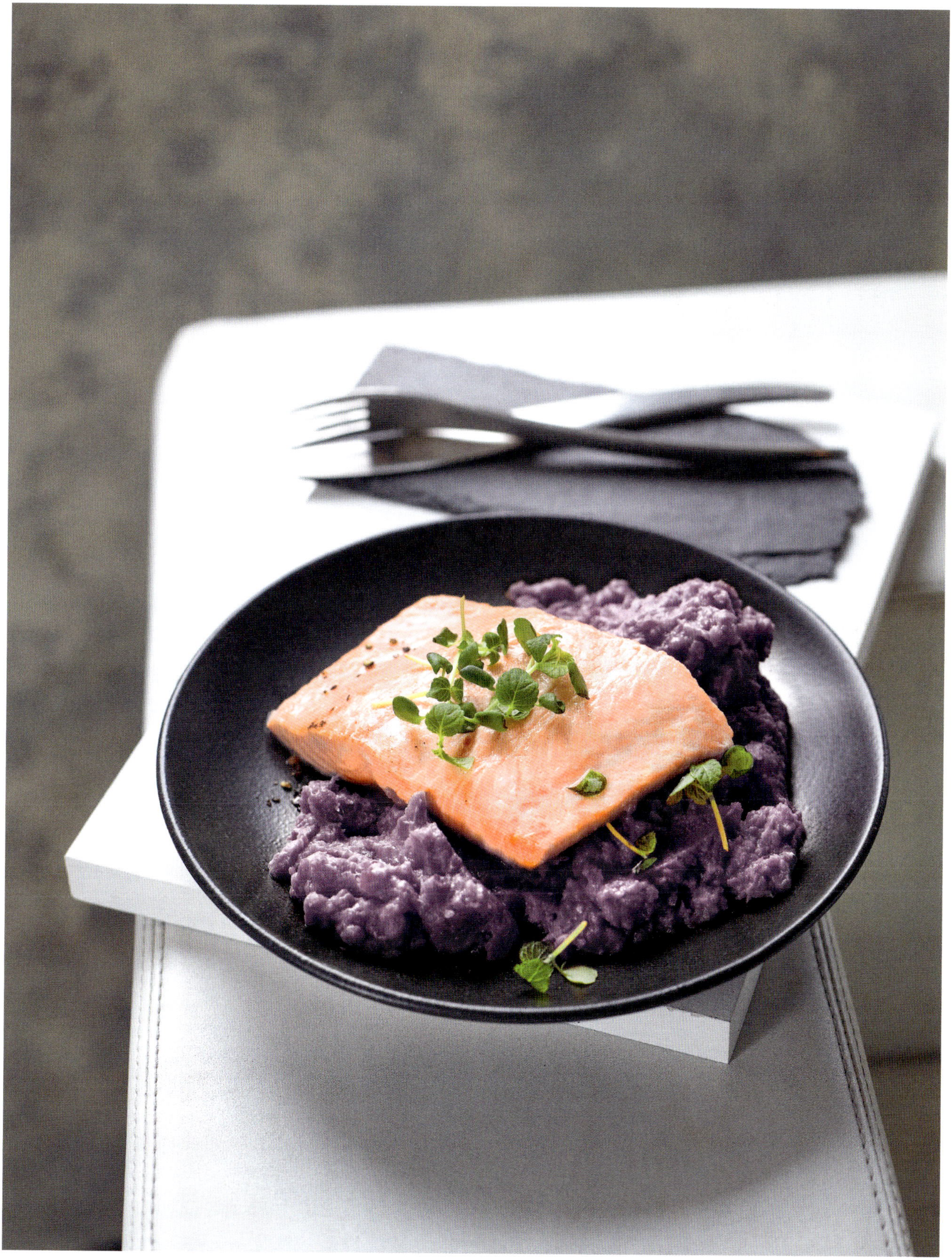

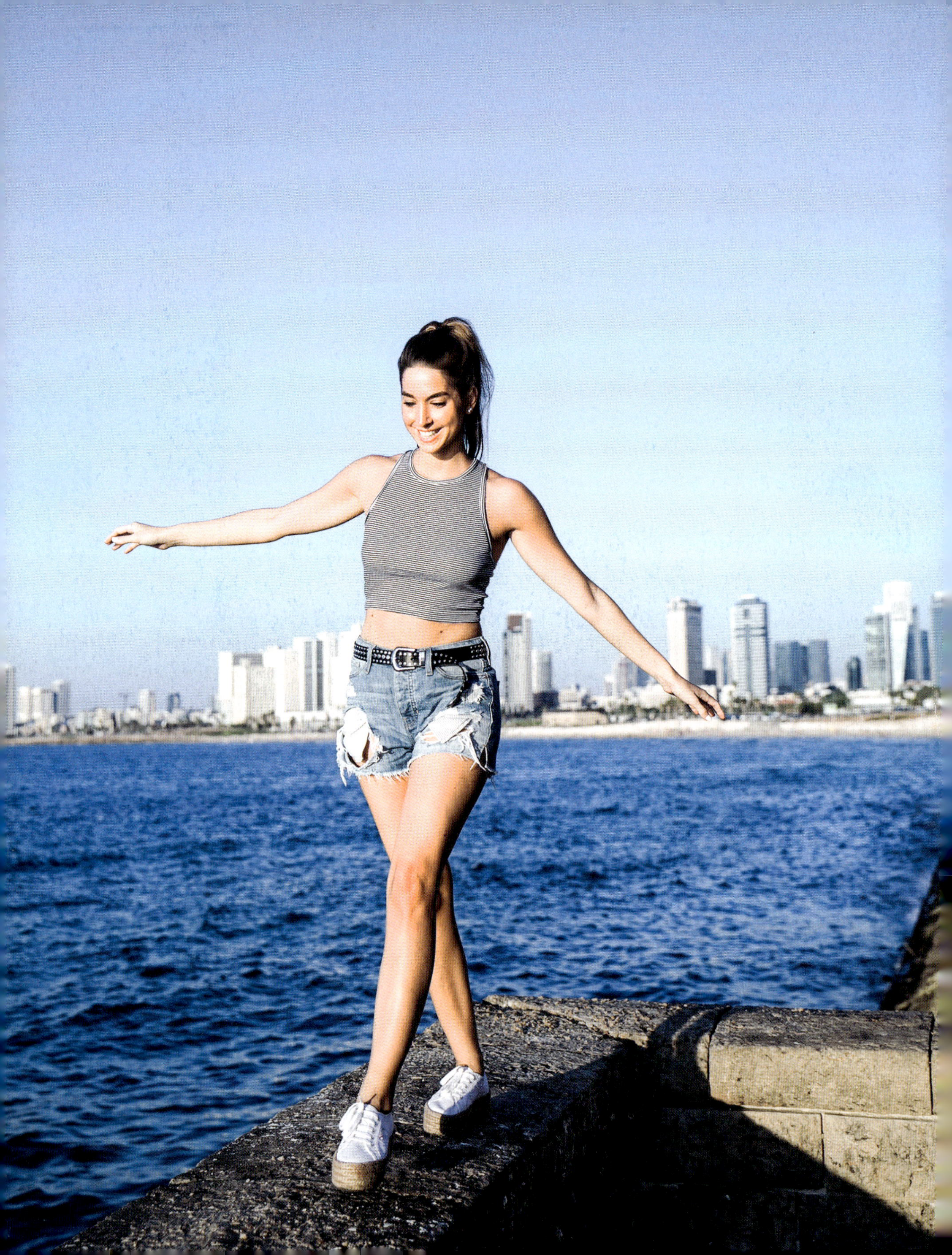

HAPPINESS IS NOT THE ABSENCE OF PROBLEMS, IT'S THE ABILITY TO DEAL WITH THEM

ZUBEREITUNGSZEIT 60 MINUTEN
FÜR 4 PERSONEN

QUINOA-BURGER MIT TAHINI-SAUCE

Diese Quinoa-Burger sind eine perfekte gesunde Alternative zu herkömmlichen fettigen Burgern. Die besondere Zutat, die sie so schmackhaft macht, ist der Apfel. Diese Kombination aus süß und würzig ist einfach unglaublich lecker!

VEGAN

250 g Quinoa
160 g Grünkohlblätter, entstielt
1 Apfel
2 Prisen mildes Chilipulver
80 g Chiasamen
Salz
2–3 EL mildes Rapsöl

Für die Tahini-Sauce
100 g Tahini (Sesammus)
1 TL Olivenöl
½ TL Salz
1 TL Zitronensaft (nach Belieben)

Die **Quinoa** mit 625 ml Wasser in einen Topf geben, aufkochen und bei geringer bis mittlerer Hitze etwa 15 Minuten köcheln lassen, bis die Flüssigkeit aufgenommen ist. Vom Herd nehmen und 5–10 Minuten nachquellen und abkühlen lassen. • In der Zwischenzeit die **Grünkohlblätter** waschen, trocken schleudern und fein hacken. Den **Apfel** waschen, vierteln, entkernen und fein würfeln. • Gegarte Quinoa, gehackten Grünkohl, Apfelwürfel, **Chilipulver** und **Chiasamen** mit etwas **Salz** in eine Schüssel geben und alles mit den Händen durchkneten. 1–2 EL Wasser einarbeiten und 10–15 Minuten quellen lassen. • In der Zwischenzeit für die Sauce **Tahini, Olivenöl, Salz** und, falls verwendet, **Zitronensaft** mit 160–170 ml kaltem Wasser in eine Schale geben und kräftig mit einer Gabel verrühren, bis eine glatte und cremige Konsistenz entsteht. In eine Servierschale füllen und kalt stellen. • Die Hände mit Wasser befeuchten und aus der Quinoa-Masse zwölf bis 16 Burger formen. Das **Rapsöl** in einer großen Pfanne auf mittlerer bis hoher Stufe erhitzen. Burger portionsweise hineingeben, ein wenig flach drücken und im heißen Öl von beiden Seiten jeweils 4–5 Minuten braten, bis sie schön knusprig sind. Die fertigen Burger auf einen Teller geben und warm halten, während die anderen noch gebraten werden. • Die Quinoa-Burger auf Tellern anrichten und mit der Tahini-Sauce servieren.
Tipp: Drücke die Quinoa-Masse mit den Händen zuerst fest zusammen, bevor du sie zu Burgern formst. Durch das anschließende Flachdrücken in der Pfanne werden sie noch knuspriger.

Pro Portion: 530 kcal (18 g EW • 24 g F • 50 g KH)

GERÖSTETER KURKUMA-BLUMENKOHL MIT SCHWARZEM KOKOSREIS

Die Idee für dieses Gericht stammt von meinen Reisen durch Südostasien. Kurkuma wird dort ebenso wie Kokosnuss häufig verwendet. Besonders auf Bali habe ich viel schwarzen Kokosnussreis verdrückt und mich davon inspirieren lassen. Die Kombination aus cremigem Reis und würzigem Blumenkohl ist einfach umwerfend!

ZUBEREITUNGSZEIT 45–50 MINUTEN
FÜR 5 PERSONEN

VEGAN

370 g schwarzer Reis
500 ml cremige Kokosmilch
500 ml hefefreie Gemüsebrühe plus etwas mehr bei Bedarf
2 Köpfe Blumenkohl, in Röschen zerteilt
2 EL Kokosöl, geschmolzen
2 TL gemahlene Kurkuma
Salz
4 EL Kokosraspel

Den Backofen auf 200 °C Umluft vorheizen und zwei Backbleche mit Backpapier auslegen. • **Reis** in ein Sieb geben, unter fließendem kaltem Wasser gut abbrausen und kurz abtropfen lassen. • **Kokosmilch** und **Gemüsebrühe** in einen Topf geben und zum Kochen bringen. Reis zufügen und bei geringer bis mittlerer Hitze 30–35 Minuten köcheln lassen, bis die Flüssigkeit absorbiert ist. Für eine Garprobe ein Reiskorn probieren. Wenn es noch zu hart ist, etwas **Gemüsebrühe** zugießen und einige Minuten weitergaren. • Währenddessen die **Blumenkohlröschen** in eine große Schüssel geben. Das flüssige **Kokosöl** darüberträufeln, dann mit **Kurkuma** bestäuben, mit **Salz** bestreuen und vermengen. Den Blumenkohl auf den vorbereiteten Backblechen verteilen und im vorgeheizten Ofen 20–30 Minuten backen, bis die Röschen gar sind. • **Kokosraspel** in den gegarten Reis rühren und mit **Salz** abschmecken. Die Bleche aus dem Ofen nehmen. Kokosreis auf Schalen oder Teller verteilen und den gerösteten Kurkuma Blumenkohl darauf anrichten.

Tipp: Wenn du den Reis über Nacht in Wasser quellen lässt, gart er schneller und bekommt eine noch geschmeidigere Konsistenz.

Pro Portion: 532 kcal (15 g EW • 27 g F • 54 g KH)

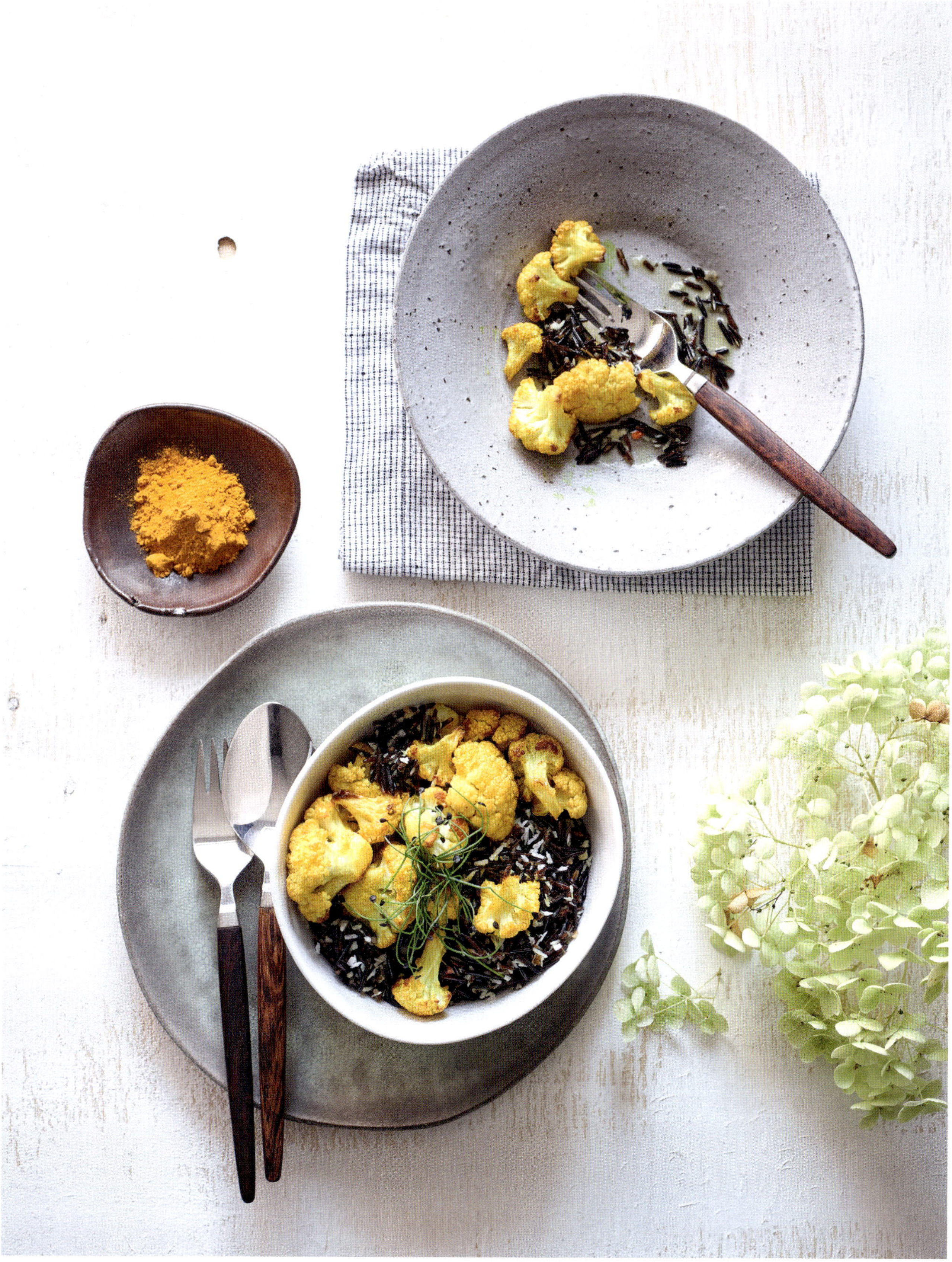

Tipp: Es empfiehlt sich, die Paprikasauce am Vortag zuzubereiten, um am Tag der Einladung Zeit zu sparen.

SÜSSKARTOFFEL-NUDEL-AUFLAUF

Dieser Süßkartoffel-Nudel-Auflauf ist eines der besten Rezepte überhaupt! Ich habe dieses Gericht kürzlich zu einem Abendessen bei meiner Freundin mitgebracht und es hat mich glücklich gemacht, zu sehen und zu hören, wie sehr es allen geschmeckt hat. Manchmal kann ich selbst nicht glauben, dass man aus nur ein paar Zutaten und mit wenigen Handgriffen eine so leckere und gesunde Speise zubereiten kann. Dieses Rezept ist so simpel, das kann einfach jeder schaffen.

ZUBEREITUNGSZEIT 55–60 MINUTEN
FÜR 4 PERSONEN

VEGAN

4 Süßkartoffeln (à 350–400 g)
500 g Maisnudeln
Salz
2 Handvoll frische Basilikumblätter

Für die Sauce
1 Rezeptmenge Paprikasauce ohne Leinöl (siehe Seite 183)
2 große Prisen mildes Chilipulver (nach Belieben)

Zuerst die Sauce vorbereiten. Dazu wie im Rezept auf Seite 183 beschrieben die **Paprikasauce** zubereiten (das Leinöl nicht zufügen). • Während der Saucengarzeit den Backofen auf 200 °C Umluft vorheizen und zwei Backbleche mit Backpapier auslegen. • **Süßkartoffeln** schälen und in feine Scheiben schneiden. Auf die vorbereiteten Backbleche legen und im Ofen etwa 20 Minuten backen, bis die Kartoffeln weich sind. • In der Zwischenzeit die **Nudeln** nach Packungsangaben in **Salzwasser** gar kochen. In einen Durchschlag abgießen und abtropfen lassen. • Das **Chilipulver,** falls verwendet, in die fertig gegarte und gemixte Paprikasauce rühren. • Die Bleche mit den Süßkartoffeln aus dem Ofen nehmen, den Ofen aber nicht ausschalten. Eine ausreichend große runde oder rechteckige Auflaufform mit einem Drittel der Süßkartoffelscheiben auslegen, dann die Nudeln darauf verteilen und zwei Drittel der Paprikasauce darübergießen. Restliche Kartoffelscheiben darüberschichten und mit der restlichen Sauce bedecken. Zum Schluss die **Basilikumblätter** fein hacken, auf den Auflauf streuen und 5–10 Minuten im Ofen backen. • Herausnehmen und den Süßkartoffel-Nudel-Auflauf heiß aus der Form servieren.

Pro Portion: 214 kcal (4 g EW • 1 g F • 44 g KH)

KOKOSPIZZA MIT BASILIKUM UND MOZZARELLA

Obwohl ich erst seit zwei Jahren Lebensmittelintoleranzen habe, esse ich heute mehr Pizza als früher. Damit es wirklich pizzaartig ist, verwende ich meine Paprikasauce als Belag und etwas Mozzarella, der im Ofen schön schmilzt. Wenn du keinen Käse essen möchtest, kannst du die Pizza noch mit vorgegartem Gemüse belegen oder einfach nur Basilikum oder nach Belieben andere Kräuter verwenden. Der Fantasie ist hier kein Limit gesetzt.

Für die Pizzaböden
8 EL geschrotete Leinsamen
240 g Kokosmehl
8 EL Kokosjoghurt* oder laktosefreier Naturjoghurt**, (3,5 % Fett)
1 Msp. Salz
3–4 TL gemischte getrocknete italienische Kräuter (nach Belieben)

Für den Belag
½ Rezeptmenge Paprikasauce ohne Leinöl (siehe Seite 183)
frische Basilikumblätter
250 g laktosefreier Mozzarella, in Scheiben geschnitten (nach Belieben)

Für die Pizzaböden die **Leinsamen** in eine Schale geben, mit 300 ml Wasser übergießen und 10–15 Minuten quellen lassen. • Inzwischen für den Belag wie auf Seite 183 beschrieben die halbe Menge **Paprikasauce** zubereiten (das Leinöl nicht zufügen). • Während der Saucengarzeit den Backofen auf 180 °C Umluft vorheizen und zwei Backbleche mit Backpapier auslegen. Alternativ vier runde Pizzableche mit Backpapier auslegen. • **Kokosmehl, Joghurt, Salz** und, falls verwendet, **Kräuter** mit den eingeweichten Leinsamen in eine Schüssel geben, vermischen und durchkneten. Den Teig in vier gleich große Portionen teilen und diese zu Kugeln formen. Die Teigkugeln auf den vorbereiteten Backblechen zu etwa 5 mm dünnen Kreisen flach drücken. • Die Backbleche in den vorgeheizten Ofen schieben und 15 Minuten backen. Herausnehmen und die Pizzaböden mit der Paprikasauce bestreichen. Die **Basilikumblätter** darüberstreuen und nach Belieben die **Mozzarellascheiben** darauf verteilen. Weitere 5 Minuten im Ofen backen, bis der Mozzarella schmilzt. • Die Backbleche aus dem Ofen nehmen und die Kokospizzen heiß servieren.
Tipps: Das Basilikum kannst du auch erst nach dem Backen über die Pizza streuen, falls dir das lieber ist. Ich finde es allerdings leckerer, wenn es mitgebacken wird. Bereite die Paprikasauce schon am Vortag zu, dann hast du mehr Zeit, um alles für die Einladung vorzubereiten.

*Pro Portion: 470 kcal (7 g EW • 7 g F • 4 g KH)   **Pro Portion: 429 kcal (31 g EW • 24 g F • 17 g KH)

ZUBEREITUNGSZEIT 50–55 MINUTEN

FÜR 4 PIZZEN

LEBENSMITTELREGISTER

Apfel
Apfelkuchen mit Ingwer 144
Apfelsandwich mit Cremefüllung 78
Apfel-Zimt-Riegel 86
Quinoa-Burger mit Tahini-Sauce 241
Schwarze-Quinoa-Grünkohl-Salat 119, 131

Aprikosen, getrocknet
Chia-Pfirsich-Muffins 47
Knuspriges Müsli 44, 45

Blaubeeren
Beeren-Wassermelone-Smoothie mit Ingwer 43
Blaubeer-Grünkohl-Smoothie mit Hanfsamen 43
Blaubeer-Jam mit Chiasamen 48, 59, 68
Blaubeer-Karotten-Muffins 81
Blaue Haferflockenschale 64, 65
Buntes Oatmeal aus dem Ofen 64, 65
Kokos-Blaubeer-Cookies 98
Saftige Blaubeerriegel 101

Blumenkohl
Blumenkohl-„Couscoussalat" 109
Gerösteter Kurkuma-Blumenkohl mit schwarzem Kokosreis 242
Warmer Blumenkohl-„Reis" 164

Bohnen, grüne
Grünes Thai-Curry mit Hähnchen 224
Hirse-Gemüse mit Süßkartoffeln 199
Spargel-Lachs-Salat 115, 131

Brokkoli
Cremige Hähnchen-Pasta 184
Grünes Thai-Curry mit Hähnchen 224
Lachs-Gemüse-Pasta 167
Pesto-Nudeln mit Brokkoli und Huhn 175
Power-Suppe mit Brokkoli und Ingwer 172
Thai-Kokossuppe mit Maronen 195

Brombeeren
Polenta-Porridge mit Brombeerkompott 51

Bulgur
Orientalische Bulgur-Paprika-Pfanne 180
Safran-Bulgur mit Gemüse und Koriander 231

Butternut-Kürbis
Orientalische Kürbisspaghetti 196

Chiasamen
Beeren-Wassermelone-Smoothie mit Ingwer 43
Blaubeer-Jam mit Chiasamen 48, 59, 68
Chia-Pfirsich-Muffins 47
Chiapudding mit Mangopüree 60
Hafer-Rosinen-Cookies ohne Backen 90, 91
Hanf-Proteinriegel 102
Knusprige Saaten-Cracker 88, 89
Polenta-Porridge mit Brombeerkompott 51
Quinoa-Brot 67
Quinoa-Burger mit Tahini-Sauce 241
Quinoa-Mais-Muffins 94
Quinoa-Pizza 67, 211
Rohe Superfood-Kekse 90, 91
Süßkartoffel-„Macarons" 143
Zucchini-Kokos-Muffins 81

Couscous
Mango-Couscous 55, 216
Paniertes Kokoshuhn mit Mango-Couscous 216

Cranberrys, getrocknet
Apfelsandwich mit Cremefüllung 78
Blumenkohl-„Couscoussalat" 109
Cantuccini 154
Orientalische Kürbisspaghetti 196

Dinkelkörner
Körniger Gurkensalat 106

Erbsen
Cremige Hähnchen-Pasta 184
Warmer Blumenkohl-„Reis" 164

Fenchel
Fenchelsalat mit geröstetem Kürbis 120, 131
Quinoa-Salat mit Fenchel und Granatapfel 128, 131

Feta, laktosefreier
Körniger Gurkensalat 106
Mango-Hirse-Salat 124, 131
Melonen-Sommersalat 127
Rote-Bete-Risotto mit Feta und Minze 235
Safran-Bulgur mit Gemüse und Koriander 231
Schwarze-Quinoa-Grünkohl-Salat 119, 131
Warmer Blumenkohl-„Reis" 164

Flohsamenschalen
Karottenkuchen mit Nussglasur, glutenfrei 137
Körnerbrot 56

Ghee
Kurkumabutter 59

Granatapfel
Blumenkohl-„Couscoussalat" 109
Quinoa-Salat mit Fenchel und Granatapfel 128, 131

Grünkohl
Basilikum-Grünkohl-Pesto 116, 175
Blaubeer-Grünkohl-Smoothie mit Hanfsamen 43
Grünes Quinoa-„Risotto" mit Kürbis 168
Herzhafte Grünkohl-Pancakes 68, 69
Hirse-Gemüse mit Süßkartoffeln 199
Lachs-Gemüse-Pasta 167
Pfirsich-Quinoa-Salat mit Hähnchen und Pesto 116, 131
Quinoa-Burger mit Tahini-Sauce 241
Schwarze-Quinoa-Grünkohl-Salat 119, 131
Würziges Kürbis-„Risotto" 200

Gurke
Bikini-Burger 204
Körniger Gurkensalat 106
Melonen-Sommersalat 127
Persimone-Gurke-Smoothie 43
Radicchio-Wraps mit Quinoa-Füllung 179
Tortilla-Wraps 176

Haferflocken
Apfel-Zimt-Riegel 86
Blaue Haferflockenschale 64, 65
Buntes Oatmeal aus dem Ofen 64, 65
Chia-Pfirsich-Muffins 47
Cremiges Kurkuma-Oatmeal 50, 51
Energy-Kugeln mit Tahini 74
Hafer-Pancakes 68, 69
Hafer-Rosinen-Cookies ohne Backen 90, 91
Hanf-Proteinriegel 102
Knuspriges Müsli 44, 45
Kokos-Blaubeer-Cookies 98
Kokos-Granola 44, 45
Saftige Blaubeerriegel 101
Saftige Karotten-Muffins 47

Haferkleie
Körnerbrot 56

Hähnchenfleisch
Bikini-Burger 204
Cremige Hähnchen-Pasta 184
Grünes Thai-Curry mit Hähnchen 224
Paniertes Kokoshuhn mit Mango-Couscous 216
Pesto-Nudeln mit Brokkoli und Huhn 175

Pfirsich-Quinoa-Salat mit Hähnchen und Pesto 116, 131
„Spaghetti bolognese" mit Kürbis und Huhn 219
Tortilla-Wraps 176

Hanfsamen
Apfelsandwich mit Cremefüllung 78
Blaubeer-Grünkohl-Smoothie mit Hanfsamen 43
Blumenkohl-„Couscoussalat" 109
Buntes Oatmeal aus dem Ofen 64, 65
Cremiges Kurkuma-Oatmeal 50, 51
Hanf-Proteinriegel 102
Karottenkuchen mit Nussglasur, glutenfrei 137
Knusprige Saaten-Cracker 88, 89
Knuspriges Müsli 44, 45
Persimone-Gurke-Smoothie 43

Hirse
Hirse-Gemüse mit Süßkartoffeln 199
Mango-Hirse-Salat 124, 131

Hokkaido-Kürbis
Feel-good-Suppe mit Kürbis und Kokos 188
Fenchelsalat mit geröstetem Kürbis 120, 131
Grünes Quinoa-„Risotto" mit Kürbis 168
„Spaghetti bolognese" mit Kürbis und Huhn 219
Süßkartoffel-Kürbis-Gnocchi 183, 215
Würziges Kürbis-„Risotto" 200

Hühnereier
Apfelkuchen mit Ingwer 144
Kokos-Crème-brûlée 134
Pfirsichkuchen 138, 157
Tortilla-Wraps 176
Veggie-Burger mit Roter Bete 227

Karotte
Blaubeer-Karotten-Muffins 81
Gebratener Fisch mit Kokosgemüse-Püree 236
Karottenkuchen mit Nussglasur 137
Karottenkuchen mit Nussglasur, glutenfrei 137
Kokos-Crème-brûlée 134
Lachs auf Gemüsebett 220
Saftige Karotten-Muffins 47
Schwarzer-Reis-Salat 112, 131
Tortilla-Wraps 176

Kartoffel
Gebratener Fisch mit Kokosgemüse-Püree 236

Kokos-Kartoffelgratin 232
Kräuter-Gnocchi mit Pesto 207
Paprikasauce 160, 167, 183, 207, 211, 215, 244, 245, 246

Kürbiskerne
Feel-good-Suppe mit Kürbis und Kokos 188
Hanf-Proteinriegel 102
Knusprige Saaten-Cracker 88, 89
Knuspriges Müsli 44, 45
Orientalische Kürbisspaghetti 196
Warmer Blumenkohl-„Reis" 164
Würzige Nussmischung 88, 89

Lachsfilet
Gebratener Fisch mit Kokosgemüse-Püree 236
Lachs auf Gemüsebett 220
Lachs-Gemüse-Pasta 167
Spargel-Lachs-Salat 115, 131

Leinsamen
Blaue Haferflockenschale 64, 65
Buntes Oatmeal aus dem Ofen 64, 65
Energy-Kugeln mit Tahini 74
Hafer-Pancakes 68, 69
Hafer-Rosinen-Cookies ohne Backen 90, 91
Karottenkuchen mit Nussglasur, glutenfrei 137
Kokospizza mit Basilikum und Mozzarella 246
Körnerbrot 56
Popcornriegel 73
Saftige Karotten-Muffins 47
Veggie-Burger mit Roter Bete 227

Macadamianüsse
Apfelkuchen mit Ingwer 144
Basilikum-Grünkohl-Pesto 116, 175
Basilikumpesto 89, 160, 168, 176, 204, 207
Gebratene Pfirsiche mit Vanillequark 150
Hafer-Rosinen-Cookies ohne Backen 90, 91
Karottenkuchen mit Nussglasur 137
Knuspriges Müsli 44, 45
Kokos-Granola 44, 45
Macadamia-Dattel-Creme 59, 143
Paprika-Macadamia-Aufstrich 59
Persimone-Gurke-Smoothie 43
Pfirsichkuchen 138, 157
Pfirsich-Quinoa-Salat mit Hähnchen und Pesto 116, 131
Quinoa-Salat mit Fenchel und Granatapfel 128, 131
Rohe Superfood-Kekse 90, 91

Saftige Karotten-Muffins 47
Saftiges Süßkartoffel-Kokos-Brot 48
Würzige Nussmischung 88, 89

Magerquark, laktosefreier
Bikini-Burger 204
Vanillequark 150

Maiskolben
Cremige Maissuppe 163

Maisnudeln
Süßkartoffel-Nudel-Auflauf 245

Mandeln
Fenchelsalat mit geröstetem Kürbis 120, 131
Safran-Bulgur mit Gemüse und Koriander 231

Mango
Chiapudding mit Mangopüree 60
Mango-Couscous 55, 216
Mango-Hirse-Salat 124, 131
Mango-Kirsch-Smoothie 43
Mango-Kokos-Eiscremewunder 153
Mango-Tahini-Sauce 117, 119, 130, 131
Paniertes Kokoshuhn mit Mango-Couscous 216

Maronen
Thai-Kokossuppe mit Maronen 195

Maulbeeren, getrocknete
Knuspriges Müsli 44, 45

Medjool-Datteln
Apfelsandwich mit Cremefüllung 78
Blaubeer-Grünkohl-Smoothie mit Hanfsamen 43
Blaubeer-Karotten-Muffins 81
Energy-Kugeln mit Tahini 74
Hanf-Proteinriegel 102
Karottenkuchen mit Nussglasur 137
Karottenkuchen mit Nussglasur, glutenfrei 137
Macadamia-Dattel-Creme 59, 143
Rohe Superfood-Kekse 90, 91

Mozzarella, laktosefreier
Kokospizza mit Basilikum und Mozzarella 246
Quinoa-Pizza 67, 211
Zucchinispaghetti mit Basilikumpesto 160

Naturjoghurt, laktosefreier
Cremige Hähnchen-Pasta 184
Kokospizza mit Basilikum und Mozzarella 246
Orientalische Bulgur-Paprika-Pfanne 180

Paprikaschote
Bikini-Burger 204
Gefüllte Zucchini aus dem Ofen 192

Mango-Hirse-Salat 124, 131
Orientalische Bulgur-Paprika-
　　Pfanne 180
Paprika-Macadamia-Aufstrich 59
Paprikasauce 160, 167, 183, 207,
　　211, 215, 244, 245, 246
Polenta-Gemüse-Lasagne 208
Safran-Bulgur mit Gemüse und
　　Koriander 231
Schwarzer-Reis-Salat 112, 131
Thai-Kokossuppe mit Maronen 195
Tortilla-Wraps 176
Persimone
Persimone-Gurke-Smoothie 43
Pfirsich
Buntes Oatmeal aus dem Ofen 64,
　　65
Chia-Pfirsich-Muffins 47
Fenchelsalat mit geröstetem Kürbis
　　120, 131
Gebratene Pfirsiche mit
　　Vanillequark 150
Pfirsichkuchen 138, 157
Pfirsich-Quinoa-Salat mit Hähnchen
　　und Pesto 116, 131
Polenta (Maisgrieß)
Bikini-Burger 204
Polenta-Gemüse-Lasagne 208
Polenta-Porridge mit
　　Brombeerkompott 51
Quinoa-Mais-Muffins 94
Popcorn-Maiskörner
Kokos-Popcorn mit Honig 77
Popcornriegel 73

Quinoa
Fenchelsalat mit geröstetem Kürbis
　　120, 131
Gefüllte Zucchini aus dem Ofen 192
Grünes Quinoa-„Risotto" mit Kürbis
　　168
Herzhafte Grünkohl-Pancakes 68,
　　69
Knusprige Quinoa-Patties aus dem
　　Ofen 212
Paniertes Kokoshuhn mit Mango-
　　Couscous 216
Pfirsich-Quinoa-Salat mit Hähnchen
　　und Pesto 116, 131
Quinoa-Brot 67
Quinoa-Burger mit Tahini-Sauce
　　241
Quinoa-Mais-Muffins 94
Quinoa-Pizza 67, 211
Quinoa-Salat mit Fenchel und
　　Granatapfel 128, 131
Radicchio-Wraps mit Quinoa-
　　Füllung 179

Schwarze-Quinoa-Grünkohl-Salat
　　119, 131
Spargel-Lachs-Salat 115, 131
Veggie-Burger mit Roter Bete 227

Radicchio
Radicchio-Wraps mit Quinoa-
　　Füllung 179
Radieschen
Schwarzer-Reis-Salat 112, 131
Tortilla-Wraps 176
Reis
Gerösteter Kurkuma-Blumenkohl
　　mit schwarzem Kokosreis 242
Grünes Risotto 228
Rote-Bete-Risotto mit Feta und
　　Minze 235
Schwarzer-Reis-Salat 112, 131
Reis, gepufft
Reis-Crispies 93
Reisspaghetti
Melonen-Sommersalat 127
Rosinen
Apfel-Zimt-Riegel 86
Cremiges Kurkuma-Oatmeal 50, 51
Hafer-Rosinen-Cookies ohne
　　Backen 90, 91
Knuspriges Müsli 44, 45
Saftige Karotten-Muffins 47
Rote Bete
Rote-Bete-Risotto mit Feta und
　　Minze 235
Veggie-Burger mit Roter Bete 227

Sauerkirsche
Mango-Kirsch-Smoothie 43
Sellerie
Cremige Maissuppe 163
Lachs auf Gemüsebett 220
Pfirsich-Quinoa-Salat mit Hähnchen
　　und Pesto 116, 131
Power-Suppe mit Brokkoli und
　　Ingwer 172
Spargel
Grünes Risotto 228
Grünes Thai-Curry mit Hähnchen
　　224
Spargel-Lachs-Salat 115, 131
Süßkartoffel
Bikini-Burger 204
Gebratener Fisch mit
　　Kokosgemüse-Püree 236
Hirse-Gemüse mit Süßkartoffeln
　　199
Knusprige Quinoa-Patties aus dem
　　Ofen 212
Saftiges Süßkartoffel-Kokos-Brot 48
Süßkartoffelchips 85

Süßkartoffel-Kürbis-Gnocchi 183,
　　215
Süßkartoffel-„Macarons" 143
Süßkartoffel-Nudel-Auflauf 245

Tahini (Sesammus)
Energy-Kugeln mit Tahini 74
Mango-Tahini-Sauce 117, 119, 130,
　　131
Tahini-Sauce 68, 115, 117, 119, 128,
　　130, 131, 179, 199, 227, 241
Tahini-Sauce mit Honig 179

Wachteleier
Apfelkuchen mit Ingwer 144
Bikini-Burger 204
Blaubeer-Karotten-Muffins 81
Körnerbrot 56
Pfirsichkuchen 138, 157
Saftiges Süßkartoffel-Kokos-Brot 48
Tortilla-Wraps 176
Veggie-Burger mit Roter Bete 227
Wassermelone
Beeren-Wassermelone-Smoothie
　　mit Ingwer 43
Melonen-Sommersalat 127

Zucchini
Gefüllte Zucchini aus dem Ofen 192
Grünes Risotto 228
Grünes Thai-Curry mit Hähnchen
　　224
Lachs auf Gemüsebett 220
Lachs-Gemüse-Pasta 167
Polenta-Gemüse-Lasagne 208
Power-Suppe mit Brokkoli und
　　Ingwer 172
Quinoa-Pizza 67, 211
Safran-Bulgur mit Gemüse und
　　Koriander 231
Schnelle Reisnudelpfanne mit
　　Zucchini 191
Tortilla-Wraps 176
Zucchini-Kokos-Muffins 81
Zucchinispaghetti mit
　　Basilikumpesto 160

REZEPTREGISTER

Apfelessig-Dressing 119, 120, 130, 131
Apfelkuchen mit Ingwer 144
Apfelsandwich mit Cremefüllung 78
Apfel-Zimt-Riegel 86
Auflauf, Süßkartoffel-Nudel- 245
Aufstriche
Blaubeer-Jam mit Chiasamen 48, 59, 68
Kurkumabutter 59
Macadamia-Dattel-Creme 59, 143
Paprika-Macadamia-Aufstrich 59

Basilikum-Grünkohl-Pesto 116, 175
Basilikumpesto 89, 160, 168, 176, 204, 207
Beeren-Wassermelone-Smoothie mit Ingwer 43
Bikini-Burger 204
Blaubeer-Grünkohl-Smoothie mit Hanfsamen 43
Blaubeer-Jam mit Chiasamen 48, 59, 68
Blaubeer-Karotten-Muffins 81
Blaubeerriegel, saftige 101
Blaue Haferflockenschale 64, 65
Blumenkohl-„Couscoussalat" 109
Blumenkohl-„Reis", warmer 164
Breakfast
Beeren-Wassermelone-Smoothie mit Ingwer 43
Blaubeer-Grünkohl-Smoothie mit Hanfsamen 43
Blaubeer-Jam mit Chiasamen 48, 59, 68
Blaue Haferflockenschale 64, 65
Buntes Oatmeal aus dem Ofen 64, 65
Chia-Pfirsich-Muffins 47
Chiapudding mit Mangopüree 60
Cremiges Kurkuma-Oatmeal 50, 51
Hafer-Pancakes 68, 69
Herzhafte Grünkohl-Pancakes 68, 69
Knuspriges Müsli 44, 45
Kokos-Granola 44, 45
Körnerbrot 56
Kurkumabutter 59
Macadamia-Dattel-Creme 59, 143
Mango-Couscous 55, 216
Mango-Kirsch-Smoothie 43
Paprika-Macadamia-Aufstrich 59
Persimone-Gurke-Smoothie 43
Polenta-Porridge mit Brombeerkompott 51
Quinoa-Brot 67
Saftige Karotten-Muffins 47
Saftiges Süßkartoffel-Kokos-Brot 48

Brombeerkompott 51
Brot
Quinoa-Brot 67
Saftiges Süßkartoffel-Kokos-Brot 48
Bulgur-Paprika-Pfanne, orientalische 180
Buntes Oatmeal aus dem Ofen 64, 65

Cantuccini 154
Chia-Pfirsich-Muffins 47
Chiapudding mit Mangopüree 60
Cooking for friends and family
Bikini-Burger 204
Gebratener Fisch mit Kokosgemüse-Püree 236
Gerösteter Kurkuma-Blumenkohl mit schwarzem Kokosreis 242
Grünes Risotto 228
Grünes Thai-Curry mit Hähnchen 224
Knusprige Quinoa-Patties aus dem Ofen 212
Kokos-Kartoffelgratin 232
Kokospizza mit Basilikum und Mozzarella 246
Kräuter-Gnocchi mit Pesto 207
Lachs auf Gemüsebett 220
Paniertes Kokoshuhn mit Mango-Couscous 216
Polenta-Gemüse-Lasagne 208
Quinoa-Burger mit Tahini-Sauce 241
Quinoa-Pizza 67, 211
Rote-Bete-Risotto mit Feta und Minze 235
Safran-Bulgur mit Gemüse und Koriander 231
„Spaghetti bolognese" mit Kürbis und Huhn 219
Süßkartoffel-Kürbis-Gnocchi 183, 215
Süßkartoffel-Nudel-Auflauf 245
Veggie-Burger mit Roter Bete 227
Cremige Hähnchen-Pasta 184
Cremige Maissuppe 163
Cremiges Kurkuma-Oatmeal 50, 51

Dressing
Apfelessig-Dressing 119, 120, 130, 131
Mango-Tahini-Sauce 117, 119, 130, 131
Nussiges Essig-Dressing 131
Tahini-Sauce 68, 115, 117, 119, 128, 130, 131, 179, 199, 227, 241
Tahini-Sauce mit Honig 179

Eiscremewunder, Mango-Kokos- 153
Energy-Kugeln mit Tahini 74

Feel-good-Suppe mit Kürbis und Kokos 188
Fenchelsalat mit geröstetem Kürbis 120, 131
Fisch, gebratener, mit Kokosgemüse-Püree 236
Fresh salads
Blumenkohl-„Couscoussalat" 109
Fenchelsalat mit geröstetem Kürbis 120, 131
Körniger Gurkensalat 106
Mango-Hirse-Salat 124, 131
Melonen-Sommersalat 127
Pfirsich-Quinoa-Salat mit Hähnchen und Pesto 116, 131
Quinoa-Salat mit Fenchel und Granatapfel 128, 131
Schwarze-Quinoa-Grünkohl-Salat 119, 131
Schwarzer-Reis-Salat 112, 131
Spargel-Lachs-Salat 115, 131

Gebratene Pfirsiche mit Vanillequark 150
Gebratener Fisch mit Kokosgemüse-Püree 236
Gefüllte Zucchini aus dem Ofen 192
Gerösteter Kurkuma-Blumenkohl mit schwarzem Kokosreis 242
Gnocchi, Kräuter-, mit Pesto 207
Gnocchi, Süßkartoffel-Kürbis- 183, 215
Grünes Quinoa-„Risotto" mit Kürbis 168
Grünes Risotto 228
Grünes Thai-Curry mit Hähnchen 224
Grünkohl-Pancakes, herzhafte 68, 69
Gurkensalat, körniger 106

Haferflockenschale, blaue 64, 65
Hafer-Pancakes 68, 69
Hafer-Rosinen-Cookies ohne Backen 90, 91
Hähnchen-Pasta, cremige 184
Hanf-Proteinriegel 102
Healthy sweets
Apfelkuchen mit Ingwer 144
Cantuccini 154
Gebratene Pfirsiche mit Vanillequark 150
Karottenkuchen mit Nussglasur 137

Karottenkuchen mit Nussglasur, glutenfrei 137
Kokos-Crème-brûlée 134
Kokos-Knusperriegel 147
Kokossahne 36, 90, 138, 157
Mango-Kokos-Eiscremewunder 153
Pfirsichkuchen 138, 157
Süßkartoffel-„Macarons" 143
Herzhafte Grünkohl-Pancakes 68, 69
Hirse-Gemüse mit Süßkartoffeln 199

Karottenkuchen mit Nussglasur 137
Karottenkuchen mit Nussglasur, glutenfrei 137
Karotten-Muffins, saftige 47
Kartoffelgratin, Kokos- 232
Knusprige Quinoa-Patties aus dem Ofen 212
Knusprige Saaten-Cracker 88, 89
Knuspriges Müsli 44, 45
Kokos-Blaubeer-Cookies 98
Kokos-Crème-brûlée 134
Kokosgemüse-Püree 236
Kokos-Granola 44, 45
Kokoshuhn, paniertes, mit Mango-Couscous 216
Kokos-Kartoffelgratin 232
Kokos-Knusperriegel 147
Kokospizza mit Basilikum und Mozzarella 246
Kokos-Popcorn mit Honig 77
Kokossahne 36, 90, 138, 157
Körnerbrot 56
Körniger Gurkensalat 106
Kräuter-Gnocchi mit Pesto 207
Kürbis-„Risotto", würziges 200
Kürbisspaghetti, orientalische 196
Kurkuma-Blumenkohl, gerösteter, mit schwarzem Kokosreis 242
Kurkumabutter 59
Kurkuma-Oatmeal, cremiges 50, 51

Lachs auf Gemüsebett 220
Lachs-Gemüse-Pasta 167

Macadamia-Dattel-Creme 59, 143
Maissuppe, cremige 163
Mango-Couscous 55, 216
Mango-Hirse-Salat 124, 131
Mango-Kirsch-Smoothie 43
Mango-Kokos-Eiscremewunder 153
Mangopüree 60
Mango-Tahini-Sauce 117, 119, 130, 131
Melonen-Sommersalat 127
Muffins
Blaubeer-Karotten-Muffins 81
Chia-Pfirsich-Muffins 47
Quinoa-Mais-Muffins 94
Saftige Karotten-Muffins 47
Zucchini-Kokos-Muffins 81
Müsli, knuspriges 44, 45

Nussiges Essig-Dressing 128, 131
Nussmischung, würzige 88, 89

Oatmeal, buntes, aus dem Ofen 64, 65
Orientalische Bulgur-Paprika-Pfanne 180
Orientalische Kürbisspaghetti 196

Pancakes
Hafer-Pancakes 68, 69
Herzhafte Grünkohl-Pancakes 68, 69
Paniertes Kokoshuhn mit Mango-Couscous 216
Paprika-Macadamia-Aufstrich 59
Paprikasauce 160, 167, 183, 207, 211, 215, 244, 245, 246
Pasta, Hähnchen-, cremige 184
Pasta, Lachs-Gemüse- 167
Persimone-Gurke-Smoothie 43
Pesto
Basilikum-Grünkohl-Pesto 116, 175
Basilikumpesto 89, 160, 168, 176, 204, 207
Pesto-Nudeln mit Brokkoli und Huhn 175
Pfirsiche, gebratene, mit Vanillequark 150

Pfirsichkuchen 138, 157
Pfirsich-Quinoa-Salat mit Hähnchen und Pesto 116, 131
Polenta-Gemüse-Lasagne 208
Polenta-Porridge mit Brombeerkompott 51
Popcornriegel 73
Power-Suppe mit Brokkoli und Ingwer 172

Quick and easy mains
Cremige Maissuppe 163
Feel-good-Suppe mit Kürbis und Kokos 188
Gefüllte Zucchini aus dem Ofen 192
Grünes Quinoa-„Risotto" mit Kürbis 168
Hirse-Gemüse mit Süßkartoffeln 199
Lachs-Gemüse-Pasta 167
Orientalische Bulgur-Paprika-Pfanne 180
Orientalische Kürbisspaghetti 196
Paprikasauce 160, 167, 183, 207, 211, 215, 244, 245, 246
Pesto-Nudeln mit Brokkoli und Huhn 175
Power-Suppe mit Brokkoli und Ingwer 172
Radicchio-Wraps mit Quinoa-Füllung 179
Schnelle Reisnudelpfanne mit Zucchini 191
Thai-Kokossuppe mit Maronen 195
Tortilla-Wraps 176
Warmer Blumenkohl-„Reis" 164
Würziges Kürbis-„Risotto" 200
Zucchinispaghetti mit Basilikumpesto 160
Quinoa-Brot 67
Quinoa-Burger mit Tahini-Sauce 241
Quinoa-Mais-Muffins 94
Quinoa-Patties, knusprige, aus dem Ofen 212
Quinoa-Pizza 67, 211
Quinoa-„Risotto", grünes, mit Kürbis 168

Quinoa-Salat mit Fenchel und
 Granatapfel 128, 131

Radicchio-Wraps mit Quinoa-
 Füllung 179
Reis-Crispies 93
Reisnudelpfanne, schnelle, mit
 Zucchini 191
Risotto, grünes 228
Risotto, Rote-Bete-, mit Feta und
 Minze 235
Rohe Superfood-Kekse 90, 91
Rote-Bete-Risotto mit Feta und
 Minze 235

Saaten-Cracker, knusprige 88, 89
Safran-Bulgur mit Gemüse und
 Koriander 231
Saftige Blaubeerriegel 101
Saftige Karotten-Muffins 47
Saftiges Süßkartoffel-Kokos-Brot 48
Schnelle Reisnudelpfanne mit
 Zucchini 191
Schwarze-Quinoa-Grünkohl-Salat
 119, 131
Schwarzer-Reis-Salat 112, 131
Smoothies
Beeren-Wassermelone-Smoothie
 mit Ingwer 43
Blaubeer-Grünkohl-Smoothie mit
 Hanfsamen 43
Mango-Kirsch-Smoothie 43
Persimone-Gurke-Smoothie 43
Snacks
Apfelsandwich mit Cremefüllung 78
Apfel-Zimt-Riegel 86
Blaubeer-Karotten-Muffins 81
Energy-Kugeln mit Tahini 74
Hafer-Rosinen-Cookies ohne
 Backen 90, 91
Hanf-Proteinriegel 102
Knusprige Saaten-Cracker 88, 89
Kokos-Blaubeer-Cookies 98
Kokos-Popcorn mit Honig 77
Popcornriegel 73
Quinoa-Mais-Muffins 94
Reis-Crispies 93
Rohe Superfood-Kekse 90, 91

Saftige Blaubeerriegel 101
Süßkartoffelchips 85
Würzige Nussmischung 88, 89
Zucchini-Kokos-Muffins 81
„Spaghetti bolognese" mit Kürbis
 und Huhn 219
Spargel-Lachs-Salat 115, 131
Superfood-Kekse, rohe 90, 91
Suppe
Cremige Maissuppe 163
Feel-good-Suppe mit Kürbis und
 Kokos 188
Power-Suppe mit Brokkoli und
 Ingwer 172
Thai-Kokossuppe mit Maronen 195
Süßkartoffelchips 85
Süßkartoffel-Kokos-Brot, saftiges
 48
Süßkartoffel-Kürbis-Gnocchi 183,
 215
Süßkartoffel-„Macarons" 143
Süßkartoffel-Nudel-Auflauf 245

Tahini-Sauce 68, 115, 117, 119, 128,
 130, 131, 179, 199, 227, 241
Tahini-Sauce mit Honig 179
Thai-Curry, grünes, mit Hähnchen
 224
Thai-Kokossuppe mit Maronen 195
Tortilla-Wraps 176

Vanillequark 150
Veggie-Burger mit Roter Bete 227

Warmer Blumenkohl-„Reis" 164
Würzige Nussmischung 88, 89
Würziges Kürbis-„Risotto" 200

Zucchini, gefüllte, aus dem Ofen
 192
Zucchini-Kokos-Muffins 81
Zucchinispaghetti mit
 Basilikumpesto 160

DANKE!

Mit diesem Buch geht für mich ein großer Traum in Erfüllung. Dafür möchte ich mich in erster Linie bei meinen ganzen Followern und Lesern bedanken. Ihr habt mich mit offenen Armen in euer Zuhause aufgenommen, wo ich euch inspirieren und helfen darf – und das war immer mein größter Wunsch. Ich bin jedes Mal total überwältigt vom Feedback und von den Kommentaren, die ich bekomme, und es erfüllt mich mit Stolz zu wissen, dass meine Tipps und Rezepte die Lebensqualität anderer Menschen verbessern können. Ich freue mich über jede einzelne Rückmeldung und jedes Foto von euch! Ich bin so glücklich zu sehen, dass immer mehr Leute erfahren, woher ihr körperlicher Leidensdruck kommt, und freue mich auch zu erleben, dass sich immer mehr Menschen für einen gesunden und ausgeglichenen Lifestyle entscheiden. Vielen Dank also dafür, dass ihr den Lifestyle von Nathalie's Cuisine ausprobiert und die Botschaft weitertragt, um andere dazu zu inspirieren, gesund und glücklich zu leben. Ich hätte nie gedacht, dass ich meinen Lebensstil zu meinem Beruf machen kann, und dafür bedanke ich mich von Herzen bei euch allen.

Vor Nathalie's Cuisine war ich in sozialen Netzwerken nicht besonders aktiv; generell bin ich eine sehr private Person. Durch die Ermutigung meiner Freunde und meiner Familie habe ich jedoch den Schritt gewagt, meine Geschichte anderen mitzuteilen, um sie zu inspirieren, ein gesundes und glückliches Leben zu führen. Der größte Dank geht an meine Eltern, Hélène und Samy, die mich vom ersten Tag an unterstützt und mir immer mit Rat und Tat zur Seite gestanden haben. Ich war immer eine One-Woman-Show ohne Team oder regelmäßige Hilfe, somit habe ich mich besonders über jede Unterstützung von meinen Freunden und meiner Familie gefreut. Ohne meine Eltern wäre ich nie da, wo ich heute bin! Lange Unterhaltungen, das Abholen früh und spät am Flughafen – es hat sich alles so schnell entwickelt und ich bin einfach unglaublich dankbar dafür, dass meine Eltern bei allem so spontan mitmachen und sich von meiner Energie haben mitreißen lassen. Ein großes Dankeschön geht auch an meinen Bruder David, der mir immer hilft, auch in stressigen Phasen einen kühlen Kopf zu bewahren, und mir in jeder Notsituation eine schnelle und hilfreiche Stütze ist.

Ich möchte mich auch bei meinen Freunden bedanken, die so viele meiner Gerichte probieren mussten und die, auch wenn sie nach drei Hauptspeisen schon voll waren, trotzdem noch die vielen verschiedenen Desserts gekostet haben. Sie haben immer dafür gesorgt, dass ich einen klaren Kopf behalte und einen Ausgleich zum Kochen und Schreiben bekomme. Ich kann ihnen gar nicht genug dafür danken!

Bedanken möchte ich mich auch bei meinem Management – Jürgen, Diana und Eliza –, das seit dem ersten Treffen an mich geglaubt hat und sich sehr dafür engagiert, dass ich eine nachhaltige Karriere aufbauen kann. Ich fühle mich geehrt, mit so einem tollen Team zu arbeiten, und bin schon ganz aufgeregt, was noch alles passieren wird.

Herzlich bedanken möchte ich mich auch beim Becker Joest Volk Verlag und all den wundervollen Mitarbeitern, die voller Enthusiasmus und Energie an meinem Buch gearbeitet haben und bemüht waren, meinen persönlichen Stil aufzugreifen und in diesem Buch zu verpacken. Ein besonderer Dank geht an Ralf und Johanna für die hilfreiche Unterstützung und die Ratschläge. Ich bin auch dem ganzen Grafikteam unglaublich dankbar für die tolle Gestaltung des Buches. Meiner Lektorin Şebnem gilt ein besonderer Dank – sie hat volles Engagement gezeigt und nicht nur meine Texte lektoriert, sondern auch meine Rezepte nachgebacken.

Ein großes Dankeschön gilt auch meinem Food-Fotografen Klaus Arras und meiner Foodstylistin Katja Briol, die sich voll und ganz auf meine Art zu kochen eingelassen und alles in ein ganz neues, wunderschönes Licht gerückt haben. Ich habe so viel von euch gelernt, danke für die Zusammenarbeit. Danke auch an meine Porträtfotografin Liya Geldman, die seit Tag 1 bei Nathalie's Cuisine dabei ist. Wir haben schon unzählige Stunden zusammen verbracht. Mit dir zu arbeiten, ist eine Inspiration und ich schätze dein Talent und unsere Zusammenarbeit sehr.

Ihr alle ermöglicht es mir, meine Leidenschaft für eine gesunde Ernährung in die Welt zu tragen.

EIN TRAUM GEHT IN ERFÜLLUNG

IMPRESSUM

Originalausgabe
Becker Joest Volk Verlag GmbH & Co. KG
Bahnhofsallee 5, 40721 Hilden, Deutschland
© 2017 – alle Rechte vorbehalten
1. Auflage März 2017

ISBN 978-3-95453-126-4

Rezepte und Texte: Nathalie Gleitman
Food-Fotografie: Klaus Arras
Foodstyling: Katja Briol
Porträtfotos: Liya Geldman
Projektleitung: Johanna Hänichen
Typografische Konzeption, Layout, Buchsatz:
Dipl.-Des. Anne Krause
Bildbearbeitung: Ellen Schlüter und Makro Chroma Joest &
Volk OHG, Werbeagentur
Fachlektorat Rezepte: Şebnem Yavuz
Lektorat: Doreen Köstler
Druck: Firmengruppe Appl, aprinta druck GmbH

BECKER JOEST VOLK VERLAG

www.bjvv.de

Nathalie's Cuisine folgen unter:

Instagram www.instagram.com/nathaliescuisine/
Facebook www.facebook.com/nathaliescuisineltd
Youtube www.youtube.com (zu finden unter: Nathalie's Cuisine)
Snapchat nathaliescuisin